跨文化研究理论与实践

张卫东　主编

燕山大学出版社

2020·秦皇岛

图书在版编目（CIP）数据

跨文化研究理论与实践 / 张卫东主编. —秦皇岛：燕山大学出版社，2020.11
ISBN 978-7-5761-0088-4

Ⅰ．①跨… Ⅱ．①张… Ⅲ．①文化交流－文集 Ⅳ．①G115-53
中国版本图书馆 CIP 数据核字（2020）第 213560 号

跨文化研究理论与实践

张卫东　主编

出 版 人：陈　玉
责任编辑：张　蕊
封面设计：方志强
出版发行：燕山大学出版社 YANSHAN UNIVERSITY PRESS
地　　址：河北省秦皇岛市河北大街西段 438 号
邮政编码：066004
电　　话：0335-8387555
印　　刷：英格拉姆印刷(固安)有限公司
经　　销：全国新华书店

开　本：700mm×1000mm 1/16		印　张：16.5	字　数：290 千字
版　次：2020 年 11 月第 1 版		印　次：2020 年 11 月第 1 次印刷	
书　号：ISBN 978-7-5761-0088-4			
定　价：58.00 元			

序　言

　　跨文化研究方法广泛应用在文学、人类学、心理学和管理学等领域。在新兴的中国比较文学中，跨文化被认为是其最本质的属性，也是21世纪比较文学发展的新方向。跨文化研究的价值在于尊重差异，与中国古代文化中的"和而不同"不谋而合。跨文化研究帮助人们打破固有的思维模式，跳出传统的窠臼，以积极的心态接受新鲜事物，理解他者文化。跨文化研究也为我们提供了与他者文化进行对话的机会。在跨文化对话中，人们加深了解，寻求共识，最后达到美美与共的效果。在与他者文化的对话中，我们以他者文化为参照，能更加清楚地意识到自己文化的特点，烛照我们的不足之处。总之，跨文化研究有助于不同文化之间相互借鉴，取长补短。

　　当今全球化时代，每个人——不分地域、种族、国家——都被卷入其中，对异质文化的接触和接受日益频繁。那么，如何在多元文化中更好地理解他者文化？如何看待他者文化中的人们对我们的理解？我们又应该通过何种方式来培养符合国家发展和新时代要求的合格的地球村村民？这一系列问题亟待我们解决。

　　燕山大学跨文化研究所的教师们在从事外语教学的同时，在跨文化理论和实践两个方面的研究成果也很显著，为燕山大学和外国语学院的发展作出了突出贡献，为本领域今后的研究提供了有价值的参考和借鉴。燕山大学外国语学院拥有外国语言文学一级学科硕士学位授予权，设英语语言文学、日语语言文学、外国语言学及应用语言学和俄罗斯语言文学二级硕士点4个，翻译硕士专业学位（MTI）硕士点1个。近年来，随着教学和科研水平的不断提升，燕山大学外国语学院为国家培养了一批又一批具有国际视野、符合时代要求的新型人才。为了满足国家、学校和学生的要求，燕山大学跨文化研究所在2017年成立，吸纳了12名外国语学院的骨干教师，这些成员具有敏锐的学术洞察力和开阔的国际视野。研究所将成员的研究成果整理为三大板块：跨文化文学研究、跨文化交际研究、跨文化语用研究，并汇编成《跨文化研究理论与实践》一书，希望能为跨文化研究领域提供有益的参考，也希望得到国内外专家们的批评和指点。

王林海

燕山大学外国语学院院长

2020年7月15日于燕山大学人文馆

前　言

纵观世界格局，日愈变化多端。各国间既有和平、合作和发展，也有动荡、隔阂和冲突。人们的联系越来越紧密，问题和矛盾也越来越复杂。2015年，习近平主席在讲话中指出："当今世界，各国相互依存、休戚与共。我们要继承和弘扬联合国宪章的宗旨和原则，构建以合作共赢为核心的新型国际关系，打造人类命运共同体。"构建人类命运共同体已成为时代的趋势和潮流，是人类社会发展的新理念。这个理念超越了民族、国家、信仰、文化等方面的差异，构筑了世界各国各民族人民"唇齿相依，休戚与共"的价值观念。在这个进程中必然充满着挑战和机遇，回荡着文化之间的互动与碰撞。这是一次宏大的跨文化实践，为跨文化研究领域创建了广阔的空间。

跨文化研究是通过对不同文化的比较，揭示在不同社会条件下，人们的社会行为和心理特征及其发展规律的异同，从而为把握社会心理现象中的普遍性提供认识依据的一种方法和活动。它的要旨不是强调文化差异，而是探寻文化间的同质结构，促进文化融通与交流，形成更富有生命力的文化形态。其从理论到实践都顺应了人类命运共同体的构建。跨文化研究是一种行为与社会研究方法，它可以应用到许多领域。目前该研究涉及较多的领域有跨文化交际学、文学、心理学、语用学、管理学等。

本书共分为三个板块，即"跨文化文学研究""跨文化交际研究""跨文化语用研究"，分别对三个领域中的一些热点、难点问题进行了专题研究。不仅有理论探讨，也有实证研究。"跨文化文学研究"板块汇集了8篇从文化视角对中外文学进行解读的代表性研究成果。其中有3篇文章结合西方诗学对中国古代文学典籍进行了解读，拓展了研究视域。通过对《红楼梦》中隐私文化事例的表现分析，发现其具有普遍性、功利性和相对性的特点。在对比分析《庄子》寓言和《伊索寓言》的基础上，探讨了中西方不同的寓言故事观念。针对《道德经》中文化意象的错位，分别从语内传播和语际传播两个层面探讨了中外老学研究中文化意象错位的原因和应对策略。有5篇关于外国文学的跨文化阐释注入了中国视角、发出了中国学者的声音，为本领域的研究提供了新的研究范式，既着眼于外国文学在中国的本土化过程，也寻求中外文学相融的可能性，回归文学本体论。有1篇从混杂的语言、文化语境和文化意象三个层面讨论了新加坡华裔作家林宝音小说中体现出的跨文化书写特色，分析了其中所蕴含的文化认同主题。有1篇专门论述旧约中重复性叙事手法在犹太民族契约观的精神表征中的应用。有3篇文章通过对英国小说对伦敦的空间政治、街道美学和汽车文化的叙述，将伦敦的各种空间意象刻画成隐含着权利、身份、性别等意蕴的载体，将伦敦街头出现的现代性经验绘声绘色地传递给读者，并书写了汽车在伦敦社会生活中表征出的身份、地位、阶级等符号与文化象征意义。

"跨文化交际研究"板块收录了8篇文章。跨文化交际能力和跨文化适应能力均为该学科的核心概念，通过实证研究和归纳分析，提出了适合中国国情的跨文化交际能力体系和跨文化适应能力体系，这两个体系已经在国内引起较大的反响。同时，有两篇文章对于如何在教学中培养这些能力也进行了较为系统的研究。焦虑/不确定性理论是跨文化交际学中著名的理论，作者结合教学进行了实证研究，这是为数不多的将跨文化交际学的原创性理论付诸国内实践研究的文章。针对跨文化实践中全球化与本土化互动的热点问题，通过麦当劳与中国饮食的案例分析，提出了二者之间存在二元共存、双向交流的关系。

"跨文化语用研究"板块收录了9篇文章。其中，有文章对先秦语言哲学的发展过程进行了探讨，认为语言观背后的本体论是深层发展的动因。有文章从非物质文化遗产的角度分析少数民族语言和方言的保护状况及存在的问题，并提出保护和开发语言文化遗产的策略。有文章通过对青龙相扑在日本不受欢迎的原因以及日本相扑文化真谛的分析，揭示相扑文化的核心内涵和依赖意识间密切关系。在汉英语言语用实践中，通过对《东周列国志》的翻译实践，阐释了文化负载词在跨文化阐释中的翻译策略，为经典翻译提供了借鉴。在汉日语言语用实践中，通过对训点语法、训读文体以及汉文训读在东亚语言接触的研究关注了语言形式和功能构建中跨文化要素的作用、语言本体在跨文化传播和语言接触中的动态演变，对丰富的语言现象进行了多维度的诠释。

燕山大学跨文化研究所近些年围绕跨文化交际学、文学和语用开展研究，取得了一定的成果，在《中国高等教育》《外国文学》《外语界》《外语与外语教学》等刊物上发表了一些文章。本书集研究所成员的优秀成果，汇编成册，旨在总结工作、展示成果、激励前行。同时也是向关心和支持我们研究所发展的学校、学院领导作出阶段性汇报，并以此表示我们诚挚的谢意。

　　在构建人类命运共同体的进程中，跨文化研究者具有目标意识和使命担当。在理论和实践的研究中，要不断开拓进取，用跨文化研究的智慧和成果启迪人们对文化多样性的敏感和对文化他者的共情，探索关系人类前途命运的重大问题，为化解文化冲突提供良策，为增进文化理解注入动力，为促进文明互鉴交流开辟通途，为人类发展的崇高事业贡献更多中国力量。

张卫东

燕山大学跨文化研究所所长

2020年7月16日

目　录

跨文化文学研究

The Expression and Characteristics of Privacy in *A Dream of Red Mansions*
.... ZHANG Weidong　ZHANG Yanbin　LI Jie　3
Zhuangzi's Yuyan in Comparison of East and West
—A Case Study ....GUO Chen　ZHANG Ying　12
新加坡作家林宝音小说中的混杂性文化书写研究.................... 赵志刚　26
《道德经》中文化意象错位研究................................... 赵志刚　41
旧约中重复的叙事手法对犹太民族品性之契约观的表述......... 李宛悦　54
《卡萨玛西玛公主》中伦敦空间政治的再现................... 王彦军　62
《四个签名》中的伦敦街道美学............................... 王彦军　76
《达洛维夫人》中的伦敦汽车文化政治....................... 王彦军　86

跨文化交际研究

文化全球化与本土化的互动
　　——麦当劳与中国饮食案例分析........................... 张卫东　99
跨文化交际能力体系的构建
　　——基于外语教育视角和实证研究方法.................... 张卫东　杨　莉　107
跨文化适应能力理论之构建.............................张卫东　吴　琪　120
河北省出国培训专家跨文化适应研究........... 张卫东　杨　莉　张馨月　127
焦虑/不确定性协调理论与课堂教学........................... 张卫东　140

高校学生外语文化思考力的培养 ……………………… 张卫东 王　毓 150

跨文化交际课程建设与大学生跨文化交际能力的培养 ……… 赵志刚 155

大学英语跨文化交际能力培养体系研究述论 ……………………… 李　洁 161

跨文化语用研究

语料库视角下中国古代经典外译中主要官衔的原型对等化处理

　　　——以《东周列国志》的英译为例 ……………… 王林海 史玉妹 刘　磊 169

先秦语言哲学内涵探微 ……………………………………… 张馨月 183

河北省语言文化遗产保护与发展策略 ……………… 耿延宏 朱　玲 190

全球化时代公民外语素养教育体系的构建

　　　——基于对355名公民的调查 ………………………………… 耿延宏 196

日本相扑文化与日本人的依赖意识

　　　——以外国人朝青龙为例 ……………………………………… 申秀逸 203

日本企业终身雇佣制与年功序列制的历史渊源 ………………… 申秀逸 210

训读文体中有标语序的成立及影响 ……………………………… 刘洪岩 219

汉文训读在东亚语言接触中的地位 ……………………………… 刘洪岩 233

训点语法形成过程中的构式拷贝机制 …………………………… 刘洪岩 240

跨文化文学研究

The Expression and Characteristics of Privacy in *A Dream of Red Mansions*

ZHANG Weidong   ZHANG Yanbin   LI Jie

Abstract   Based on Altman's definition of privacy, the examples of privacy in *A Dream of Red Mansions* are sorted out and analyzed. The results show that privacy exists widely in the book and expressed in various forms. Further research finds that these privacies have the characteristics of universalism, utilitarianism and relativity. The research on this cultural phenomenon is conducive to understanding China's privacy culture and appreciating *A Dream of Red Mansions* from a new perspective.

Keywords   *A Dream of Red Mansions*; individual privacy; group privacy

1 Introduction

A Dream of Red Mansions represents the peak of Chinese ancient novels, and has become the mark and depot of the national traditional culture. It describes the reality of China in the 18th century and illustrates the social life in the late feudal times. Nowadays, great amount of research has been done on this book from different cultural aspects, such as folk culture, name culture, calligraphy culture, tea culture, Weiqi culture and so on(Hu Wenbin 1994, 1997, 1998; Meng Baoyue 2014; Zhang Qi 2012). But it is hard to find any researches in China on its privacy culture. However, Cathy Silber, a western scholar, has made a research on the privacy in this book(Cathy 2002). In his article "Privacy in *A Dream of Red Mansion*", he mainly talks about the breach diagnostic and mechanisms of control of privacy. Silber's article indicates that the author of *A Dream of Red Mansion* shows himself and his characters possessed of a very acute sense of what is private   and of breaches of privacy. The enthusiastic and continued readership of the novel over more than two centuries is the centrality of this novel in Chinese culture so that a good part of what his readers consider to be privacy may be learnt from the novel itself.

This article, with the text analysis of *A Dream of Red Mansions*, focuses on two questions: 1. How are the privacies in *A Dream of Red Mansions* expressed? 2. What are the characteristics of these privacies?

2 The Expression of Privacy

Altman defines privacy as "a selective control of access to the self and one's group" (Altman 1975). This definition indicates that privacy can be divided into individual privacy and group privacy. Based on this definition, the article organizes and analyzes the expression of privacy in *A Dream of Red Mansions* in two aspects: individual privacy and group privacy.

2.1 Individual Privacy

Because of the diversity of social culture, there are many kinds of individual privacy. Wang Liming divides it into three kinds in expression forms: personal information, private affair and personal field(Wang Liming 1994) . The following analysis of the individual privacy in the *A Dream of Red Mansions* is based on this classification.

2.1.1 Personal Information

The personal information in *A Dream of Red Mansions* mainly includes personal cares in their minds, personal property, physical feelings, affection and so on. Wang Xifeng, as a steward in Jia Mansion, abuses power for personal gain. She practises usury with the salaries of the servants to make interest. Together with other ill-gotten money from Jia Mansion, the interest she gets on these loans comes to more than a thousand taels of silver a year. It will amount to 50 or 70 thousand taels of silver over the years(Cao Xueqin 2017: 1431, Chapter 106). The money becomes her property privacy. In order to maintain her privacy, she tries her best to hide it and cheat the people around her, including her husband, Jia Lian.

2.1.2 Private Affairs

Private affairs refer to the affairs that happen in people's daily life and are secret in themselves. An important part of private affairs in *A Dream of Red Mansions* is sexual relation. Sexual relation is the most typical and private form of privacy. The privacy of human beings starts from covering bodies, dissembling sex, and other different forms. Many people in Grand View Garden get involved in such affairs. Jia Baoyu, the leading character of the whole book, is amorous and randy. There are many ladies and maids around him who are very attractive and charming. During the intimate contacts, some abnormal things occurred, which made up of his privacies. His sexual relations includes his sexual act with Xiren, reading carnal books with Lin Daiyu secretly, flirting with Jinchuan, showering and playing with maid Bihen, and even his homosexual relationship with Qin Zhong, which all made up his private affairs in his affection world. These are the things that he wants to hide the most instead of letting others to know. Once these privacies are exposed, he gains nothing but harm.

2.1.3 Personal Field

In *A Dream of Red Mansions*, the personal field mainly refers to people's body (especially women's body), their residences, their belongings and so on. When Baoyu was chattering with Baochai. he compared Baochai as Yang Guifei (a Highest-ranking concubine of the Tang emperor Xuanzong, and well-known by her plum body) as she was plump and disliked heat. Baochai was so enraged by this remark that she could have flown into a temper, but she restrained herself. This quip rankled so much, however, that she reddened and laughed sarcastically. "If I'm so like Lady Yang", she retorted, "it's too bad I've no brother or cousin able to be another Yang Guozhong (Guifei's brother)." (Cao Xueqin 2017: 409, Chapter 30). In Sui and Tang dynasty, the standards of beauty were being plump and graceful, and Guifei was the most typical beauty at that time. But in Ming and Qing dynasty, the standards changed to be gentle, slim or even frail and sick looking. So it was taboo to describe a woman as plump. When Baochai heard Baiyu compare her to Yang Guifei, she took it as a great humiliation as he was teasing her figure, which violated her physical privacy. Thus she was outraged and talked him back ironically to protect her privacy.

2.2 Group Privacy

Individual privacy and group privacy coexist in people's daily life. Individual privacy is the foundation of group privacy and group privacy is the main expression of individual privacy. Group here refers to a team of two persons or more. They have close connection and intimate relations, such as family, friends and so on. *A Dream of Red Mansions* mainly describes the stories that happened in Grand View Garden. The whole family forms a typical feudal lineage led by Lady Dowager who controls the revenue and expense of the whole family, and manages important issues of the family. This is a big "group" with four generations, in which a number of small groups are formed naturally, such as the groups of masters, groups of masters and servants, groups of servants. The people in the small groups contact more frequently than others because of life trivialities, family backgrounds and so on. Consequently, they have more privacies in these small groups and the group privacy of Jia Mansion is mainly shown in these groups.

The group of masters refers to the group of immediate relatives or collateral relatives with Jia Mansion as the center. The common interest and benefit get them together. When Lady Wang was given a sachet with naked pictures in it by Sister Numskull, she was very angry because the naked picture was forbidden at that time. It was something that matters "face and life". Hence, Lady Wang firstly forbad Sister Numskull to speak it out, and then she went to Wang Xifeng in a hurry, suspecting it belonged to Wang Xifeng, who explained that it was not hers. The two discussed how to deal with it. Xifeng suggested to calm down and investigate it secretly. Even though they couldn't find the owner of the sachet, they would not let others know it. Both Lady Wang and Xifeng know the seriousness of this matter clearly. It does them no good if it is exposed to others. So they try to keep it just between them. As Xifeng said: "hide our broken arm in our sleeve." (Cao Xueqin 2017: 1024, Chapter 74). This is the privacy between them and they reach a tacit agreement.

Another example is the privacy among Jia Lian, Jia Rong and Jia Zhen. Jia Lian coveted Second Sister, and wanted to make her his concubine. As he couldn't do it all by himself, he asked Jia Rong and Jia Zheng, and the three plotted together. They finally made it even at the time of national and family mourning without knowing by Wang Xifeng and Lady Dowager(Cao Xueqin 2017: 895-902, Chapter 64). This scandal was intolerable by the family and society, and the three knew that so they all kept it a secret.

It can be concluded that privacy exists widely in *A Dream of Red Mansions* and expressed in various forms.

3 Characteristic of Privacy

3.1 Universality of Privacy

The universality of privacy is briefly shown in two aspects: one is the universality of privacy category, the other is the universality of people with privacy.

The examples of privacy in the book not only correspond to the classifications by Altman and Wang Liming, but also are involved into some special categories in Chinese culture. The affection privacy is typical. It means the attitude and reaction one has when they are satisfied or not satisfied by something such as love for someone. When talking about the love between Baoyu and Daiyu in the book, it is written like this: "Though he and Daiyu had grown up side by side and were kindred spirits who longed to live and die together, this was simply tacitly understood by both but had never been put into words" (Cao Xueqin 2017: 889, Chapter 64). Baoyu had long since set his heart on having her, but could not admit as much. So whether happy or angry, he used every means to test her secretly. And Daiyu, being rather eccentric too, would disguise her feelings to test him in return. Thus each concealed his or her real sentiments to sound the other out. Initially their two hearts were one, but each person was so hyper-sensitive that their longing to be close ended in estrangement(Cao Xueqin 2017: 402, Chapter 29). This is the kind of love affair that generates from affection privacy, and is also the epitome of love affair in the feudal society which still permeates in Chinese people's values and forms different love concepts and behaviors from those in the western countries. Chinese people always postpone their affection expression instead of doing it immediately.

It can be found from the privacy examples that privacy exists in different people with different ages and different identities. The masters in Grand View Garden have privacy, so do the servants. For example, among the twelve girls who are actresses for Jia Mansion, Ouguan often plays a husband and Diguan plays a wife. They gradually fall into love. When Shaoguan died, Ouguan burnt paper money for her in the garden which is not allowed. When Baoyu found it, he asked Ouguan why she did it. Ouguan said: "Only two people know this, Fangguan in your place and Miss Baochai's Ruiguan. As you happened to spot me today and you've just helped me, I shall have to let you into my secret. You mustn't tell a soul though." Then, sobbing again, she added, "I can't bring myself to tell you. If you must know, go back and ask Fangguan when no one else is about." With that she went abruptly away(Cao Xueqin 2017: 800-802, Chapter 58). That means the secret only exists among the three girls. The servants are also human beings made of flesh and blood, and they also have affection and desire, so it is unavoidable for them to have privacy.

It can be concluded that privacy existed in everybody in different forms, content and levels at that time. Privacy has become a universal phenomenon.

3.2 Utilitarianism of Privacy

The utilitarianism here refers to the temporary effects and benefits brought by privacy. In some sense, it is also a function of privacy and is mainly shown in group privacy. Group privacy generates in collectivistic culture and has a strong group Utilitarianism. Preservation of the group privacy can make the individuals live harmoniously, friendly, and safely in the group; while the group can gain centripetal and cohesive force and stay in balance and stability in the society. In Grand View Garden, people get together frequently to have dinners, go in for recreation, watch plays and form associations. Their conversations cover almost everything, such as love affairs, household affairs and so on. Even when they meet each other on the road, they greet each other in details, such as "where are you going?" "what are you doing?" and so on. The detailed inquiry and introduction between each other reveal their personal history, characteristics, hobbies and other information. Everyone is polite and kind, and the whole family lives harmoniously.

In small groups, the utilitarianism of privacy is obvious as well. In the master group, the sachet with naked pictures and Jia Lian trying to marry Second Sister as his concubine, as mentioned above, are two vivid examples. In the first, Lady Wang and Wang Xifeng wanted to maintain the master's good reputation and authority. In the second, Jia Lian, Jia Rong and Jia Zhen were all for their own interest and benefit of their small group, such as beauties, money and other gains. In the group of masters and servants, the masters need the servants to do a lot of things for them, for instance, sending stuff, passing words, or even paying respects to others. They share information and live together. The masters rely on the servants in their daily life and the servants earn their living from the masters. None of them can live without each other. In the group of servants, they often gather together to communicate, to share their cares and worries like sisters or brothers because of their similar statuses and characteristics. Yuanyang has comments their friendship: "We worked together from the time we were young and never had any secrets from each other. Now that we've grown up we've gone our different ways, but I haven't changed I don't hide anything from you." The utilitarianism of privacy mainly lies in the exchange of feeling and dependence of each other.

No matter what the people's motives and purposes are in the group, the group privacy has its functions. This can keep the balance and stability of the group in the society, and increase its centripetal and cohesive force. The members of the group rely on each other in their affection and life. Hence, the individuals in the group lack their own space, which forms the dependent self-construction. Markus and Kitayama point out "experiencing interdependence entails seeing oneself as part of an encompassing social relationship and recognizing that one's behavior is determined, contingent on, and, to a large extent, organized by what the actor [or actress] perceives to be the thoughts, feeling, and actions of others in the relationship"(Markus 1991: 227). In the traditional Chinese culture, the younger generation relies on the older generation, and the older generation cares about the younger generation. At home one relies on parents and outside on friends. Nowadays the group privacy is still the main characteristic in Chinese society but in different forms and contents.

3.3 Relativity of Privacy

The relativity of Privacy is mainly shown in two aspects: one is the relativity of the positivity and negativity of the privacy in content; the other is relativity of the existence and disappearance of privacy in form. In people's sub-consciousness, the content of the privacy is always negative. Undeniably in this book, most examples of privacy are negative, and some traditional concepts enhance the negativity of privacy. Thus, the privacy adjustment is an important part in the privacy field. But it can not be concluded that the content of privacy is completely negative. Objectively, some privacy content is positive. Most of the individual privacy, such as property, residence, reputation, marriage and so on, is earned through one's effort. These privacies can improve people's life, bring joy and happiness, and motivate people to work harder. What's more, the group privacy behaves as glue that sticks the group together. The common interest allows the group to live and develop together. The sense of privacy is the basis of life, and the high-quality life needs privacy. So the content of the privacy can be negative and positive which is the relativity of privacy.

The privacy is dynamic and developing. It generates in the interpersonal communication, and vanishes in it as well. Whether privacy exists or not depends on different communicative persons. Because of different interpersonal relationship, what is privacy for this person may not be for another. The privacy varies among acquaintances and strangers, families and outsiders, friends and colleagues. The relativity of privacy is prominent in Chinese culture as the group privacy prevails in it. For example, hearing Jia Zhen wanted to make her as his concubine, Yuanyang made up her mind to refuse but dared not to say directly. No matter how hard Lady Xing tried to persuade her, Yuanyang just lowered her head and said nothing which confused Lady Xing: "You've always been a straightforward girl, why are you being so sticky about this?" However, after Yuanyang left Lady Xing, she found Pinger and Xiren, telling them all her thoughts and listening to their opinions. The three girls grow up together like sisters and had no secrets among them. Yuanyang's privacy is no privacy to them at all. But to other people, like Lady Xing and her sister in-law, that is real privacy(Cao Xueqin 2017: 616-620, Chapter 46). Group privacy generates in collectivistic culture. It looks as if there is no privacy in the group but this is exactly the group privacy for the people outside of the group. The people in the group can open their heart and speak out all their thoughts. The problem of the group is everyone's responsibility. But they will keep a distance from the people outside of the group or even ignore them. This is the difference between the insider and outsider of the group. If a person is very sociable, having many friends and staying in harmony with others, he must have less individual privacy but more group privacy; if a person is not good at communication and socialization, he has more individual privacy but less group privacy. In China, if people have more privacy with each other, their relationship will be alienating with lower communicative frequency; in contrast, if they have few privacies, their relationship will be intimating with higher communicative frequency.

4 Conclusion

A Dream of Red Mansions records and describes the life of a big family in the late feudal times completely. Through the analysis of the privacy in the novel, it can be concluded that privacy exists in traditional culture. What's more, the structure, category and the content of privacy have formed a cultural phenomenon. In addition, privacy is universal, utilitarian and relative. These characteristics are still influencing Chinese people's consciousness and concepts of privacy nowadays. Understanding the expression and characteristics of privacy in the *A Dream of Red Mansion* is conducive to understanding China's privacy culture and appreciating *A Dream in Red Mansions* from a new perspective.

References

[1] Altman I. The environment and social behavior [M]. Monterey: Brooks/Cole, 1975.

[2] Cathy S. Privacy in Dream of the Red Chamber[C]// Bonnie S McDougall, Anders Hansson. Chinese Concepts of Privacy. Köln: Brill, 2002: 54-81.

[3] Cao Xueqin(Qing). A Dream of Red Mansions[M]. Beijing: People's Literature Publishing House, 2017.

[4] Hu Wenbin. The Smell of Tea Filled the Red Mansions—A Dream of Red Mansions and Chinese Tea Culture[J]. Studies on "a Dream of Red Mansions", 1994(4): 243-270.

[5] Hu Wenbin. A Dream of Red Mansions and Chinese Name Culture[J]. Studies on "a Dream of Red Mansions", 1997(4): 74-94.

[6] Hu Wenbin. The Sketch of the History—A Dream of Red Mansions and Chinese Folk Culture[J]. Studies on "a Dream of Red Mansions", 1998(1): 121-137.

[7] Markus H, Kitayama S. Culture and the self[J]. Psychological Reviews, 1991(98): 227.

[8] Meng Baoyue. A Dream of Red Mansions and Calligraphy Culture[J]. Studies on "a Dream of Red Mansions", 2014(6): 203-221.

[9] Wang Liming. New Theory on Right of Personality [M]. ChangChun：JiLin People's Publishing House, 1994.

[10] Zhang Qi. Weiqi Culture in A Dream of Red Mansions[J]. Studies on "a Dream of Red Mansions", 2012(5): 314-331.

Zhuangzi's Yuyan in Comparison of East and West

—A Case Study

GUO Chen   ZHANG Ying

Abstract   Zhuangzi's story-telling, clearly distinctive among Pre-Qin philosophical texts, has attracted eyes from home and abroad. Those metaphorical stories are called Yuyan in China. While the two characters of Yuyan are originally from the book of *Zhuangzi*, they have come to be used in the translation of fable in the late-Qing dynasty and refers to both fable and parable as a literary genre. However, Zhuangzi's fables and parables are different from their Western counterparts. This paper tries to examine Zhuangzi's yuyan with two classic sources of fables and parables in the West, Aesop's Fables and parables of Jesus, and proposes that Zhuangzi's yuyan may predominantly seem simply-worded, yet ambiguous and perplexing. They are different from fable or parable in the Western sense in their attitude toward the concept of knowing and limitation of human-beings, their attitude toward the author's authority for the text, their attitude toward the utmost Truth, and their attitude toward self and the other in intercultural communication. As a case study, it reveals more in detail to show the unique contribution of Zhuangzi's Yuyan to modern culture in the context of comparison of East and West.

Key words   Yuyan; fable; parable

The book of *Zhuangzi* has long been an inevitable as well as challenging reading source for the study of ancient Chinese classics. It's story-telling, as is distinctive among Pre-Qin philosophical texts, attracts eyes from home and abroad. There are numerous famous stories, intoxicating and intriguing, have been interpreted repeatedly over hundreds of years, such as the butterfly dream, the story of chaos being killed in seven days, and Zhuangzi's singing at his wife's funeral. Those stories are called fables, parables, anecdotes, metaphorical stories, or simply stories in the West, but usually referred as Yuyan or Yuyan *gushi* (fable/parable) in China. As Cui Dahua, a late Chinese *Zhuangzi* scholar claims, "There are hundreds of yuyan in the book of *Zhuangzi* and thus it's indeed a collection of yuyan *gushi*" (Cui Dahua 1992: 306).

The interesting thing is: Yuyan itself as a literary genre is a borrowed notion in China though the two Chinese characters of Yu (寓, lodged) and Yan (言, words/language) appear in the *Zhuangzi* as early as the Warring States period to describe one of the main writing styles of the *Zhuangzi* itself. However, the two-word compound does not appear as a detachable phrase until in the late-Qing dynasty when Lin Shu and Yan Qu, two Chinese interpreters translated the word of Fables in *Aesop's Fables* into Yuyan. Whether intentionally or purely accidentally, Yuyan thereafter became the general term for the Western concept of fable and parable. After Lin's translation, Sun Yuxiu interpreted *Aesop's Fables* as well, after which he claimed that he was influenced by Zhuangzi to translate the word Fables into Yuyan in the preface of Mao Dun's *Chinese Fables* (*Zhongguo Yuyan*) : "Zhuangzi created the cicada and the little dove; that was the beginning of Yuyan." (Sun Yuxiu 2011: 373) Afterwards, ancient Chinese metaphorical stories were predominantly called Yuyan. But do those fables or parables in the *Zhuangzi* correspond to their Western name?

In Western tradition, there are two kinds of literary genres are translated as Yuyan in Chinese: fables and parables. Two classic sources of fables and parables are *Aesop's Fables*, which have been the most widely transmitted metaphorical stories all over the world, and the parables of Jesus, which come from the Bible, one of the origins of Western civilization.

To Begin investigating the relation between these genres, this paper has narrowed the scope of the comparison, choosing one story from each type to compare to an analogous story in the *Zhuangzi*. The first pair is an Aesop's fable called *The Fighting Cocks and the Eagle* and a slightly similar fable called *Kun the fish and Peng the bird* in the *Zhuangzi*. The second pair is the story of the useless fig tree in the Bible and the stories of useless tree in the *Zhuangzi*.

1 Fables Compared—*Aesop's Fables* and the *Zhuangzi*

There are numerous fables of animals in *Aesop's Fables*. Zhuangzi also often takes the image of animal to express metaphorical meanings. However, *Aesop's Fables* provide a proverb or a universal truth, whereas Zhuangzi reveal an idea of anti-dichotomy, anti-convention, and anti-linear-thinking-mode.

1.1 *The Fighting Cocks and the Eagle*

In *Aesop's Fables*, there is the story of two game cocks fighting fiercely for the mastery of the farmyard. The defeated one "skulked away and hid himself in a quiet corner." But the winner flew up "to a high wall, flapped his wings and crowed exultingly with all his might." All of a sudden, an Eagle sailed by, seized the winning cock and flew away. The defeated cock then came out and took possession of the farmyard. In the end, Aesop suggests, "Pride goes before destruction." (Aesop 2007: 100) The German writer G. E. Lessing once defined the notion of fable for *Aesop's Fables*, which later became well-recognized in *On the Nature of Fable*: "If we can bring a universal proverb back to a particular event, give reality to this event, and use this event to write an imaginary story which describes a series of changes and leads readers to a vivid cognition of that very proverb, then we can call this imaginary story a fable." Meanwhile, *Aesop's Fables* use a lot of personified animals, and Lessing claims it is because this weakens the sense of identification the readers would have with the main characters in the fable if they were human, providing an objective distance in order to help readers get the message rationally.

This fable fits Lessing's description perfectly: change of the event, reality, fictionality, particularity, moral admonition and weakened reader-character identification. To begin with, there's a vital change in the story—the appearance of the eagle changes the previous outcome of the event of cock fighting. In addition, the change of the event is closely associated with the theme of the fable: "Pride goes before destruction." Second, two cock fighting for territory, an eagle seizing a cock, are both ordinary scenes in our daily life, which helps readers feel the authenticity of this story with ease. However, a certain particularity appears too. Not all the cocks will fight for territory and not all winners crow in pride will be seized by an eagle. Third, it uses personification but also gives readers a certain psychological distance from the main characters in the story. Pride grows in the winner cock and humans share the similar weakness. So, readers will understand author's message through those stories without difficulty. But cock is ordinary and often considered a meal, which prevents readers from immersing in its disaster and couldn't get author's message rationally. Last but not least, the author provides a proverb straightforward at the end of the fable to deliver a simple teaching, which is already revealed in the change of events. Deleting it or not won't make any difference in understanding the message of the fable.

1.2 Kun the Fish and Peng the Bird

The book of *Zhuangzi* begins with an amazing story. An enormous fish called Kun in the Northern Oblivion transforms into an enormous bird called Peng. Afterwards, Peng the bird flies to the Southern Oblivion. When people look up into the sky and raise the question: "Is that the sky's true color? Or is it just the vast distance, going on and on without end, that looks that way? When Peng looks down, he too sees only this and nothing more." A cicada and a fledgling dove laugh at the enormous bird; they think "soaring freely and unfetteredly" (aoxiang翱翔) in the long grass is already satisfactory, then why bother asking for trouble to take all the efforts to ascend ninety thousand miles and heading south? In the end, Zhuangzi exclaims: "Such is the difference between the large and the small."[①]

Superficially, this story may resemble Lessing's description of fable. First of all, it depicts an event of an unbelievably big fish transforming into an unbelievably big bird. And there's a change of the event: a cicada and a fledgling dove come out and laugh at the bird, which is associated closely with the theme of the story: "the difference between the large and the small." Secondly, there are personalized animals reacting like human-beings. But the enormous bird is definitely not a common animal which reminds readers that the story is not true, which produces the similar psychological distance between readers and the main characters as in Lessing's analysis. In the end, it may seem like that Zhuangzi also wants to deliver a message straightforward: the difference between the large and the small.

However, this fable discriminates from Lessing's description in nature. The "summary" Zhuangzi gives at the end of the story is not a real "proverb," not even an explicit saying. What is "the large" and what is "the small"? After first reading, we may think so-called the small is the cicada and the fledgling dove who laugh at the enormous bird and so-called the large is the apparently big bird named Peng who "aims high." Consequently, this fable calls for the readers to have high aspirations like Peng and to prevent cicada and dove's short-sight in appearance. These implications emerge naturally according to our linear thinking mode.

Nevertheless, read the story again, we may doubt our assertion about the large and the small from a first impression. (1) As for Peng the bird: He is large physically and spiritually compared with the cicada and the dove. However, even Peng is undoubtedly large, when he flies in the sky, he remains the sense of limitations about himself, questioning the true color of the sky as people standing on the ground— "When Peng looks down, he too sees only this and nothing more." He feels his smallness, his limitations and his powerlessness in all of the universe. So, Peng's largeness is a mixture of the sense of both largeness and smallness. Apart from this, the name of the large fish transforming into the bird is also a hybrid of the large and the small: Kun (鲲), the original meaning of this character is fish egg, which should be extremely small. The fish, on the contrary of its name, is so big that "spanning who knows how many thousands of miles." The fish per se is an amalgam of both the large and the small. (2) As for the cicada and the dove: They are small, apparently, physically and spiritually. But standing in their position, they can fly happily, freely and unfetteredly in the long grass; they are incapable of great actions but capable of feeling what the large could feel. So, they are large in a perspective as long as they feel large. Therefore, the concept of "large" and "small" are no longer objective as the boundary between them is broken. Like the Daoist Yin and Yang dynamic diagram, the large is becoming the small and the small is becoming the large as Yang is becoming Yin and Yin is becoming Yang perpetually. At the meantime he large includes the small and the small includes the large, as Yin and Yang inter-include each other. Therefore, the *Zhuangzi* doesn't provide a proverb or a universal truth, but an idea of anti-dichotomy, anti-convention, and anti-linear-thinking-mode.

1.3 Reflections

Despite the similarities between the two fables in *Aesop's Fables* and the *Zhuangzi* based on some major parts of Lessing's description of fable, there are major differences between stories written by an African in ancient Greece and a philosopher in ancient China profoundly.

In the first place, their setting for main characters are different. In *Aesop's Fables*, all the characters are from daily life, real life. There's no personified plant, no imaginary person, not to mention personified concept other than personified animals. And who they are is not important; what happens to them later matters. However, in the *Zhuangzi*, there are a lot more than personified animals: (1) real person in history like Zhuangzi and Huizi in the story mentioned about, also Confucius and alike. Zhuangzi uses them as a mask, using Lin Shuen-fu's expression (Lin Shuen-fu 1989: 397-401), to discuss about his own views; (2) Imaginary animals only existing in the legend such as the enormous fish Kun and the enormous bird Peng, which reminds readers again and again that it's just a legend, a myth that we shouldn't believe its authenticity; (3) Personified concept like Chaos, which is a king in the universe in the story (but Chaos is conventionally a state, a condition, not a real thing). And more importantly, for *Aesop's Fables*, there must exist some relationship between the main animal characters and person in reality they imply, such as fox and people as foxy as a fox, people as cocky as a cock. Nevertheless, in the context of Zhuangzi's "huge transformation, " (Dahua大化) one thing is always becoming another despite their difference, so those main characters are mostly not chosen on purpose. Thus, Kun the fish and Peng the bird can also be anything else tremendous. The butterfly in the story of butterfly dream could be a fly, a rabbit, or a frog as well.

The nature of two books determines this difference. *Aesop's Fables* originate from verbal literature and resembles the folktale more. And those fables aim to educate readers in a simple moral truth which is universally applicable in our daily life. Therefore, the author predominantly uses the common animals in nature and some people of a certain kind in vague. Zhuangzi talk and think in stories, using Wu Kuang-ming (2011)'s expression of "story-thinking" to pose a question about the conventional meaning of concepts, such as the large and the small in the story mentioned above, also the beautiful and ugly... His gesture of breaking the convention involves the unconventional characters, which makes readers not to think in the machine mind, but "opens the child mind" using Robert E. Allinson(1989)'s expression.

At the meantime, a basic theme in *Aesop's Fables* — punishing the evil and praising the good, also accords with its folktale nature. The evil and the good here are all concluded from the daily life, from the perspective of human-beings. However, perspectivism using

Brook A. Ziporyn(2011)'s expression makes the conventional value system in doubt. The large is no longer large, but both large and small, the small is no longer small, but both small and large. By the same token, the good is no longer good, but good and evil; the evil is no longer evil, but evil and good. Thus, contrary to the simple folk morality in *Aesop's Fables*, Zhuangzi express a rather "non-moral" or a "beyond-moral" ethics, which jumps out of the category of morality based on human-centered position. "What is good is not good; what is not good is good"(方可方不可，方不可方可), as Zhuangzi says. Here the good in this perspective might be evil in that perspective; the evil here in this perspective might be good in that perspective.

In addition, the different themes determine the different reading effect. For *Aesop's Fables*, readers just need to follow what the author says, and they will get the exact meaning without any effort on account of its logically linear written style. For the *Zhuangzi*, readers need great effort to get what the author says between the lines on account of its illogically retreating or going backward instead of forward written style on the verge of that in Martin Heidegger's *The Origin of the Work of Art*.

2 Parables Compared— Parables of Jesus and the *Zhuangzi*

Parables of Jesus are skilled at using human characters, animals and plants to metaphorize the hidden meanings. There exist parables of trees in both parables of Jesus and the book of *Zhuangzi*. However, they differ predominantly in pluralism versus monism, illustrated by the relationship of self and the other in the context of inter-cultural communication from the following case study.

2.1 The Useless Fig Tree

There is a parable of a useless fig tree in Luke 13:6-13:9 of the Bible through the Lord's mouth: A man has a fig tree in his vineyard. When he comes and seeks for fruit, there's none. So, he talks to the gardener, "Behold, these three years I come seeking fruit on this fig tree, and find none: cut it down; why cumbereth it the ground?" The gardener answers "Lord, let it alone this year also, till I shall dig about it, and dung (it): And if it bear fruit, (well): and if not, (then) after that thou shalt cut down." [②]

A conditioned virtue appears in the Gardener's response through scrutiny. When the master of the garden wants to cut the fig tree, the gardener stops him and suggests a one-year time limit. His actions seemingly illustrate the care for the fig tree and the virtue of patience. However, no matter how thoughtful the fig tree will be cared in the following year, it will still be at stake of being cut down if without fruit. It can thus be seen that the gardener's care and patience is a virtue with a severe condition, only have one-year's duration. This virtue is based on the potential utility of the fig tree, and this utility is based on the perspective of its owner and the gardener, not on the fig tree itself. From the perspective of human-beings, fruit is the only value of a fig tree. Thus, the fig tree will even have no room to live in this world without fruit without the utility for the human-beings. Thus, the value of the fig tree's very existence is simplified and singularized: the utility for the human-beings.

Second, this parable is closely associated with the Christian theme of "Loss and Redemption." The fig tree is "lost" without the Lord's guidance, and it bears no fruit, but the gardener doesn't give it up. On the contrary, the gardener gives it more care and hopes it will be saved in the certain duration. Nevertheless, the final redemption still depends on a certain and one-dimensional perspective and the single value system thereout.

Third, this parable reflects a zero tolerance of different perspective and value system and reveals the violence and bloodiness behind a religion on the strength of a singular God, a singular value system. The gardener's words are consistent with lines in the Bible about the Last Judgement, "He that rejecteth me, and receiveth not my words, hath one that judgeth him: the word that I have spoken, the same shall judge him in the last day" (*John* 12:48). That exposes the transient "friendliness", "pan-love" and "patience". Its foundation is that the Lord is the only God, and the Christian teachings are the only truth and only moral value system, as Jesus says: "I'm the Way, the truth, and the life." (*John* 14:6) The intention of using parables is expressed by the God: "Because it is given unto you to know the mysteries of the kingdom of heaven, but to them it is not given. For whosoever hath, to him shall be given, and he shall have more abundance: but whosoever hath not, from him shall be taken away even that he hath. Therefore, speak I to them in parables: because they seeing see not; and hearing they hear not, neither do they understand." (*Matthew* 13:10-13) Jesus seems to take parable as an easier way for the audience to understand his message, but his words notwithstanding, embody a forceful "my way or the highway" attitude of a single and one only truth and faith.

2.2 Useless Trees in the *Zhuangzi*

The image of tree is common and noticeable in the book of *Zhuangzi* and there are two representative useless tree stories in it. The first one appears between the dialogue of Zhuangzi and his best friend and major rival Huizi in the first chapter of *Zhuangzi*. Huizi tells Zhuangzi that he's got an extremely large calabash. It's too large to make any use, so he smashed it. Upon hearing, Zhuangzi exclaims that Huizi is not good at using the large. He tells a story to support his point: A family from Song are skilled at making a balm keeps hands from being chapped, and they live their life for washing silk in the water for all seasons. A customer comes and buys the recipe, uses it in the water battle in Winter, and then is enfeoffed by the lord. After hearing it out, Huizi asks again, saying he's got a large stink tree, looking twisted and thus useless. Yet Zhuangzi responses, saying that tree is kept alive and nobody goes to harm it, so it is useful to itself due to its inutility to others. The second useless tree story appears in the Chapter of *In the Human World* (*Renjianshi*《人间世》). An extremely large distorted tree becomes the tree of the shrine. One day, a carpenter goes by and ignores it, thinking it has no use. when the carpenter comes back to his residence, he has a dream that the tree of the shrine talks to him, explaining that it is because his uselessness to the human-beings that he could survive and live his life to the fullest, and that is his biggest utility for himself.

Those stories answers "what is utility" in different angles. (1) In the story of the large calabash, Zhuangzi believes that the useless calabash will turn useful if Huizi changes his way of using. So, it is the different method of using that can produce supposed utility. (2) The balm that a family lives on to wash silk for all seasons eventually prevents hands from chapping is the essence in the later winter water war. Utility and inutility are not two absolute concepts; something useless in this context may become useful in another. (3) The stink tree preserves its life because of its uselessness to the human-being, which lies an emphasis on the utility for the thing itself, not for others. Those three different angles reveal a change from a self-centered perspective to other-centered, and to anti-human-centered, constitute a sharp contrast to the useless fig tree parable mentioned above in the Bible.

Additionally, when the tree of the shrine is not understood by the carpenter, he doesn't choose to be silent. Instead, he chooses to speak out his value to the carpenter and finally changes the carpenter's original perspective and value system, which indicates that only through speaking, through dialogue and most importantly, through the self-presentation of the other that can make a successful communication between the self and the other.

2.3 Reflections

The parables of Jesus appear in both the Old Testament and the New Testament, especially the latter. Different from the personified animals in *Aesop's Fables*, the parables of Jesus often use human images to send their message. When it comes to the image of animals, they mostly use "sheep"; when it comes to the image of plants, fig tree appears more often.

Except for the setting of the main characters, the direct or indirect way of sending the message, and the arrangement of the useless-tree-themed stories, the major difference between stories in the *Zhuangzi* and in the Bible is *Pluralism versus Monism*. They are illustrated in the recognition of the relationship between the self and the other in the stories mentioned above.

If we consider the fig tree in the Bible and the useless trees in the *Zhuangzi* as the other, the human characters in those stories as self, then: (1) the usage of the fig tree to its own existence is neglected. There's a tendency that some of us may take ourselves for granted, that is, our perspective is the only perspective, our value system is the only value system, we are and we will always be at the top of the food chain. However, we are not the only living things in the universe. To live peacefully with nature, instead of conquering nature, we have to realize the real value of nature as the other. (2) In the useless tree stories in the *Zhuangzi*, the importance of the other is emphasized. Human value system is not the one and only standard in the world. Similarly, this idea can be spread into different layers, like different religions, different nations may have different value systems, should it be plausible to say that only my value system is the best? That's our big ego. And when the other (usually the weak side) gets neglected by the strong side, the tree of the shrine indicates that the other should not be "silent" and stand out bravely to confront with the strong side to explain themselves. Only through communication and true dialogue could we achieve a healthy bilateral relationship with the other, with the outside world.

3　Final Reflections: The Encounter of Zhuangzi, Aesop and Jesus

It would be difficult to draw the conclusion merely through the comparison of two pairs of fables and parables between *Aesop's Fables*, parables of Jesus and *Zhuangzi*. However, this paper tried to use case studies to get at least some major points revealed in the comparison. And a tentative summary will be completed in this final reflection.

There are, from the above cases, similarities between the *Zhuangzi* and *Aesop's Fable* and parables of Jesus. They all send a message in wisdom by lifelike characters and vivid, simple and sometimes ironic language. However, considering the *Zhuangzi* is philosophical, *Aesop's Fables* folktale, parables of Jesus religious, the "messages" they deliver and the way to deliver differ tremendously. *Aesop's Fables* and parables of Jesus transmit a universal truth through fables and parables, which is supposed to apply in every nation, every culture. However, the *Zhuangzi* seems to tell the readers there's no definite big and small, no absolute good and evil, and they are all turning into each other in different perspective, thus the existence of universal truth is suspected. The concept of the truth itself is re-constructed as a both truth and non-truth.

In turn, this determines the terrific divergence in the setting of the main characters, the way of telling the stories, and the requirement for the readers. The *Zhuangzi* aims at expressing the unconventional philosophical ideas; *Aesop's Fables* educating people with a plain lore of folk; parables of Jesus sending the Lord's teachings to His believers or potential believers, thus authenticity in the daily life in the latter two is of tremendous importance. In other words, readers have to believe in the story itself then accept the message smoothly and resort that in reality willingly.

Under these circumstances, it's plausible to use common characters in our daily life, or to express an idea through an authority (Jesus) which has absolute authority and the absolute truth. On the contrary, the function of language is always doubted in Daoist tradition, as Zhuangzi's "peer" Laozi says: "Way-making (dao) that can be put into words is not really way-making. And naming (ming) that can assign fixed reference to things is not really naming."[③] (道可道，非常道。名可名，非常名) As Zhuangzi himself says: "Speech has something of which it speaks, something it refers to." "Yes, but what it refers to is peculiarly unfixed." (言者有言，其所言者特未定也) And Zhuangzi even says in the mask of another person: "Nevertheless, let me try to say it." (虽然，请尝言之)"I'm going to try speaking some reckless words. How about listening just as recklessly?" (予尝为汝妄言之，汝以妄听之) Here "try" and "recklessly" both point out the dangerous of speaking from anyone, no matter how authoritative s/he is, including an author. Hence, the inauthenticity of the stories is of extraordinary importance in *Zhuangzi*. The beginning of the book is a story about an enormous fish transforming into an enormous bird, which most of the readers will think untrue in our life. Zhuangzi even take historical people's masks to express his own ideas, which creates a paradox for the readers.

Everything written in the *Zhuangzi* seems to suggest readers: Just listen recklessly; do not trust my words; do think and find your own answer between the lines. Zhuangzi the author is no longer an authority. In this connection, both *Aesop's Fables* and parables of Jesus tell stories in a linear direction in our conventional thinking mode. Everything happens in a logical way, and readers will get a definite and logical truth in the end without any effort. On the contrary, if a reader is not careful enough, not as if treading on thin ice, *Zhuangzi*'s stories might be too simple to be philosophical, too paradoxical to be consistent. It can thus be seen that the differences of the attitude toward knowing, the attitude toward authority the attitude toward Truth, and the attitude toward self and the other appear between *Aesop's Fables*, parables of Jesus and the *Zhuangzi*.

Imagine what might happen if Zhuangzi, Aesop and Jesus, writers of the three extraordinary classics meet! It's hard to believe three of them could be bosom friends. But "dispute is the genuine dialogue, twisting both sides tightly in a spontaneous and unparalleled way, as it exposes and provokes more about what the thing really is"(Guo Chen 2016: 20). With the Sino-Western comparison, it reveals more in detail to show the unique contribution of Zhuangzi's Yuyan to our modern culture. And I leave the readers to judge how pertinent the comparisons have been and whether it have served the purpose of illuminating the distinctive yuyan in the book of *Zhuangzi*.

Notes

① The translation of the *Zhuangzi* in this paper is from Ziporyn Brook A. *Zhuangzi: The Essential Writings with Selections from Traditional Commentaries*. Indianapolis/ Cambridge: Hackett Publishing Company, Inc. 2009. The author uses Guo Qingfan. 1985. *Collected Annotations on Zhuangzi* (庄子集释). Beijing: Zhonghua Book Company, as the main source of the original text of the *Zhuangzi*.

② Here the author uses *King James Bible*, www.kingjamesbibleonline.org.

③ The translation of *Daodejing* is from Ames, Roger T. and Hall, David L. *Daodejing "Making This Life Significant"：A Philosophical Translation*[M]. NY: Ballantine Books. 2003.The author uses Chen Guying (陈鼓应), *Contemporary Annotations and Interpretations on Laozi* (老子今注今译). Beijing: Commercial Press, 2006, as the main source of the original text of *Daodejing*.

References

[1] Aesop Townsend, George Fylertrans. Electronic Classics: Aesop's Fables [DB/OL]. Pennsylvania State University, 2007.

[2] Allinson Robert E. Chuang-tzu for Spiritual Transformation: An Analysis of the Inner Chapters[M]. Albany: State University of New York Press, 1989.

[3] Ames Roger T, Hall David L. Daodejing "Making This Life Significant": A Philosophical Translation[M]. NY: Ballantine Books, 2003.

[4] Chen Guying. Contemporary Annotations and Interpretations on Laozi[M]. Beijing: Commercial Press,2006.

[5] Cui Dahua. Zhuangzi Studies[M]. Beijing: People's Publishing House, 1992.

[6] Editorial board of Translations of Classic Literary Theory. Translations of Classic Literary Theory Ⅶ[M]. Beijing: People's Literature Publishing House, 1964.

[7] Guo Chen. Review: Zhuangzi and the Happy Fish[J]. China Review International, 2016, 22(1): 17-20.

[8] Guo Qingfan. Collected Annotations on Zhuangzi[M]. Beijing: Zhonghua Book Company, 1985.

[9] King James Bible[DB/OL].[2018-02-10].http//:www.kingjamesbibleonline.org.

[10] Lin Shuen-fu. Confucius in the Inner Chapters of the Chuang Tzu [J]. Tamkang Review, 1989: 379-401.

[11] Liu Hecheng. Commentaries of Sun Yuxiu[M]. Shanghai: Shanghai People's Publishing House, 2011.

[12] Wu Kuangming. Story-thinking: Cultural Meditations[M]. NY: Nova Science Publishers, Inc, 2011.

[13] Ziporyn Brook A. Zhuangzi: The Essential Writings with Selections from Traditional Commentaries[M]. Indianapolis/Cambridge: Hackett Publishing Company, Inc, 2009.

[14] Ziporyn Brook A. Ironies of Oneness and Difference: Coherence in Early Chinese Thought; Prolegomena to the Study of Li[M]. Albany: State University of New York Press, 2011.

本文原载于《语言文化学刊》，日本白帝社，2018年第5号，第93～104页。

新加坡作家林宝音小说中的
混杂性文化书写研究

赵志刚

摘　要　新加坡华裔作家林宝音的本土文学实践，以当地华裔族群文化为素材，聚焦新加坡社会中存在的核心问题。小说中混杂的语言、混杂的文化语境和混杂的文化意象是新加坡社会现实召唤的产物。林宝音有意识地使用新加坡式英语，将其当作摆脱英国后殖民文化束缚、建构新加坡本土性的一种重要手段。林宝音小说中混杂的文化语境是人物冲突的文化根源，揭示了新加坡人在寻找共同的"国家身份"中的认同困惑。而林宝音创设的混杂的文化意象是华人传统文化和英国经典文学双重影响的结果。在混合性文化书写中，林宝音并没有盲目地认同东方或者西方，而是将其当作新加坡的一种镜像或参照，并以此来思考和审度新加坡社会所面临的现实问题，体现出一种理性化的创作思维。

关键词　新加坡；林宝音；混合式书写

　　1942年，林宝音（Catherine Lim）出生在英属马来亚吉打州居林区（Kulim）的一个华裔家庭中，深受华人传统文化熏陶。她从小随家人参加的一些传统宗教仪式和听到的神话传说为其日后文学创作提供了重要素材。儿时的林宝音被父亲送到当地的天主学校——圣安妮修道院小学（St. Anne's Convent，Malaya）学习。在那里林宝音接触到了西方的语言文化，并皈依了天主教。天主学校的教育完成了她对西方语言文化的启蒙。她阅读的书籍都是英国文学作品。当时对她影响较大的作家包括英国著名儿童作家伊妮德·布莱顿（Enid Blyton，1897—1968）和以"Just William"系列故事书出名的英国作家里奇默·克朗普顿（Richmal Crompton，1890—1969）。中学时代的林宝音将自己的名字祝林宝音"Chew Low Po Imm"改为后来大家熟悉的"Catherine"，并开始钟情于英文写作。她在修道院中完成的英语作文基本都是以"欧洲为中心的"（Euro-centric），故事中的人物也都是英文名字。她说："我对于英语世界知识的渴望，以及当时所了解的莎士比亚和华兹华斯等英国作家对我的影响，使得当时少女时代的我狂热地用我的笔在写作中对未知的世界尽情地描绘和想象。"（1975：4）1963年，林宝音从马来亚大学毕业获得英语语言文学学士学位，并开始了近30年的教学生涯。1967年，林宝音随丈夫（George Lim）移居新加坡。从1978年开始至今，林宝音在40多年的创作生涯中共出版了7部长篇小说和11部短篇小说集。她被誉为新加坡当代文坛最著名的海峡华人（the Anglophone Straits Chinese）作家之一。①东西方多元文化的滋养和居间（in-between）的文化身份培养了其"双重视界"的文化意识。在作品中，林宝音将东西方文学和文化中的传统杂糅混合，形成了一种"混杂性"文化书写的风格，具有重要的跨文化研究价值。

1 混杂的语言

新加坡是一个多种族混杂的国家，当地居民包括华人、马来人和印度人，华人占了75%左右的比例。随着英国的后殖民影响和新加坡政府为了协调各民族之间的关系而采用了"英语+X"语言政策，英语作为主要语言被广泛接受。同时，英语也与新加坡的华人、马来人和印度人所使用的民族语言相融合而变异，形成了独具特色的"新加坡式英语"（Singlish）。②新加坡式英语在语汇和句法上与标准英语的规范存在很大差异。新加坡政府担心新加坡式英语的普及会影响国民的英语水平，于是在2000年发起了"标准英语运动"（Speak Good English Movement），鼓励人们使用标准英语。在新加坡文坛，林宝音和陈慧慧（Hwei Hwei Tan）等作家普遍认为新加坡式英语是一种本土化的语言，作为表达新加坡人身份认同的重要工具，"其作用不可替代"（刘延超 2011：66）。

从新加坡文学史来看，虽然第一代先锋作家王庚武（Wong Gung-wu）在其诗集《脉搏》中就已经开始使用新加坡式英语进行创作了，但并未引起人们的重视。到20世纪70年代时，新加坡英语文学开始快速发展，并引起了学界的广泛关注。林宝音是较早有意识地使用新加坡英语进行创作的作家之一。在她的第一部短篇小说集《小小的讽刺》（*Little Ironies: Short Stories of Singapore*, 1978）中有一则《出租车司机的故事》（*Taximan's Story*）。在对白中，很多句子没有主语，如出租车司机说："是的，夫人，（我）以此为生。"（Yes, Madam, can make a living.）有的省略系词，如"这样更好"（this way better）。这是林宝音"第一次有意识地将本土色彩浓厚的、口语化的新加坡式英语运用到文学创作中"（刘延超

2011：67）。林宝音在后来出版的长篇小说中或多或少延续了这一风格。在长篇小说《毒牙》（*The Serpent's Tooth*，1982）中，傻子阿木（Ah Bock）掉进泥潭中，他大声呼喊："（我）要出去。"（Want to get out!）（Lim 1982：22）这里省略了主语。同样，《泪痣悲情》（*The Teardrop Story Woman*，1997）中的妈妈对玫瑰总是用一种提防的口吻问她"（你）去干什么？"（What to do?），和别人说起女儿时说："（她）嫁不出去的。"（Will never find a husband.）（Lim 1997：154）都是典型的例证。这些作品中的老一代传统华人所使用的就是新加坡式英语。更为典型的是，林宝音将来自当地华人的典型语汇应用到小说中，如"Kiasuism"是根据新加坡当地华人移民的闽南语发音而创造的一个英文单词，意为"怕输主义"。林宝音在多部作品中对新加坡社会中这一病态心理进行了讽刺和批判。

在林宝音的小说中，我们可以从人物的名字上准确地判断出这一人物的社会地位和文化背景。如果华人的名字为英文，如《毒牙》中的安吉拉（Angela）、《泪痣悲情》中的波丽（Polly），那么他们肯定接受的是英语教育，笃信天主教或基督教，往往有较高的社会地位。而如果人物的名字为汉语拼音转化而成，如《泪痣悲情》中的阿恩索（Ah Oon Soh），或者根本没有正式的名字而是用外号，如《泪痣悲情》中的"猪阿姨"（Pig Auntie）、"泔水婆"（Swill woman），《女仆》中的女仆"口水脸"（Spitface）等，那么他们社会地位则较为低下。林宝音通过这种方式揭示了新加坡传统华人和接受英语教育的海峡华人之间的文化分野，也由此揭示了英国殖民文化为新加坡带来的影响。

在《泪痣悲情》中，20世纪50年代的新马华人普遍对西方文化持排斥态度。女主人公玫瑰的父亲痛骂那些把孩子送到英语学校的人："白人的走狗（running dog），吃白人的屎吧。你们对祖国的忠诚哪里去了？你想让你的子女们说白人的语言吗？你想让他们抛弃祖先的文化吗？"但也有反对的声音说："以前上中文、马来文和泰米尔文学校的男孩子们毕业后只能做普通的工作，而上英文学校的孩子们则进入政府部门，拿着高薪水，有的人还获得了政府的奖学金。将孩子送到英国读书，这是大英帝国的慷慨，为什么不好好利用呢？"最后，人们大多接受了这样的事实："把孩子们送到英语学校吧，那里才有未来。"（Lim 1997：60）女主人公玫瑰向备受人们歧视的邻家男孩说："告诉他们，将来你要上英语学校，然后挣很多很多钱。"（Lim 1997：152）可见，当时的华人对英语和西方文化出现一种较为矛盾的态度，这是文化混杂语境中人们不得不面临的问题。从中我们也可以看出，当时华人学习英语的动机并非文化认同所需要，而是生活需要所导致的。在以20世纪80年代为背景的小说（如《毒牙》《跟错误之神回家》）中，主人公都是接受英语教育的女性，说的是标准英语。而传统华人所说的新加坡英语则与之形成鲜明对比。林宝音小说中的新加坡式英语来自本土华人的日常生活。从其小说中的语言来看，她深受华裔口头叙述的影响，并将其应用在小说的叙事中。

对于新加坡文学而言，林宝音使用新加坡式英语具有极为重要的意义。新加坡在建国后的30多年中，英语文学的创作和发展一直被笼罩在英国文学的阴影下。新加坡英语文学研究专家科佩尔·辛格（Kirpal Singh）教授在其编著的《对话：新加坡文学研究》的前言部分说："当谈到英语文学的时候，……我们会立刻将我们的作家作品和那些英美的作家作品做一比照。……我认为新加坡——也许比世界上其他任何国家更甚——通常更倾向于对自己的文学嗤之以鼻（Pooh-pooh），然后继续盲目地推崇那些从远方已经到来和即将到来的'他者'。"（1998：ii-iii）这番话道出了新加坡文学的尴尬处境。科佩尔·辛格说："虽然英语不是新加坡的本土语言（事实上没有任何语言是新加坡本土语言），但英语正在快速成为大多数新加坡人所使用的语言，特别是英语在新加坡书面语和口语中应用甚广。同样，用英语写就的文学应该成为新加坡的本土文学。"（1998：xi）

"本土"是出现在海外华文文学研究中的一个关键概念。我国学术界对新马华裔文学的本土性研究兴起于20世纪90年代，当时中国大陆的学者使用"本土"概念以指称新马华文文学中的"本土特色"和"本土意识"，目的是明确新马华文文学与中国大陆华文文学之间存在的差异（谢聪 2010：23）。朱崇科（2006：9）认为本土性的提出"绝非对外来的排斥，相反，只有巧妙利用外来特质才会让自己更加本土化"。这是从辩证的视角来看待文学"本土性"的问题。王列耀（2000：29）就新加坡华文文学的"本土性"问题提出两点需要注意的地方："其一，中西合璧的社会及文化发展观。其二，以提倡新加坡意识、叙说新加坡情感为要求的心灵认同观。"中国当代作家李洱（2014：21）认为："在全球化的今天，人们对'本土性'的强调，其实饱含着文化的自尊和对抗意识。"关于新加坡本土文学的概念，当前学术界公认的一个说法是，只有新加坡人创作的文学才被认为是新加坡本土文学，原来一些英国作家和新马未分离之前的一些马来西亚作家虽然书写的内容和新加坡有关，但是被排除在新加坡本土文学之外。随着新加坡的独立建国和经济的迅速发展，新加坡第一代作家如吴宝星（Goh Poh Seng）希望通过将英语文学本土化的形式来树立新加坡本土文学的形象，但时代局限使其收效甚微。⑧新加坡英语文学的"本土化"需要解决的是如何在英国文学的束缚之下走出一条具有新加坡特色的文学发展道路。

从新加坡文学史来看，自20世纪初到70年代，英国的一些小说家如休·克利福德（Hugh Clifford, 1866—1941）、约瑟夫·康拉德（Joseph Conrad, 1857—1924）、韩素音（Han Suyin, 1917—2012）、安东尼·伯吉斯（Anthony Burgess, 1917—1993）把故事背景设定在马来亚（新加坡是其中一部分），但是"他们把东方看成是'异域'（exotica），在很大程度上他们描述的是西方视角下的新加坡，无论如何是不能被当成本土小说的"（Low 1991：39-40）。

　　建国之后的新加坡文学亟须找到一条适合自己的发展之路。在这样的背景下，林宝音的小说将新加坡人熟悉的生活化的语言与标准英语杂糅，在一定程度上为文学文本注入了新加坡本土特色，满足了新加坡本土文学发展的需要。林宝音在小说中对新加坡式英语的使用打破了英国经典文学对新加坡文学创作的束缚，从而将殖民语言变换成表达自己思想、服务本土文学的一种工具。黎德仪（Amy Tak-yee Lai）在谈到林宝音等亚裔作家的后殖民文学创作时说："这些作家的作品与西方的文学巨匠的作品形成了呼应，但是并没有完全与西方的文学标准一致。……他们深受后殖民和独立后的文化语境的影响；同时动摇了西方文学的霸权地位，开创了亚洲文学的新世界。亚洲文学处在不断变化和不断更新中。新加坡的林宝音和香港的毛翔清（Timothy Mo）都是典型的代表。"（2009：239）

　　新加坡英语文学研究家伊斯梅尔·塔里布（Ismail Talib）通过对林宝音小说中新加坡英语使用情况的解析，表达了对新加坡社会中流行的"本土英语"现象的肯定，并建议教师在语言教学中的综合目标应该包括学生在社会文化意识、自我身份意识和社会交流技能意识等层面的提高，所以他认为像林宝音小说这样的"不同英语混杂的文学文本比标准的英语文本更容易帮助学生达到这一目标"。（1992：51）英国学者艾勒克·博埃默从后殖民的角度说："（作家们）通过使用当地的惯用语和带有特定文化所指的语汇，就可以使英语适应新的水土，变成一种民族性的语言了。……（由此，）英语已经通过吸收同化而被'征服'了。"（1998：242）

　　在某种程度上，林宝音通过使用带有本土特色的新加坡英语，实现了英语文学的本土化，这是对西方经典文学和西方文化霸权地位的一种反拨。林宝音有意识地使用新加坡式英语进行创作也是社会发展现实的一种召唤。20世纪80年代初开始，多种族共存的新加坡对构建一个共同的国家身份提出了诉求，这一诉求超越了对种族身份的追求。在这样的背景下，新加坡作家肩负起了构建想象的国家身份的重任，而新加坡式英语也成为这一过程中能彰显新加坡本土特色的有力武器。

2 混杂的文化语境

林宝音擅长通过"以小见大"的方式来揭示小说主题。在作品中，她往往通过聚焦代际之间的价值冲突隐喻新加坡社会中的传统和现代之间的矛盾，通过不同宗教信仰之间的矛盾揭示新加坡社会中东西方文化的冲突。这些也帮助林宝音构筑了小说中多元混杂的文化语境。

在《毒牙》中，婆媳两代人之间的文化冲突实际上表征的是新加坡社会中传统和现代之间的矛盾。接受现代教育的安吉拉对丈夫家人的传统习俗嗤之以鼻，对婆婆所讲的月亮女神的故事和儒家"孝道"的故事不屑一顾，对婆婆将孩子出生时用脐带制成的护身符更是反感至极。"安吉拉看到婆婆收藏的四个金属的圆筒，原来里面放着的是四个孩子的脐带，用带有汉字的黄纸包裹着。按照华人的说法，父母应该将孩子的脐带带在他们身上，因为脐带是联系父母和孩子之间的纽带。"（Lim 1982：82）安吉拉认为婆婆的行为是"可怕的、非理性的、古怪的"。（Lim 1982：83）在对待老人的态度上，安吉拉对生病的公公满腹怨气，她担心老人如果长期卧病在床会让她身心疲惫。她将新加坡与西方的养老制度作了对比："在西方，一个人在上了年岁之后会去老人院（Old Folk's Homes），并且有选择'安乐死'的权利，不会给任何人带来负担。"（Lim 1982：20）在她的内心中，她总是用"fool""foolish""viper"（毒蛇）这样带有侮辱性的字眼来咒骂婆婆。对于婆婆经常去拜望的寺庙神职人员（temple priests），安吉拉认为他们都是"骗子"（swindling）。（Lim 1982：82）讽刺的是，虽然安吉拉对婆婆古怪的行为难以忍受，但是她也经常去找算命先生和风水师（geomancer）算命。"她去占星师那里为自己的丈夫算命，因为最近他情绪很低落。据说政府中的一些高级官员（top brass）也来找这位占星师咨询，印尼政府中的一位部长都来咨询他，新加坡的侨民（expatriate community）、高级专业人士和商人也都来找他。"（Lim 1982：111）可以看出，安吉拉虽然以代表着新加坡现代性的身份自居，但她还是无法完全摆脱传统的迷信行为。在这里，林宝音不动声色地讽刺了以安吉拉为代表的新加坡大众病态的文化心理，也揭示出新加坡政府所宣称的现代性的虚伪。

如果说《毒牙》中代际间的价值冲突表征的是新加坡社会中传统和现代之间的矛盾的话，那么《泪痣悲情》和《跟错误之神回家》中不同宗教信仰间的冲突则象征的是东西方文化之间的矛盾。《跟错误之神回家》中女主人公尹玲的丈夫文森特皈依基督教之后，他的妈妈齐太太所供奉的道教神像就被基督教的圣母像所取代了，占据了家中最显眼的位置。而齐太太的神像则被偷偷地藏在储藏室里，成为"避难之神"(refugee gods)(Lim 2001：54)。文中交代说，齐太太"将忠实于自己的神，等寿终时，希望得到自己的神的眷顾，而并不是异域之神（alien gods）"(Lim 2001：56)。在林宝音的小说中，她将新加坡社会中的东西方文化冲突浓缩在家庭矛盾中，体现出其"以小见大""以家庭喻国家"的创作思维。

《泪痣悲情》中的社会语境是一个集多种族、多宗教信仰于一体的文化混杂的世界。玫瑰就是在少儿时期东西方不同宗教信仰之间的冲突中形成自己的价值观的。她从小深受姥姥观音信仰的影响，在天主学校上学期间，她又接触到了天主教。修女老师们不允许她坚持华人传统信仰，哪怕是在绘画课上画的"猴神"都会惹怒她们。婆婆为玫瑰佩戴的护身符也被禁止带入学校。在学校中，她不敢讲"雷神""观音"的故事，但"每当回到家后，她就重新返回到传统信仰的世界中"(Lim 1997：110)。年幼的玫瑰深陷东西方信仰的激烈漩涡中不知所措。不同宗教信仰之间的冲突伴随着她的成长，并改变了她的人生轨迹。在她的精神世界中，观音和圣母玛利亚总是交替出现，成为其成长中的一个极大困扰。林宝音在小说中创造的混杂的文化语境是新加坡社会中东西方文化冲突的一个真实写照。她通过文学想象创设了一个仿真的文化混杂空间，通过人物的命运悲剧，隐喻了文化认同困惑为国家和社会发展带来的阻碍。这是新加坡人在寻找和构建"新加坡性"时需要直面的一个紧迫问题。

在小说中，林宝音往往将人物间的冲突设置在混杂的文化语境中，从而揭示冲突产生的文化根源。在《毒牙》中，"脐带"是一个承载着多元隐喻的丰富载体。"脐带"是母子之间联系的纽带，象征着海外华裔和母国之间的文化关联；大儿媳安吉拉"扔掉脐带护身符"象征着对母国文化的背弃；婆婆和孙子"寻找脐带护身符"象征着对母国文化的留恋和对文化身份的找寻；而代际之间围绕脐带护身符产生的冲突则隐喻着新加坡现代华人的身份认同困惑。

作者安排对传统习俗有抵触的安吉拉来"发现"婆婆保留的"脐带护身符"的秘密，旨在说明这一习俗在新一代华人中逐渐失去市场。婆婆只能"偷偷地"做这件事情，反映了两代人之间存在的巨大鸿沟。"脐带护身符"由此成为代际冲突的导火索。当安吉拉发现婆婆为儿子的衣角上缝入"脐带护身符"时，她气急败坏。她甚至把婆婆视作毒蛇，"毒蛇已经开始咬了……它的毒牙深深地咬入，毒液传遍全身"(Lim 1982：103)。在莎士比亚笔下，"毒牙"被用来批判儿女对父母的不孝，但是林宝音将其"反用"或者进行"陌生化"的处理，从安吉拉的视角，用毒牙来喻指婆婆的一套与自己格格不入的行为规范和价值理念。

在《毒牙》的结尾，作者写道："当婆婆去世之后，安吉拉将老人的一些私人用品和用脐带做成的护身符一把火烧掉，一切清理干净了。……她相信那些可怕的噩梦不会再回来了，所有的恶魔都已经被祛除。……在经历了所有的事情之后，安吉拉终于松了一口气，——啊，真是太乱了，但是谢天谢地，一切都已经清理干净了。"（Lim 1982：183-184）

在这里，作者连用两个"清理干净"来描写安吉拉与传统的决裂。在安吉拉看来，传统是打乱她现代生活的罪魁祸首。而从婆婆的视角来看，"脐带护身符"别有一番含义。它象征着一种"纽带"，既是父母和孩子之间的纽带，也是一种文化的象征。婆婆希望这种纽带能够传承下去，希望孩子们能够接受。无奈现代化的进程大大压缩了传统文化的生存空间。到最后，作者直接用一把火将这一传统华人所坚守的纽带烧断，隐喻了新加坡现代社会中出现的一种"文化断裂"的现状。

小说中婆婆和孙子迈克尔一起寻找被安吉拉扔掉的"脐带护身符"，实际上是对"寻找身份"的一种隐喻。老一代传统华人在现代社会中出现了一种"身份困惑"，他们不想失去传统的文化身份，但是现实把他们的守望和期待打得粉碎，通过"寻找"，他们希望能重新找回已经逝去的和即将逝去的文化记忆和文化身份。这是作者的一种文化怀旧书写。通过这种文化书写，作者揭示了新加坡社会中存在的传统和现代之间的激烈冲突，同时也表明了身处这一矛盾漩涡中的两代华人之间不可调和的文化矛盾，以及由此引发的他们对文化认同产生的困惑。在小说中，"脐带护身符"意象还承担了连接故事情节、引发人物冲突、塑造人物性格的任务，成为读者解读小说的一个关键意象。

在林宝音小说中，新加坡多元文化背景中的传统华人对"中国性"的衰微变现出一种文化身份的"焦灼感"（anxiety）。而年轻一代华人则是在全球化时代被多元文化塑造的个体。代际之间不同的价值体系势必会引发激烈的冲突。林宝音的小说以新加坡本土华人的生活和精神世界为中心，一方面与她个人的文化身份有关，另一方面华人占了新加坡社会人口结构中的大多数，所以她以华人族群的面貌来隐喻整个新加坡国家的情况就不足为怪了。

在新加坡，人们往往将东西方二元对立起来，即西方代表着现代文明，经济繁荣但道德堕落；而东方则以儒家价值观为导向，以传统的美德如孝道著称。而林宝音在小说中则批判了新加坡人普遍存在的这一文化价值观，她将东西方文化杂糅在一起，意在指明东西方文化各有优势和不足。比如《泪痣悲情》中的马丁神父既是人们熟悉的西方绅士，又是一个笃信天主教义、在爱情面前畏缩不前的、懦弱的男人。《跟错误之神回家》中的美国教授Ben勇敢正直，但是同时又传出他生活不检点的消息。这些都在表明，西方并不像人们想象的那样完美。而传统华人所表征的传统习俗中也有很多过时的，诸如"重男轻女"的习俗，表明东方的价值观并非完美无瑕。《跟错误之神回家》中的美国教授Ben发现《国家时报》上有人撰文谴责美国的暴力，赞扬亚洲的价值观。而Ben则撰文反驳："任何社会都不能垄断勤奋、家庭、孝敬这样的美德。"（Lim 2001：97）林宝音通过故事中的人物批评新加坡政府所标榜的亚洲价值并非东方或者儒家所专有，实际上是普遍存在的"普世价值"，从而解构了新加坡人所普遍持有的"东西方二元文化对立"的荒谬性。剑桥大学博士塔玛拉·瓦格纳（Wagner 2008：51）评价说："林宝音的现实主义小说不仅关注不同价值体系之间的差异（fissure），而且还深入探讨不同意识形态之间的冲突问题，大大开拓了新加坡文学的视域。"

3 混杂的文化意象

林宝音善于取物造像，以文化意象的方式来揭示小说中的主题。其中一些典型的文化意象，是东西方文化合力作用的结果。林宝音小说中频繁出现的"鬼魂"意象和小说中的"鬼魂回归"母题体现出华人传统文化和英国哥特叙事传统的双重影响。

林宝音对"鬼魂回归"的母题情有独钟。她的第三部小说集《他们会回来的……但请温柔地领他们回来》（*They Do Return…But Gently Lead Them Back*，1983）中的《满月》（*Full Moon*）讽刺了当地人在月圆之时到墓地乞求鬼魂给他们提供彩票号码的恶习。这在林宝音的小说中经常出现，主要用于批判新加坡现代人贪婪、自私的社会心理。小说集中的另一则故事《女人之血》（*Of Blood From Woman*）中详细地描述了人们在墓地招魂的过程。这是对当地华人"鬼魂"信仰的一种写照，也是对民众文化心理的一种讽刺。在这些故事中，"墓地"表征的是被社会边缘化的一个空间，这一空间承载着祖先的灵魂和他们的传统文化遗产，是与现代社会相对立的一个空间。"墓地"被铲平象征的是社会发展过程中传统和现代之间日趋激烈的矛盾，而逝去的灵魂回归则是对现代社会发展的一种控诉。

在小说《毒牙》中，婆婆向安吉拉讲述了一个被婆婆、表叔迫害致死的女仆变成鬼魂后回归报仇的故事："这个女孩的鬼魂经常出现在这个表叔的家里，致使他阳痿，然后逼其发疯。一天晚上，发疯的表叔将一张雕刻精细的四维柱大床劈得粉碎。不久以后他就去世了。"（Lim 1982：104-105）当安吉拉把婆婆留下来的一张同样款式的古床搬到自己的新家之后，她就噩梦不断，经常梦到死去的女仆的样子。《毒牙》中对安吉拉的噩梦描述得相当精彩："在噩梦中，安吉拉看到了表叔的龌龊、女仆的痛苦，令她不解的是，还看到了婆婆的身影，将带血的床单撤走（暗示了婆婆也是凶手之一）。很快表叔变成了米娜（一个洗衣工）的丈夫，米娜的丈夫变成了安吉拉的公公，然后这几个男人的形象相互交换着。他们都在对女仆施加暴力。但是，紧接着梦中的男人变成了安吉拉的老公。"（Lim 1982：108）这是林宝音通过梦境来隐喻现实的一种创作手法。安吉拉梦境中的女仆代表着社会中被压迫的女性，而梦中交错出现的男人们——叔公、米娜的丈夫、老太爷和安吉拉的丈夫，虽然他们来自不同的时代、不同的社会阶层，但都是压迫和迫害女性的凶手。这一梦境叙事揭示了无论过去还是现在，新加坡父权传统并未发生任何改变。女仆鬼魂意象往往出现在林宝音的现代社会小说中，"女仆"这一特殊的身份代表着新加坡特定的历史阶段。在传统的华人族群中，女仆处于社会的最底层，她们受尽凌辱，所遭受到的迫害也往往不为人所知。因此，林宝音借用"鬼魂回归"母题，使女仆的鬼魂穿越时空，向人们揭示女性遭受压迫的历史真相，揭露父权制社会对女性的压迫。这也是林宝音小说的一个特色。她将历史和现实的不同时空交错映现在一个叙事单元，以形成鲜明的对比，即过去女性所遭受到的父权压迫与现代社会中女性遭受的压制形成呼应，以表明在所谓的以先进的"现代性"自居的新加坡社会，女性的社会地位并未发生改观。现代女性依然遭受着过去女仆所遭受的痛苦，她们都是"被侮辱与被损害"的人，并由此讽刺了新加坡政府所鼓吹的"现代性"的虚伪。

《毒牙》中祖先鬼魂回归母题与英语哥特文学中的鬼魂回归母题既有相似之处，也有不同。莎士比亚《哈姆雷特》中，哈姆雷特的父亲的鬼魂回归是为了揭示自己被害的秘密，从而为剧中情节的发展提供线索。而林宝音将"鬼魂回归"母题作为一种刻画人物性格、揭示人物关系的手段。比如《毒牙》中通过老太爷鬼魂的回归，我们了解到这一家族中存在的父权传统和婆婆以前在家中的卑微地位；老太爷鬼魂分别到访不孝的子女，对他们逐个进行了警示和惩罚，使他们对待老人的态度发生了转变，有效促成了小说中的情节突转，加强了小说的叙事张力。如果将小说中"鬼魂回归"的情节省略，那么小说叙事的戏剧性张力就无法保障。在长篇小说《银叶之歌》（*The Song of Silver Frond*，2003）中，富翁与祖先鬼魂之间的较量成为故事情节进展的关键。在这些场景中，"祖先"扮演的是破坏情侣间真实感情的巨大阻力，这一阻力表征的是传统文化中伦理道德的虚伪。故事中富翁与祖先之间的关系经历了一个从"崇拜"到"协商"到"决裂"再到"和解"的过程。这一过程与富翁和银叶两人之间的情感波折形成了对照。富翁与"祖先"关系的缓和也意味着富翁对自己传统价值观的"和解"。虽然这一过程令人痛苦，但人们对美好生活的向往是任何力量都无法阻止的。

林宝音小说中的这些鬼魂意象和鬼魂回归母题引起了哥特文学研究者的极大兴趣，他们广泛认为林宝音的鬼魂叙事是深受英国哥特文学影响的。哥特文学研究学者威斯克（Wisker 2003：64）认为林宝音的小说"体现出一种哥特式历史文学的色欲和暴力"。但与传统哥特文学中发生在古堡中的鬼魂故事不同，林宝音小说中的鬼魂往往出没在他们生前生活过的地方，出现在人们的日常生活中，因此评论家将其称为"凡常哥特"。瓦格纳博士则用"城市哥特小说"来定位林宝音的小说特色（Wagner 2008：46）。无论怎样，林宝音将西方文学的叙事与本土流行的鬼故事结合，体现的是一种文化混杂的书写特色。林宝音对鬼魂意象的创设体现出其对新加坡文坛流行的"鬼故事"的一种应和。当地读者的需求和长期在图书市场占主导地位的鬼故事成为林宝音设置"鬼魂"意象的一个客观因素。而这一客观需求与林宝音的成长背景和她对"鬼故事"素材的搜集共同促成了林宝音小说中的"鬼魂"意象。林宝音将自己熟悉的华人鬼故事与英国哥特文学的叙事模式相结合，以"鬼魂回归"母题来揭示新加坡社会中存在的各种矛盾，显示出一种文化混杂的风格。另外，《女仆》中的"眼耳女神"意象、《泪痣悲情》中的"观音"意象和《毒牙》中的"月亮娘娘"意象等女神意象的创设是为小说的女性主义主题服务的，都是多元文化混杂的结果。

4 余论

林宝音混杂性文化书写是其将英语文学本土化的一个重要手段，也是新加坡文学发展的现实需要。从新加坡文学发展史来看，第一代作家生活的环境是一个混杂了移民传统、本土文化和殖民影响的社会，主要关注的是个人在社会中的错位和在困惑中的抗争精神。这一时期的代表作家包括吴宝星、林天赐（Thean Soo Lim）、吴信达（Goh Sin Tub），他们的小说标志着一个"把新加坡当作家园的国家主义和爱国主义"的时代（Chua, 1990：3）。第一代作家将人物的命运安排在一个更广阔的历史和政治语境中，个体对自我的追求被掩盖在整个社会的影响之下。"在混乱的世界中，他们找到了某种身份，但是在这一阶段，外在的世界是模糊不清的（nebulous），小说中的人物无所作为，他们只是对社会的变革做出反应。也许是因为社会中的变革来得太快了，他们的反应看起来好像是在求助。"（Chua, 1990：17）

作为新加坡第二代作家的代表，林宝音所面临的社会问题和第一代作家所面临的问题迥然有别。新加坡经济迅猛发展，国家极力鼓吹西方文明为新加坡社会带来的优越的"现代性"。但与此同时，华人的传统道德和价值体系逐渐式微。

这成为林宝音小说中反映的主要主题之一。《毒牙》《泪痣悲情》《跟错误之神回家》中的老一代华人都是坚守华人传统习俗的代表，而新一代年轻人则大多变得唯利是图、自私冷漠。这些故事被设定在文化混杂的社会背景中，也是对社会现实的一种影射。林宝音对新加坡的混杂性文化表示出一种担心。她说："如果我们坚持现在正在形成的这种难以形容的文化的话，那么（新加坡的文学创作）将来在很大程度上会是西方和亚洲的混合体。"（Klein 2001：169）林宝音笔下的新一代新加坡华人充分表明了这一点。但总体来说，林宝音的混杂性文化书写揭示了新加坡社会所面临的主要问题。林宝音的混杂性文化书写是对新加坡社会现实的一种反思。她通过对混杂语言的应用、对混杂的文化语境和文化意象的创设，揭示了新加坡华人在多元混杂的社会中体现出的文化身份焦虑，并以此来隐喻新加坡整个国家在寻找"新加坡性"过程中面临的尖锐问题。林宝音的创作激情被多文化混杂的时代语境所唤醒，她敏锐的洞察力、居间的文化身份和深厚的文学素养，使其形成了独特的叙事风格。她从语言、叙事策略和叙事主题等层面对英语文学进行着本土化的改造：新加坡式英语的应用、对英国哥特文学的超越、对华人社区民俗的利用、对新加坡本土历史和现实的集中反映，等等，无不体现了林宝音的本土意识。英语不再是殖民文化的一种束缚，反而成为她向世界发出自己声音的工具。但是，新加坡移民社会、殖民以及后殖民历史的客观事实只能将其"本土化"的努力限制在一定的程度中。从新加坡文学史的层面来看，林宝音是一位承上启下的作家，其作品和写作风格对之后的新加坡新生代作家影响深远。⑧在林宝音第一部小说集取得成功之后，其他新加坡作家的创作激情被激发了出来，比如：林新苏（Thean Soo Lim）发表的《14篇短篇小说》（*Fourteen Short Stories*，1979）、查·丽贝卡（Rebecca Chua）出版的《报社编辑的故事》（*The Newspaper Editor and Other Stories*，1980）、戈帕尔·巴拉坦（Gopal Baratham）创作的《虚构的经历》（*Figments of Experience*，1981）都是在林宝音的影响下出版的，从而极大促进了新加坡文学的发展。林宝音说："我认为使我成为一个独特的新加坡作家的是我作为新加坡人的意识以及想要为新加坡文化身份作出贡献的愿望。新加坡的文化身份当然包括我们从母国携带而来的整个历史、文化和情感等方面的遗产。这一遗产可能被吸收进时髦的现代性（sleek modernity）之中，使得新加坡的气质与众不同，并带来一种全新的情感和全新的文学。"（Mohammad 2006：23）

注释

① Nell Khor Jin Keong. "A History of the Anglophone Straits Chinese and Their Literature", in *Sharing Borders: Studies in Contemporary Singaporean-Malaysian Literature-Writing Asia: The Literatures in Englishes,* Vol.2. Quayum Mohammad & Nam Wong Phui, eds., Singapore: Singapore National Library Board and Singapore National Arts Council, 2009,p.50.

在新马两地，关于"华人"的英文说法主要包括：Peranakan（土生华人），Straits Chinese or Straits-born Chinese（海峡华人或海峡出生华人），Baba（峇峇），Nyonya（娘惹）等。虽然马来语中的"Peranakan"一词指的是"子宫；当地出生的人或土著；土著与外地人的后代"等三个含义，但是在新加坡和马来西亚，"Peranakan"已经成为"当地土生华人"的代名词。而"海峡华人"这一说法则是和英国的殖民历史有关。1826年，英国将槟城、马六甲和新加坡合并统称为"海峡殖民地"（Straits Settlements）。故而当地的土生华人也被称为"海峡华人"或"海峡出生华人"。

See also Tan Chee Beng. "Intermarriage and the Chinese Peranakan in Southeast Asia", in *Peranakan Chinese in a Globalizing Southeast Asia: The Cases of Singapore, Malaysia and Indonesia,* Leo Suryadinata, ed., Singapore: Chinese Heritage Centre and Baba House, 2010. Leo Suryadinata. "Peranakan Chinese Identities in Singapore and Malaysia: A Re-examination", in *Ethnic Chinese in Singapore and Malaysia: A Dialogue between Tradition and Modernity,* Leo Suryadinata, ed., Singapore: Times Academic Press. 2002.

② 新加坡式英语是在新加坡使用的以英语为基础的克里奥尔语（Creole），是不同语言融合的产物。可参阅：张勇先.英语发展史[M].北京：外语教学与研究出版社，2014。另外，新加坡式英语是相对于新加坡标准英语（Singapore Standard English）而言的，在词汇、语法和读音上都与标准英语存在诸多不同，具有强烈的本土色彩。具体差别可参阅：云惟利.新加坡社会和语言[M].新加坡：南洋理工大学中华语言文化中心，1996。

③ 学术界普遍公认的真正意义上的新加坡第一部小说是吴宝星（Goh Poh Seng）的《假如我们梦太久》（*If We Dream Too Long*, 1972）。这部小说被认为是"对当代新加坡的描述"，特别是新加坡快速发展的城市化、工业化以及资本主义带来的令人担忧但又不可避免的影响。小说中的一些地名如"板球俱乐部"

（Cricket Club）、富勒顿大厦（Fullerton Building）、维多利亚纪念馆（Victoria Memorial Hall）被作为殖民心态的残余，揭开了新加坡的殖民史。小说中提到了在快速变革的社会中，有着不同经历的父子两代人之间的代沟、新加坡社会中印度移民的困境、新加坡人的家庭生活和新加坡土地开发为新加坡城市发展带来的变化。See also Jeffrey Low. The Singapore Novel: A Critical Approach[D]. Thesis (M.A.) - Dept. of English Language & Literature, National University of Singapore, 1991.

④ See also Lim Shirley Geok-Lin. Finding a Native Voice—Singapore Literature in English[J]. Journal of Commonwealth Literature, (12),2015, pp.30-48；Flossie Chua. *Casting the Net: Trapped Fate in Singapore Fiction*[D]. Singpore: National University of Singapore, 1990.

参考文献

[1] 艾勒克·博埃默. 殖民与后殖民文学 [M]. 盛宁，韩敏中，译. 沈阳：辽宁教育出版社，牛津：牛津大学出版社，1998.

[2] Amy Tak-yee Lai. Asian English Writers of Chinese origin: Singapore, Malaysia, Hong Kong[M]. Newcastle upon Tyne : Cambridge Scholars, 2009.

[3] Catherine Lim. My Days: An Autobiography[M]. London: Chatto and Windus, 1975.

[4] Catherine Lim. The Serpent's Tooth[M]. Singapore: Times Editions Pte Ltd, 1982.

[5] Catherine Lim. The Teardrop Story Woman[M]. London: Orion Books, 1997.

[6] Catherine Lim. Following the Wrong God Home[M]. London: Orion Books, 2001.

[7] Flossie Chua. Casting the Net: Trapped Fate in Singapore Fiction[D]. Singapore: National University of Singapore, 1990.

[8] Gina Wisker. Showers of Stars:South East Asian Women's Postcolonial Gothic[J]. Gothic Studies, 2003 (5) :64-80.

[9] Ismail Talib. Why Not Teach Non-native English Literature?[J]. ELT journal,1992, 46(1): 51-55.

[10] Jeffrey Low. The Singapore Novel: A Critical Approach[D]. Singapore: National University of Singapore, 1991.

[11] Kirpal Singh. Interlogue: Studies in Singapore Literature (Vol. 1: Fiction)[M]. Singapore: Ethos Books,1998.

[12] 刘延超. 新加坡英语文学研究[M]. 北京：中国社会科学出版社，2011.

[13] Quayum Mohammad. With Her Glittering Eye——An Interview With Catherine Lim[J]. Wasafiri , 2006,21(3): 23-35.

[14] Ronald D Klein. Interlogue: Studies in Singapore Literature(Vol. 4: Interviews)[M]. Singapore: Ethos Books,2001.

[15] Tamara S Wagner. Ghosts of a Demolished Cityscape: Gothic Experiments in Singaporean Fiction[M]//Ng Andrew Hock Soon. Asian Gothic: Essays on Literature, Film and Anime. NC: McFarland & Company Inc. Publishers,2008.

[16] 王列耀. 论新加坡华文文学的文化取向[J].暨南学报（哲学社会科学），2000（2）：29-33.

[17] 谢聪. 大陆学界的新马华文文学"本土性"研究评述[J]. 常州工学院学报（社科版），2010（6）：23-29.

[18] 云惟利. 新加坡社会和语言[M]. 新加坡：南洋理工大学中华语言文化中心，1996.

[19] 张勇先. 英语发展史[M]. 北京：外语教学与研究出版社，2014.

[20] 朱崇科. 本土楔入：可能与限定——以新马华文文学为例论世华文学研究的新进路[J]. 中山大学学报（社会科学版），2006（5）：7-9.

本文原载于《外国文学评论》2018年第4期。原题为《混杂性书写：林宝音小说与新加坡"本土性"》，本次出版时题目略有调整。

《道德经》中文化意象错位研究

赵志刚

摘　要　《道德经》中的文化意象意蕴丰富，对其文化意象的理解直接影响着对原文本整体思想的把握。因此，文化意象应该被放在和原文本同等重要的地位来对待，不应该被边缘化。对《道德经》中的文化意象进行了细致的梳理，用发现问题、分析问题、解决问题的科学研究方法集中讨论了造成《道德经》文化意象错位的原因和应对策略。

关键词　《道德经》；文化意象；错位

　　《道德经》又被称为《老子五千文》，是中国文化的精华，代表了古代中国哲学思想的伟大成就。而关于《道德经》的注解可谓是汗牛充栋，最早的要算是韩非子的《解老》和《偷老》了。其后又有西汉河上公注《老子章句》和三国魏时王弼作《老子注》以及唐傅奕《道德经古本编》等。考古学的最新成果为《道德经》的研究注入了新的活力——《道德经》郭店楚简本和马王堆汉墓出土的帛书版本为《道德经》研究提供了有价值的借鉴和补充，同时也在海内外掀起了一股老学研究热潮，标志着世界老学研究进入了一个新阶段。

　　经学者研究比对，《道德经》各版本在句法和用字方面存在诸多差异，但是其中的文化意象却相对固定。因此，正确理解《道德经》中所蕴含的文化意象对解读其深邃的哲学思想是非常有价值的。虽然《道德经》在全球的历时性研究取得了丰硕的成果，但是从《道德经》语内和语际翻译的现状来看，文化意象错位问题尤为突出。究其原因，主要是译者对其中蕴含的丰富的文化意象缺乏深入的研究和细致的梳理。有感于此，笔者觉得有必要重新走进古老深邃的道家学说，重检《道德经》中丰富的文化意象，挖掘并阐发《道德经》中文化意象所蕴含的深刻意义。

1《道德经》中的文化意象

　　《道德经》是迄今为止流传最广的一本中国古代典籍，其中蕴含了丰富而耐人寻味的哲学道理。但是，因为老子用字简洁，短短五千言无所不包，涉及治国、修身、养生、论道、兵法等诸多领域的内容，再加上时代变迁，在流传的过程中《道德经》被后人添加、删减，所以造成了现代人对这本经典的困惑和争议。幸运的是，《道德经》中存在大量形象的文化意象来隐喻高深莫测的道理，因此，正确理解这些文化意象是准确把握原作内涵的前提。

1.1 文化意象

　　美国语言人类学家加利·帕尔默（Gary B. Palmer）（1996：47）在文化语言学的研究中借用了认知语言学中的"意象"概念并对其做出了具体的阐释，认为意象是指对事物的感知在大脑中形成的表征，但是这种表征不是直接感知的，而是依靠人们的记忆或联想、心理图像或心理来表达一个概念或一个意识的。意象帮助人们对事物进行感知，同时对具体的感知信息进行加工，对其抽象化和概念化的过程，进而形成人们头脑中相对稳定的语言文化符号。所以在帕尔默看来，其实语言就是以意象为基础的语言符号的组合。

　　"人类都具有象征、讲话和构建意象的能力；人类都能将自己的经验记录在大脑中并将其图式化，然后将图式组织成复杂的范畴、链条和级别系统；人类都具有比喻的能力；人类总是用现成的认知模式和图式来认识、理解和处理新经验。相同的感觉经验和认知功能使各民族人民创造的语言和文化具有共性。文化范畴与那些产生于相同体验的意象图式一样，也具有共性，也是人类赖以理解、认识或处理新经验的工具。"（纪玉华 2002：45-46）这一论述包含两层含义：其一，不同文化种群都有自己独特的文化意象和文化意象图式，并在人们的头脑中产生独特的文化意象联想。也就是说，意象具有特定民族的文化表征和属性。其二，各种群的文化意象之间因为相同的体验也存在诸多相同之处。因此，在不同文化，抑或是在相同文化的历时研究中，文化意象的传递应致力于寻找文化共性的元素，或在异质文化中找到共鸣。

　　对于全球研究中国古代典籍的学者们来说，应意识到汉语的思维不同于其他语言。研究中国古代典籍中所蕴含的文化意象，就必须了解汉语的独特性。申小龙（2003：325）指出："汉语的精神，从本质上说，不是西方语言那种执着于知性、理性的精神，而是充满感受和体验的精神。汉语的语言思维是一种具象思维。"

文化意象是人们深入了解和研究语言的基础。但是，仅仅停留在语言的显性层面对其进行肤浅的研究难免会造成文化信息传递的"失落"，我们还应该以此为基石挖掘其深层次的语言机理以及其蕴涵的丰富的文化。

1.2 《道德经》中文化意象的特点

《道德经》中的意象涵盖了人们生活中的方方面面，意蕴丰富。而正是这些意蕴丰富的意象把"明暗相济、微妙玄通、惟恍惟惚、寂兮寥兮、似有还无"的"道"诠释得淋漓尽致。

谢天振在其著作《译介学》（1999：175）一书中将原来分开讨论的"文化"和"意象"合并，并探讨了"文化意象"的分属类型。按照他的解释，文化意象可以是某种植物、动物、颜色、器具、服装或装饰，以及成语典故中的意象，甚至还包括数字。基于此，《道德经》中的文化意象包括以下几个方面。

1.2.1 取自与人们日常生活息息相关的文化意象

《道德经》中与人们日常生活息息相关的文化意象涵盖了吃、穿、住、行、用等诸多方面，真是无所不包。如第五章的"橐籥"，意为"风箱"，用来喻指天地空虚，但不会穷尽；第十一章的"毂""埏埴""室"；第十二章的"五色""五音""五味"；第三十章的"辎重""荣观"；第三十五章的"乐与饵"；分别出现在第十一章和第四十七章的"牖"；集中体现于第五十三章的"田""仓""服""利剑""饮食""财货"；第六十章的"小鲜"；第八十章的"什伯之器""舟舆"，等等。这些意象均取自与人们日常生活相关的事物，在《道德经》哲学阐述的语言风格方面独树一帜。老子大量生活意象的应用旨在把隐性的哲学道理显性地表达出来。同时，也暗示了"道"的普遍性。

1.2.2 取自与自然界有关的文化意象

《道德经》中大量的文化意象取自自然，这一点与老子要阐述"道"的本原是分不开的。老子坚信，"整个自然，包括人类社会的自然，受到某种法则的规约"（刘华军 2008：112），而这一规约法则又是"非常道""无可名"的。因此，对"道"的清晰阐述就要求作者"近取诸身，远取诸物"。老子对此类意象使用的特点是：一个意象多次重复出现。可见，这些意象对文本的结构和意义的建构起着至关重要的作用。比如，多次出现在不同章节的"朴""水""谷""象""川""江""海"等。

1.2.3 取自与数字有关的文化意象

数字意象是文化意象中的一种。数字除了具有表示数量、序列的功用之外，在具体的语境和文化背景中还能积极地构建特定的文化意象，从而将隐性的信息显性地传达出来，为读者呈现别样的文化意境。正是数字意象集精确与模糊于一体的特点，使得《道德经》呈现出独具特色的语言文化风格——生动形象、简约凝练、工整贴切，让读者读起来朗朗上口。同时，与数字意象相关的修辞如比喻、夸张、层递等带来的烘托环境、渲染气氛和增强语势的效果，以及随语境延伸给读者带来的想象空间都值得研究（刘郑 2009：42）。如：第十章中"载营魄抱一"中的"一"，并非具体的数字。兰喜并在《老子解读》（2006：38）中借用了金景芳的注解："'营''魄'就是阴阳，'一'就是'和'"。帛书的第四十一章中讲："道生一，一生二，二生三，三生万物。"此句中的"二"指的就是"阴"和"阳"，而三则指"和"，与第十章的"一"意义相同。但此章中的"一"与第十章的"一"不同，此"一"强调的是"惚兮恍兮、窈兮冥兮"的混沌之状（兰溪并 2006：158）。而这些数字意象都是源自中国的"阴阳"学说。

这些文化意象的使用一方面使得《道德经》言简意赅，词约义丰，正如梁代刘勰《文心雕龙》第二十四篇《议对》所述："文以辨洁为能，不以繁缛为巧；事以明核为美，不以环隐为奇：此纲领之大要也。"另一方面，这些文化意象构筑了《道德经》譬喻性言说的语言风格，在作品和读者之间架起了一座理解的桥梁，有助于读者准确把握这些文化意象所代表的深层次文化内涵。

1.3 《道德经》中的文化意象错位

《道德经》的传播主要包括语内传播和语际传播。文化意象的错位也主要体现在这两个方面：首先，《道德经》中的文化意象经历了历史空间的行旅，从古代穿越到现代，译者对文本的解读难免会因为时空的距离而产生文化意象的"失落"。这一点从各家对老学的注解可见一斑；其次，《道德经》中的文化意象在跨文化的语境中被省译、误译的情况也屡见不鲜。外译过程中的文化意象错位有的是因为翻译底本的选择所造成的，有的则是因为文化意象在异域文化中的空缺所致。总而言之，文化意象的错位大大影响了《道德经》的翻译文本质量和《道德经》对内、对外的传播。梳理并分析《道德经》中的文化意象错位，既是文本传播的需要，也是翻译活动文化转向的必然趋势。

2 《道德经》中文化意象错位的原因

美国语言学家雅各布森（Jakobson 1967：113-118）从符号学角度把翻译分为语内翻译、语际翻译和符际翻译。语内翻译是语际翻译的前提和基础。目前，《道德经》文化意象错位主要体现在语内翻译和语际翻译两个层面上。

2.1《道德经》语内翻译造成的文化意象错位

《道德经》语内翻译中的文化意象的错位或失落的原因是多方面的：首先，《道德经》中的文化意象纷繁复杂，虽语言简约但意蕴丰富，为后人的解读带来了一定的难度；其次，先秦文论独特的文风使得断词、断句出现多元选择。多元的标点解读势必会造成解读的混乱，因此才会出现诸如"刍狗""橐籥"等文化意象的"偏正结构"和"并列结构"的理解分歧；再次，中国古代汉字往往具有一字多义、一字多性的特点。这一特点虽然使文本简约凝练，但同时也为读者的解读设置了重重障碍。老子常用同一个汉字在不同的语境中构筑不同的文化意象，所以后人的诠释呈现出多维度、多元化的现象也就在情理之中了。

举个例子，《道德经》第六章："谷神不死，是谓玄牝，玄牝之门，是谓天地根。绵绵若存，用之不勤。"魏王弼注曰："谷神，谷中央无也。无形无影，无逆无违，处卑不动，守静不衰，以之成而不见其形，此至物也。处卑不可得名，故谓。门，玄牝之所由也，本之所由，与极同体，故谓之也。欲言存邪，则不见其形；欲言亡邪，万物以之生。故也。无物不成而不劳也，故曰用而不勤也。"（楼宇烈 2008：16-17）显然，王弼在注解中把"谷"解释为"山谷"，取其虚空之意。南怀瑾先生的解释大体相同，认为："正是因为山谷的中间空洞无物，因此而形成其中的空灵作用。正因为其中空而无物，才能升起看似虚无，而蕴藏似乎妙有的功用……而正是这空洞虚无而生妙有的功能，便是天地万物生命源泉的根本，取一个代名词，便叫它是'玄牝'。'玄牝'虽然中空无物，但却是孕育天地万物生命的窟宅，绵绵不绝，若存若亡。"（南怀瑾 2003：104）但是这样的解释多少有些牵强，因为"山谷"和"玄牝"这两个意象之间缺乏联系在一起的纽带和介质，无法和"绵延若存"完美地衔接在一起。

2.2《道德经》语际翻译造成的文化意象错位

语际翻译是以语内翻译为前提和基础的。对于《道德经》原文解读的精确度势必会影响到《道德经》的对外翻译和传播的质量。1971年山姆·帕金法导演的美国影片《稻草狗》（*Straw Dogs*）在2011年由罗德·拉里翻拍。故事讲述了一名沉默寡言的美国数学教授大卫·萨莫带着他的英国妻子艾米搬到某一环境清新的郊外居住，而这个家庭所遭遇的灾难也由此开始。在他们住的地方，有一群当地人以欺负他们为乐。有一个建筑工人看大卫·萨莫好欺负并垂涎艾米的美色，故意用计将大卫·萨莫骗出去打猎，然后趁机强暴了他的妻子。之后，大卫·萨莫为了拯救一名在一场车祸中受伤的低能儿，竟莫名其妙地遭到当地居民的疯狂围攻。最后，大卫·萨莫忍无可忍，不顾一切地展开凶猛、血腥的反击。

这部电影的标题借用了老子《道德经》中的名言："天地不仁，以万物为刍狗；天地之圣人不仁，以百姓为刍狗。"根据剧情，导演试图向观众描述一个被"不仁"的当地人视为"稻草狗"的懦弱者在任人欺凌的情况下疯狂反击的形象。很显然，导演误解了老子的原意，"天地不仁"中的"不仁"并非其字面含义"残忍的"，而一些英译本将其直译为"ruthless"或"not humane"（比如D. C. Lau，1982英译版本）。"刍狗"也并非简单的"稻草狗"的意象。这是文化意象的严重错位。事实上，中国古代典籍中的文化意象遭遇这样的曲解、变形屡见不鲜。辛红娟在援引茱莉亚·哈蒂讨论《道德经》译本之间的差异时说："译本之间的差异，有些源于译者对原文的不理解甚或误解、曲解，有些源于所依据底本的不同，更有一些源于特定历史因素对译者的意图和策略造成的不同影响（辛红娟2008：18）。中国古代典籍的翻译必须在经过准确的内译基础之上，再进行外文翻译，否则会有悖于原始含义。辛红娟在2008年出版的《＜道德经＞在英语世界：文化行旅与世界想象》一书中系统地勾勒出了《道德经》在英语世界的行旅脉络图，她从译本总数、刊行地、刊行方式、译者性别及性别意识、原文的版本问题、译者主体情况、书名翻译和主流翻译策略等方面对《道德经》研究的三个高潮期进行了归纳和分析。值得指出的是，1973年之后的《道德经》帛书和郭店楚简的相继问世为老学研究者提供了更大的选择空间。所以在第三个阶段（1972—2004）译者对底本的选择意识增强，翻译策略也"力图同时传达五千精妙的思想底蕴和语言外壳，异化法趋势明显"（辛红娟 2008：24-25）。这一点与第一阶段（1868—1905）的本色化或归化为主的翻译策略形成了鲜明的对比。

3 《道德经》中文化意象错位的应对策略

当代翻译理论的研究成果表明，翻译文本绝对不可能是对原文本的完全复制，只是可以达到与原文本接近的程度。影响这一"接近程度"的因素是多方面的，但有一点可以肯定的是，只注重语言表面语码转换的翻译研究是无法真正接近原文的。因此翻译活动需要新的研究向度，翻译研究呼唤文化转向。在这种理论背景下，原来被边缘化的文化意象错位理应引起学界的足够重视，对解读文本过程中所造成的文化意象错位也应该有相应的补偿手段，这样才能与原文达到真正意义上的接近。

3.1 《道德经》内译文化意象错位的解决策略

当前对于《道德经》文化意象的文本内解读研究主要体现在两个方面。

3.1.1 从训诂学的角度,利用汉字字源信息挖掘文化意象所蕴含的深层含义,从而纠正文化意象的错位

研究中国的古代典籍离不开对汉字字源的研究,而对于汉字的研究也不能脱离中国文化的背景。这一点和帕尔默所提出的文化语言学观念不谋而合。汉字是中国文化的产物,受到了先民思想观念的制约。同时,汉字也是华夏文明和哲学思想的体现,是现代人了解先民思想的窗口和继承悠久文化的途径。以第六章中的意象"谷、牝、根"为例,从汉字字源的角度来看:

首先,"谷"字甲骨文写作,金文为。许慎《说文》:"谷,泉出通川为谷。从水半见,出于口。"从其甲骨文来看,上部象流水状,下象山涧泉口,会泉水流出山涧泉水之意。

再来看"牝"字,甲骨文为,《说文》篆体写作。会意兼形声字,甲骨文从牛,从匕(雌性标志),会雌性鸟兽之意。篆文整齐化,并将牛移到左边,隶变后楷书写作"牝"(谷衍奎2008:273)。《说文》释义为:"牝,畜母也。"正因为本意为"雌性鸟兽","牝"还用来引申泛指"雌性的"。在易学理论中,水为阴性,凹陷之物也为阴。据此,"牝"又引申为"溪谷"之意。如《大戴礼记·易本命》所记:"丘陵为牡,溪谷为牝。"在中国的阴阳五行学说中,"阳"往往代表"自强不息"之意,而"阴"具有"厚德载物"的内涵。

综合"谷""牝"的字源分析,不难发现在两个意象之间有了将二者联系在一起的共通之处:山谷溪流。从上下文来看,此处的"谷"和"牝"都应该是绵延不绝、孕育万物的"溪谷"之意。

据此,"谷神"和"玄牝"这两个意象均是由山谷溪流引申而出的。有了这个中间的介质,才能把上下文义贯通。而溪谷的阴性特质即厚德载物,又被老子巧妙地比喻为"天地万物的根本"。

顺便提一下"根"字。当提到这个字时,很容易让人联想到植物的根须,其状与溪流从山谷中流出形成发散开来的支流非常相似。二者意象接近。因此,此处的"天地之根"的"根"字,一字双关,承接上句"玄牝之门"为"根源"之意,启示下句"绵绵若存"表示"发散"之意。

另外,《道德经》第三十九章所提到的"谷无以盈将恐竭?"和第六十六章的"江海所以能为百谷王者,以其善下之,故能为百谷王"中的"谷"字,应和"谷神不死"的"谷"同意,皆为绵延不绝的山谷溪流之意。第四十一章的"上德若谷"与"虚怀若谷"应为同一起源，意为山谷。

3.1.2 从历时比较学的角度，借助并参考历代学者的注解和研究成果，以还原文化意象的原貌

《道德经》第五章"天地不仁，以万物为刍狗；天地之圣人不仁，以百姓为刍狗。天地之间，其犹橐籥乎！虚而不屈，动而愈出。多言数穷，不如守中。"对于此章节的解读，关键在于对文化意象——"刍狗"和"橐籥"的把握。不少学者认为，在此章中，老子用"刍狗"和"橐籥"来隐喻指称天地宇宙的自然性，天地对于万物是一视同仁的，没有高低贵贱之分。"天地之间的一切变化，包括圣人的一切活动，均是遵从自然性的。人类一切活动，均是自然性的表现。人为，必须顺乎自然。"（孟欣，天厚 2006：15）正如南怀瑾先生所注："天地生万物，本是自然而生，自然而有……天地并没有自己立定一个仁爱万物的主观的天心而生万物。只是自然而生，自然而有，自然而归于还灭。假如从天地的立场，视万物与人类平等，都是自然的，偶然的，暂时存在的，终归还灭的'刍狗'而已。"（2003：98）兰喜并的《老子解读》中对"刍狗"的理解与此大体相同。兰喜并在对《道德经》第二章的理解基础之上，认为老子所说的"居无为之事"是"对境遇的一种应和"，要"与时迁移""应物变化"，所以他认为老子用"刍狗"的意象主要是来例证"无为"这一主题。"'刍狗'完全是一种应时之作。人做'刍狗'并不是出于喜爱，而只是为了祭祀。祭祀之后扔弃也不是因为厌恶，而只是不滞于祭祀。祭祀已过而保存'刍狗'即是一种'执'，毫无顾惜地扔弃则是一种'应'。做亦应，扔亦应，这就是'无为'。老子认为，天地间万物就像祭祀中的'刍狗'一样，也都是应时之作……天地不以春生为喜，亦不以秋杀为忧。"（兰喜并 2006：24）

漆霞（2000：5）曾撰文并推荐王安石父子在《老子注》中对"刍狗"的诠释："天地之于万物，圣人之于百姓，有爱也，有所不爱也。爱者，仁也；不爱者，亦仁也。惟其爱，不留于爱，有如刍狗，当祭祀之用，盛之以箧函，巾之以文绣，尸祝斋戒，然后用之。及其祭祀之后，行者践其首迹，樵者焚其肢体。天地之于万物，当春生夏长，如其有仁，爱以及之；至秋冬，万物凋落，非天地之不爱。"从以上古今学者的研究来看，"刍狗"应该为偏正结构，意为用草扎成的狗，做祭祀之用。

但是，也有很多学者主张"刍狗"应该为并列结构，此种解释在《道德经》的研究史上也是有根据的。比如，河上公对此句的注解为："天地任自然，无为无造，万物自相治理，故不仁也。仁者必造立施化，有恩有为。造立施化则物失其真。有恩有为，则物不具存。物不具存，则不足以备载。天地为兽生刍，而兽食刍；不为人生狗，而人食狗。无为于万物而万物各适其所用，则莫不赡矣。若慧由己树，未足任也。"这里，河上公将"刍""狗"分开解释，认为两字之间应为并列结构，即老子用草和狗的意象指代所有的动植物。"天地不仁，以万物为刍狗"，也就是说天地视万物平等，没有高低贵贱之分。另外，持有此解的还有主编《中国通史简编》的范文澜。范文澜认为："刍（草）、狗（畜）、人都是天地间自然生长的物，兽食草，人食狗，都合乎自然规律，天地并不干预兽食草，人食狗，所以圣人也不干预百姓的各谋其生活。"（1978：428）笔者以为无论将其视为并列结构还是偏正结构，关键在于哪种句读能让读者产生与语境相吻合的文化意象联想。从这一角度来看，并列结构更有优势，体现了道家主张的"天地之间万物平等"的哲学诉求。

再来看本章的另外一个意象——橐籥。对于"橐籥"的理解，人们似乎争议不大，多将其解释为"风箱"。学者多以为老子借用"风箱"的意象来表明天地虽然空虚，但不会穷尽。因为正是它的中空，才会"动而愈出"，从而揭示了人与自然的关系，即我们要利用自然，不能与其背道而驰。

但是从汉字理据的角度来分析老子所借用的"橐籥"的意象，似乎还另有解释。"橐"篆书写为 ![篆字]。许慎《说文》："橐，囊也。""橐"从构造来看，本意为一种无底的袋子，盛物时用绳捆扎两头。正是这种原始的构词意象，后引申指同样中空的古代冶炼鼓风用的装置。"籥"又通"龠"，是象形字。甲骨文 ![甲骨文]象一种编管组成的乐器形，中部有孔，上有吹口；或在其上又加倒口，以强调吹奏。金文大同 ![金文]。篆文整齐化 ![篆文]。《说文》解释说："龠，乐之竹管，三孔，以和众声也。"后来在汉字演化的过程中，"龠"被当作偏旁，乐器之义便又加义符竹写作"籥"来表示，以突出是竹管所制（谷衍奎 2008：1944）。

从构形和字义上看，"橐""籥"都有"中空、空虚"之意。很显然，老子采用这样的意象旨在形象地揭示出空虚、无为的自然本性。正如魏晋王弼对此注曰："橐籥之中空洞，无情无为，故虚而不得穷屈，动而不可竭尽也。天地之中，荡然任自然，故不可得而穷，犹若橐籥也。"但楼宇烈校释又补注说："易顺鼎说'王（弼）注之义虽亦可通，而一为吹火囊，一为乐器，殊不相类。橐，当为囊橐之橐，籥当为管籥之籥……盖橐所以缄胜物者，籥所以阖辟物者，虚而不屈，正谓橐；动而愈出，正谓籥耳。天地之门犹橐籥者，橐主人物，故曰阖户，谓之乾；籥主出物，故曰辟户，谓之坤矣。'"（2008：14-15）由此看出，易顺鼎的注解更注重从字形上将"橐""籥"分开来解释，并与之后两句"虚而不屈，动而愈出"分别对应，显得更为巧妙。

通过对两组文化意象的分析，可以看出原作者将本来应该加注标点符号的工作转嫁给了读者，而不同的读者又根据自己的理解对原文本的句读进行积极的参与和建构，因此分歧在所难免，关键是我们如何透过表层的意象去触摸深层的文化内涵。

3.2 《道德经》外译文化意象错位的补偿手段

文化意象在不同的文化场域中往往会给读者带来不同的文化联想和意象图式，有时很难在两个不同的语言体系中找到完全等值的文化意象。因此，《道德经》中文化意象在英语世界的传播必然会有失落之处。为了能够在译文中最大限度地将文化意象传递给异域文化的读者，译者常会根据原文本的内容对其进行适当的变动或是采取相应的补偿手段，试图在不同程度上达到与原文本相对应。而补偿策略的差异往往取决于译者对底本的选择和译者主体自身的情况。辛红娟（2008：25）在总结《道德经》在英语世界的传播情况时提到，在《道德经》对外翻译的第一阶段（1868—1905），译者主要为英国人，大多为传教士或神职人员，翻译策略以归化法为主；第二阶段（1934—1963）中，开始出现中国人自己的译本，译者国籍呈现多元化的趋势，而翻译策略以直译为主，追求与原文的忠实对等。在这前两个阶段中，译者可以参考的原文本就只有世传本。但是在第三阶段（1972—2004），译者对底本的版本选择意识增强——世传本、帛书本和竹简本成为译者不同的选择。同时，译者的身份也更加多元化，中外译者合作翻译和跨学科领域的合作翻译成为本阶段一大亮点，主流翻译策略以异化法为特色，更加注重表层语言和深层文化的双层传递。

而对于《道德经》中文化意象的英文翻译，译者的翻译风格各异，试图通过不同的手法再现原语言文化中的文化意象。以《道德经》第五章中"刍狗"意象为例，译者对文化意象的处理主要体现在以下三个方面：

例1，2011年，五洲传播出版社和中华书局联合推出了由许渊冲英译，辛战军中文译注的《道德经》（2011），在这一版本中出现了较为矛盾的一幕。辛战军将"天地不仁，以万物为刍狗"解释为："谓天地原本就没有什么私亲偏爱，视同万物有如那祭祀求福的'刍狗'一样，当用则自用之，当废则自废之，一切全都顺其自然。"而许渊冲先生的英译文为："Heaven and earth are ruthless, they treat everything as straw or dog." 很明显，许渊冲先生对于此意象的翻译是将"刍狗"理解为并列结构，与同在一本书中的中文注释产生了理解上的分歧。许渊冲并没有按照世传本的解释翻译这一文化意象。看来，他把文化意象的理解放在了非常重要的位置，在一定程度上做出了对文化错位的补偿。

例2，辜正坤（2008）对此文化意象的处理颇为仔细。首先，他按照偏正结构的理解，将"刍狗"译为"straw dogs"。然后，采用加注释的协调式异化翻译策略，对其补充说明："Straw dogs: a kind of offerings used by Chinese ancients for the purpose of sacrifice ceremony, usually discarded and trampled upon at the end of the ceremony."林语堂在《老子的智慧》一书中，也是采用异化加注的翻译策略力图将"刍狗"这一文化意象在译文中准确地传递给读者。这种补偿策略无疑会对凝聚了中华民族独特的风俗、习惯和价值观的文化意象在异域文化中的传播起到积极整合和建构的作用。

例3，Dwight Goddard & Henri Borel（1919）翻译的《道德经》英文版本就体现了译者对文化意象错位的另一种翻译策略，即将其省略不译。在此版本中，包含文化意象"刍狗"的原文"天地不仁，以万物为刍狗"，被翻译为："Heaven and earth are not like humans, they are impartial. They regard all things as insignificant, as though they were playthings made of straw."而另外一个版本译者是Stephen Mitchell (1988)，他的翻译是："The Tao doesn't take sides; it gives birth to both good and evil."很显然，文化意象在译文中完全消失，导致文化联想在读者的头脑中的建构失败。

从以上三种情况来看，第一，对原文本的理解差异肯定会造成对文化意象错位的不同处理策略。《道德经》传播的现实需求呼唤统一的底本；第二，对文化意象错位的补偿是非常有必要的，恰当的补偿手段会有助于读者的文化联想，有利于在他们的头脑中形成独特的文化意象图式。省译的策略虽然能传递一定的原文信息，但不利于代表本土文化特色的文化意象的对外传播。

4 结论

文化意象在《道德经》中的使用是非常考究的，简洁而意味无穷。很多汉学家在译介中国古典哲学著作的过程中付出了巨大的艰辛，但对作品中独特的文化意象的翻译或囿于认知偏差，或因理解有限，在很大程度上影响了《道德经》中深邃思想的传承和对外传播。同时也表明文化意象和承载文化的典籍之间是相辅相成的，不能将二者分裂开来，否则无异于"盲人摸象"，隔靴搔痒。鉴于以上分析，笔者提出以下几点愚见，仅供参考：第一，对于《道德经》的翻译和传播应该充分考量历代老学的研究成果，借鉴各家之言，综合考量各家观点，在诸多版本的基础之上，裁定较为权威的版本，否则就无法改变当前《道德经》文化翻译错位和乱象的现状；第二，在某种意义上来说，文化意象的内译决定了外译的质量，没有正确严谨的内译作为解读的基础，就必然会造成文化意象的失落，就不可能有恰当的外译文本；第三，中国古代典籍的历时性研究离不开对古老的中华文化的溯源，离不开对意蕴丰富的汉字本身的剖析和考量。所以，全面地掌握中国文字的发展脉络对于解决古典文本的解读难题是有积极意义的。

参考文献

[1] D C Lau. Chinese Classics: Tao Te Ching[M]. HongKong: The ChineseUniversity Press,1982.

[2] 范文澜. 中国通史简编（第一册）[M]. 北京：人民出版社，1978.

[3] Gary B Palmer. Toward a Theory of Cultural Linguistics[M]. Austin: University of Texas Press，1996.

[4] 老子. 道德经[M]. 辜正坤，译. 北京：北京大学出版社，2008.

[5] 谷衍奎. 汉字源流字[M]. 北京：语文出版社，2008.

[6] Mitchell Stephen. Tao Te Ching: A New English Version[M]. New York: Harper and Row, 1988, p.5.

[7] Jakobson R. On Linguistic Aspects of Translation[M]//Venuti. The Translation Studies Reader. New York:Routledge, 1967:113-118.

[8] 纪玉华. 帕尔默文化语言学理论的构建思路[J]. 外国语（上海外国语大学学报）2002（2）：41-46.

[9] 兰溪并. 老子解读[M].北京：中华书局，2006.

[10] 林语堂. 老子的智慧[M]. 北京：外语教学与研究出版社，2009.

[11] 刘华军. 老子的自然观与无为主义之辩正[J].船山学刊，2008（4）：111-113.

[12] 刘郑. 汉诗数字意象翻译之模糊美感解析[J]. 牡丹江教育学院学报，2009（3）：41-42.

[13] 楼宇烈. 老子道德经注校释[M] 北京：中华书局，2008.

[14] 孟欣，天厚. 老子哲学与人生智慧[M].青岛：青岛出版社，2006.

[15] 南怀瑾. 老子他说[M]. 上海：复旦大学出版社，2003.

[16] 漆霞. 释"天地不仁,以万物为刍狗；圣人不仁,以百姓为刍狗"义 [J].河北大学学报(哲学社会科学版)，2000(10)：5-6.

[17] 申小龙. 汉语与中国文化[M]. 上海：复旦大学出版社，2003.

[18] 谢天振. 译介学[M]. 上海：上海外语教育出版社，1999.

[19] 辛红娟.《道德经》在英语世界：文化行旅与世界想象[M]. 上海：上海译文出版社，2008.

[20] 许渊冲. 老子道德经[M]. 北京:五洲传播出版社和中华书局，2011.

本文原载于《中华文化论坛》2013年第1期，原题为《〈道德经〉中文化意象错位的成因及补偿策略》，本次出版时题目略有调整。

旧约中重复的叙事手法对犹太民族品性之契约观的表述

李宛悦

摘　要　契约观是犹太民族的一个极为重要的民族品性之一，直接生发于犹太教圣经旧约之中。在如何表现犹太民族契约观上，旧约的作者们巧妙地采用远古时期文学叙事传统中的重复手法来处理犹太民族历史文化素材，意在用重复的叙事手法把契约观的精神从充满隐喻和象征的旧约文本中剥离出来以示读者，进而来阐释犹太民族契约观的独特精神文化内涵，以及衍生出的俗世意义。主要论述关键词、句式以及类型化事件这三种重复叙事手法在犹太民族契约观的精神表征中的运用。

关键词　旧约；重复叙事技巧；犹太历史与宗教素材；契约观

犹太民族的独特品性"契约观"直接源于圣经旧约。旧约按字面意思为上帝与犹太人所立之约。其契约观精神对人类文化产生了巨大的影响。在圣经旧约文本中，通过何种有效的叙事手段来处理民族素材，才能把犹太民族契约观巧妙地呈现给读者，显然是圣经作者们曾面对的首要问题。国内著名的圣经研究学者梁工说过，当作者思考某个主题时，便把思想本身寓于某种传统形式的表达手法上。经阅读梳理后，我们发现圣经的作者们选择了以希伯来传统文学中的重复叙事手法来阐释。希伯来人认为如果某一思想非常重要，就不应该只说一次，而应该多次重复来强调其重要性，就应该从各个不同角度细心观察、多次重复，才能更充分地揭示其潜在的意义（Gable 2000：35）。因此，旧约的作者们正是借这种重复叙事手法，把犹太人契约观从充满隐喻和象征的文本中剥离出来加以阐释。用这种朴素简单、行之有效的文学手段来处理犹太民族素材，使得旧约在叙事上简洁与重复并重，且相得益彰。

1 重复叙事手法之于希伯来宗教传统

重复的叙事手法是希伯来民族文学的宝贵遗产，受宗教影响颇深。在先古时期，宗教权被祭司们所垄断，那些写满宗教教义和训诫的羊皮卷轴的宗教典籍，是普通民众无法触及的，只有祭司们才可以接触到，由他们在特定的宗教会堂向听众讲诵。出于宗教布道的需要，口头上的重复显然是最有效的手段。犹太民族严格坚守与上帝之约，守约早已是这个民族的品性，所以每一条训诫、每一则预言、每一个教诲、每一个传说、每一段宗教故事都要不折不扣地逐字重复多次，这是对上帝虔诚、膜拜的主要方式，更是守约的一种表现形式。因此，重复是一种庄严的必要，绝不可忽视。正如弗莱所说："经文越像韵文，越重复，越含隐喻，就越被外部的权威意义所笼罩。"（1998：274-275）这种重语言的艺术表现力的布道，对于传道者来说，宣讲起来朗朗上口，其节奏感与音乐感有助于思想感情的表达，颇具张力和吸引力；对于听众，这种重复的手法突出重点，有助于听者深思隐含的寓意，而不仅仅停留在表面字义上的理解。这种多次出现逐字、逐句、整段甚至是整个故事场景的重复，逐渐形成稳定的叙事模式被保留在旧约的文本之中，这是对人类伟大文化遗产的一大贡献，使得后人在阅读旧约时仍能体会到远古时期叙事手法的艺术魅力。

2 关键词、句式重复之于"契约精神"的建立

犹太民族是一个契约的民族，契约观是犹太民族一个十分重要的神学观念。"约"（covenant）的观念在犹太教教义中主要指上帝与人之间订立的协议。一般认为，希伯来语中"约"的含义为一种对缔约双方都有约束力的安排（徐新 2011：79）。是神与人的约定，故神圣不可违背。圣经旧约中无数次提到上帝与人立约之事，而在《创世记》和《出埃及记》中，上帝与人立约则最为关键，不但有约，还有见证。而希伯来人认为见证越多，约定就越有保证性和有效性。这两次立约奠定了神与人契约关系的基础，在人类线性发展史中开始了致力于神与人的关系的构建，并为人类俗世生活生发出无限的重大意义。

《创世记》中上帝与挪亚在大洪水过后立约，是神与人第一次立约，并以天上的彩虹为立约记号。

"我与你们以及你们的后裔立约。并于你们这里的一切活物，就是飞鸟、牲畜、走兽，凡从方舟里出来的活物立约。凡有血肉的不再被洪水灭绝，也不再有洪水毁坏他了。""神赐福给挪亚和他的儿子，对他们说，你们要生养众多，遍满

了地。""凡流人血的，他的血必被人所流，因为神造人是按自己的形象造的。"
（《创世记》9：1-11）

《创世记》中上帝第二次立约是与犹太人始祖亚伯兰，赐福他的后代延续不断，如尘沙之多，并为多国之父，立约以割礼为见证。

"我是全能的上帝，你当在我面前做完全的人，我就与你立约，使你的后裔极其繁多。"亚伯兰俯伏在地，上帝又对他说："你要离开本地、本族、父家，往我所要指示你的地去，我必让你成为大国，必赐福与你，叫你的名为大，你也要叫别人得福。""不受割礼的男子，必从民中剪除，因他违背了我的约。"（《创世记》17：1-8）

《出埃及记》中上帝与摩西在西奈山立约，最终以律法的形式确定了契约关系牢固永存性，并以守安息日为见证记号。出埃及是犹太民族的历史大事，因在上帝的神能拯救下，摩西才能带领族人摆脱法老的奴役，重回"流着奶与蜜"的迦南之地。处于此种因果关系，上帝以授予摩西十诫的方式与全体以色列民族立约，以色列人保证信仰服从上帝为唯一的神；上帝以以色列人为选民，赐福与其子孙万代。并把所立之约刻在两块石板上，意在让犹太民族永记着上帝的大能大恩，世代不忘。十诫的内容为："不可拜别的神；不可雕刻偶像；不可妄称上帝的名字；要守安息日；要孝敬父母；不可杀人；不可奸淫；不可偷盗；不可做假见证陷害人；不可贪恋人的房屋、奴仆、牛驴并其他一切所有的。"（《出埃及记》20：3-17）从此，十诫成为犹太人遵守契约的重要行为规范。

从以上神与人的三次立约，可以看出关键词与句式的重复已被定格为一种重要的常规叙事手段。在关键词"赐福"出现后，总会紧接表达强烈语气的祈使句式，或采用祈使句重复的方式，意在用赐福的恩典与祈使句的语用功能来感召和震慑全体成员。契约关系在"人与神的方式"共存的基础上建立起来后，对双方都产生责任与义务的制约效用，若能很好地履行上帝的意愿，则赐福得到保证，若毁约背信弃义将遭受惩罚与诅咒，以此来敦促签约双方认真履行。旧约作者有意用这种词与句式的重复表达方式，来昭示契约关系的神圣性与严肃性。契约观在犹太民族发展史上不断地生发出广义的内涵，从犹太一神教的确立、选民观扩展到宗教之外的各种意识形态领域中，构建了犹太民族特有的品性，形成对俗世生活中的商业、政治和民族伦理道德的规范，被视为人类道德的基石，为犹太人日常行为的出发点和终极目标。因此，与其他传统的叙述方式相比，用重复的叙事手法之于契约观的精神表征可谓恰到好处。关键词与句式的重复所发挥的作用无可替代。

3 类型化事件之于"契约精神"的违背

根据旧约记载，因人偷食了禁果，便有了选择行动的自由意志。由于人性的弱点，上帝与犹太人立约后，人并没有选择一味地坚守契约，违约之事也时常出现。表现其一就是人类之间"相争相残"，其违背了上帝与挪亚立约时曾说的："凡流人血的，他的血必被人所流，因为神造人是按自己的形象造的。"（《创世记》9：11）在这一主题的表述上，旧约作者们使用了类型化事件的重复叙事手法。这也是旧约文学的主要特色之一。

类型化的事件的叙事方式一般用在具有代表意义的人物描述上，以他们生平中的一个非常时期所经历的相似的事件、类似的故事情节描述作为素材，为表达某个隐含思想主题被设计构建出来。某些代表性的关键词语的重复在类型化事件叙事中也颇为常见，作为故事情节的骨架承载起事件的主要内容，以此推出背后所隐含的深刻寓意。

旧约中"兄弟阋墙"是众多类型化事件中最具深刻寓意的一例，最早来源于"该隐杀弟"的故事。该隐与亚伯是人类始祖亚当和夏娃之子，是第一对人类亲兄弟。该隐种地，亚伯牧羊，因上帝看好亚伯头生羊脂油的献祭，而不喜悦于该隐田里收获的供物，该隐就变了脸色，嫉妒之火中烧，不顾上帝的警告在田间劳作时残忍地杀害了亚伯。上帝为之血行而震怒："你做了什么事呢？你兄弟的血有声音向我哀告，地开了口，从你手里接受你兄弟的血。现在你必从这地受咒诅。"（《创世记》4：10-11）在这个简短的故事中，由关键词"兄弟"与暗含的主题词"凶杀"相呼应，辅以上帝的"诅咒重罚"，暗示了人类始祖被逐出伊甸园后的第一起谋杀案就是兄弟阋墙事件，从时间维度的原发性与后续性上都给予了极大的启示，发人深省。

又如《创世记》第27章"雅各骗取以扫的福分"的故事，是"兄弟阋墙"这类型化事件的另一种表述。以扫与雅各本是一对双生子亲兄弟，但还在母腹中就开始了彼此相争，母亲为此忧伤不已，感叹道："若是这样，我为什么活着呢？"（《创世记》25：22）出生时兄弟俩也没忘了相争，弟弟紧抓哥哥的脚跟而来，因此弟弟得名"雅各"，意为"抓住"。实际上兄弟俩的相争博弈从未停止过。因在犹太民族传统中十分重视长子权，心机颇重的雅各对此一直耿耿于怀，伺机夺取。在以扫外出打猎回来饥饿难耐之时，用一碗红豆汤作为交换，轻易地骗取了长子权；后又在母亲怂恿帮助下，身披羊羔皮冒充多毛的兄长，蒙蔽了年老眼花的父亲，骗取了父亲对长子的祝福，演绎了一场没有硝烟的兄弟不义之争。故事的情节在"祝福""兄弟""长子权""阴谋"等关键词的带动下，在相关的叙事单位之间造成的张力始终贯穿于始末，直接推出故事主题寓意。

另一则典型的兄弟相残事件出现在《出埃及记》中。约瑟因是父亲年老所生，母亲又早逝，在雅各十二个儿子中颇得偏爱。兄弟们见不得约瑟多得的宠爱，因而怀恨在心。又因约瑟把自己受到众人膜拜的神奇梦境讲出来，令兄长们惊恐不已，加重了对他的嫉妒心，下定决心要除掉他。约瑟来到旷野本为寻兄，却给了兄长们实施毒计相害的机会。在经历了剥去彩衣、欲被弑杀、被遗弃土坑的险境后，约瑟最终被亲兄弟们贩卖给米甸商人，背井离乡来到埃及地。兄弟间的残忍决绝可见一斑。

从以上三个"兄弟阋墙"的类型化场景的重复使用上看，从一个人物过渡到另一个人物，虽有某些细节发生变动，但固定功能不变。在关键词与暗含主题词的支持下，叙事创造出一种"亲情"与"无情"极具对照的讽刺意蕴，形成内涵丰富且井井有条的结构形式。强大的类型化场景的重复功能不但有助于构建故事结构、营造气氛，更起到表达主题思想的作用（Nolan Fewell 1993：148）。它把我们的视线不断地引入一种更为复杂深层的语义之中，造成更为强烈的表意效果，引发读者思考人性之恶。这种安排正是旧约作者的意图所在。

"兄弟阋墙"神话作为一种宗教文化原型的模式，它的本质内涵是一种对抗性的、相互不可容纳的关系方式，且构建这一关系方式的两方具有一定的"亲缘"关系，具有某种程度上的"兄弟"关系（刘洪一 2004：93）。根据旧约人类开端于同一祖先亚当和夏娃，我们都是他们所繁衍的后代，那么世上众人皆为兄弟，本为手足之情。然而继该隐杀弟之后，人类拉开了自相残杀的序幕，在此之后的每一次局部或大规模的战争都是兄弟间的手足相残。无论历史上的不同部落之间的冲突、四次中东战争、二次世界大战乃至今日仍悬而未决的巴以冲突，都是兄弟阋墙的宗教神话之"本是同根生，相煎何太急"的现实版。如犹太先知玛拉基疾呼："我们岂不是一位父么，岂不是一位上帝所造么，我们个人怎么以诡诈待弟兄，背弃了上帝与我们列祖所立之约呢？"（徐新 2011：81）进而生发出对人类友爱和平之伦理关系主题的永恒追问。

4 行为序列重复之于"契约精神"的坚守

犹太民族认为他们生来就与众不同，因上帝只拣选他们做上帝的特选子民，犹太民族十分珍重这份荣誉感。在上帝与人的契约关系建立后，作为特选子民，守约就显得比任何事情都重要。根据犹太教义，人的所有灾难皆是因为自身的不义之举，违背神与人的契约而造成的。守约就演变成对人性的考验、对上帝的虔诚之心的坚守以及对苦难的特殊理解。在对守约精神的阐释上，行为序列重复的叙事手法是表达的主要手段。

行为序列的重复，是指一组类似的行为相继出现的次数。以次数来衡量，一次为一度，可分为二度重复、三度重复和多度重复。三度重复是指类似的叙述三次出现，或三次之后又有第四次，其中前三次为铺垫，最后一次使情节达到高潮或发生逆转，为深化某一主题思想服务。从叙事功能上来看，这种三度重复不仅仅是相似事件的简单重现，所述各次事件之间还有加深递进关系，一般来说，作者的意图在末次叙述中表现得最清楚（梁工 2006：366）。因此，更具有说服力和信服力。

这里以旧约中巴兰和约伯两个人物为例来看三度重复的叙事手法在守约精神中的典范阐释作用。

《民数记》第22章中，巴兰在受雇骑驴去诅咒以色列人的路上，三次无法指挥他的驴子。第一次，驴看见路边耶和华的使者手里拔出来的刀，就从路上跨进田间，巴兰便打驴要叫它回转上路；第二次，耶和华的使者站在葡萄园的窄路上，因两边都有墙，驴子就贴靠墙躲避，将巴兰的脚挤伤了，巴兰又打驴；第三次，耶和华的使者又往前去，站在狭窄之处，左右都没有路可走了。驴就卧在巴兰底下不走了，巴兰发怒用杖打驴。故事里巴兰收人钱财后，正行走在加害犹太人的路上，而犹太人正是与上帝有契约关系的特选子民，上帝作为签约的一方必然有履行契约去保护犹太人的义务，必将严惩巴兰，可见巴兰的处境如盲人骑马、夜半临池。

上帝不但在履行契约关系上做出了表率，而且也要考验对方的守约精神，那么最好的考验方式便是特选子民对苦难与不幸的忍受与理解。在《约伯记》中，约伯是一个正直、敬畏上帝、远离恶事的老实人。在撒旦离间游说下，上帝决心要考验约伯的虔诚度，因此，约伯四次遭遇意外的祸患，一次比一次更为残忍。三度重复的叙事手法把叙事一步步推向高潮。

"有报信的来见约伯说牛正耕地，驴在旁边吃草，示巴人忽然闯来，把牲畜掳去，并用刀杀了仆人。唯我一人逃脱，来报信给你。"

"他还说话的时候，神从天上降下火来，将羊群和仆人都烧灭了，唯我一人逃脱，来报信给你。"

"他还说话的时候，又有人来说迦勒底人分作三队，忽然闯来把骆驼掳去，并用刀杀了仆人，唯我一人逃脱，来报信给你。"

"他还说话的时候，又有人来说，有狂风从旷野刮来，打击房屋的四角，房屋倒塌在少年人身上，他们都死了。唯我一人逃脱，来报信给你。"

"约伯剃了头，伏在地上下拜来说：我赤身出于母胎，也必赤身回归，赏赐的是耶和华，收取的还是耶和华，耶和华的名是应当称颂的。"（《约伯记》1：14-21）

约伯经历如此之重的灾难考验，仍保持对上帝虔诚的坚守之心，最终得到上帝的加倍赐福，被犹太民族视为守约精神的榜样。作为上帝特选的契约子民，犹太人不但要守信守义，还要遵循上帝之意接受苦难。因为苦难是对守约精神的一种巨大考验，他们视苦难为一种使命与义务，不但是自己受难，而且是为全人类受难。他们坚信只有经历磨难痛苦，才能得到心灵的净化，给自己和他人带来幸福，得到精神上的升华。因此，"苦难对犹太人而言，除了意味着必须忍受不幸以外，还承载着犹太人的责任和希望，被发展为一种道德追求以及建立、完善自我必不可少的一个步骤"（乔国强 2008：384）。

5 结语

旧约的作者们巧妙地运用先古时期宗教口头文学的叙事特色，通过关键词、句式以及类型化事件的重复叙事手法来处理犹太民族历史宗教素材，精心地设计出魔力一般的叙事氛围。它将事件与人物系统地组织起来为"契约观"的母题服务，不仅加深了宗教的教义，还成为表达"契约观"之精致有效的工具。进而昭示出对犹太文化的宗教神圣性与俗世性相贯通的思考，衍生了人类的社会责任与义务，正义与和平、诚实与守信的价值观，以及对苦难的特殊理解。

参考文献

[1] David M Gunn, Danna Nolan Fewell. Narrative in the Hebrew Bible[M]. New York: Oxford University Press,1993.

[2] John B Gable, et al. The Bible As Literature[M]. Oxford: Oxford University Press, 2000.

[3] J B 加百尔. 圣经中的犹太行迹[M].梁工，译.上海：三联书店，1991.

[4] 梁工. 旧约叙事艺术研究[M]. 北京：商务印书馆，2006.

[5] 刘洪一. 犹太文化要义[M]. 北京：商务印书馆，2004

[6] 乔国强. 美国犹太文学[M]. 北京：商务印书馆，2008.

[7] 诺斯洛普·弗莱. 伟大的代码——旧约与文学[M]. 郝振益, 译. 北京: 北京大学
出版社, 1998.

[8] 徐新. 犹太文化史[M]. 北京: 北京大学出版社, 2011.

本文原载于《北华大学学报》2016年第5期。

《卡萨玛西玛公主》中伦敦空间政治的再现

王彦军

摘　要　在《卡萨玛西玛公主》中，亨利·詹姆斯以本真的叙事手法，将伦敦的城市景观、时代思潮、阶级结构、政治状况等诸多要素以全景画的方式再现给读者，把伦敦的诸多空间元素塑造成蕴含着权利、身份、性别等多维社会因素的体系。亨利·詹姆斯以自己独特的空间意识将政治元素有机地融入小说里涉及的监狱、街道、百货商店等具体的伦敦空间意象中：米尔班克监狱表征着规训机制，伦敦的街道再现了典型的观看政治，伦敦的百货商店彰显出新型的民主政治，等等。小说中每个被书写的空间都再现出当时新兴的政治观念。

关键词　亨利·詹姆斯；《卡萨玛西玛公主》；伦敦；监狱；街道；百货商店

　　1884年12月12日，在给托马斯·萨金特·佩里（Thomas Sergeant Perry）的信中，亨利·詹姆斯（Henry James）写道："整个上午我一直在米尔班克监狱为小说中的场景搜集素材。"（James 1980：61）在此，他提到的小说指的就是1885年夏天开始创作的《卡萨玛西玛公主》（*The Princess Casamassima*）。当詹姆斯着手创作这部小说时，他已经在伦敦生活了8年多时间，在这段时期内，他不断地在给亲朋好友的信中和日记中强调自己对伦敦的喜爱。截至此时，他已经创作完成了以伦敦为主题的5篇随笔、5个中短篇故事，而且在1881年发表的《一位女士的画像》（*The Portrait of a Lady*）中也多次涉及与伦敦相关的场景，可见，他在书写以伦敦为主题的小说方面已经积累了足够多的素材与经验。由此，对他而言，"到了该创作一部能够解释并再现日常生活的重要作品的时候了，这部作品应该以史诗的形式进行书写，包括巨大的都市区域、全体民众、时代迫待解决的政治和社会问题"（Kimmey 1991：87）。这部史诗般的作品就是詹姆斯在1886年完成的《卡萨玛西玛公主》。詹姆斯将小说的背景设置于1885年的伦敦，在小说的序言中，他指出，伦敦是个巨大的迷宫，"对每个观察者而言，伦敦都隐藏着众多秘密"（35）。

他将小说的主要人物海叶森思塑造成"伦敦微不足道但热情的观察者"(43),在他看来,海叶森思就是探究伦敦秘密,揭示伦敦秘密背后真相的人。

詹姆斯赞同左拉(Emile Zola)提出的自然主义是一种"观察方法"的理念,并且认为,对于英国读者而言,自然主义主题非常有趣(James 1984:868)。"直到80年代,法国自然主义对詹姆斯的影响才开始清晰地显现出。"(Powers 1960:16)据鲍尔斯考证,詹姆斯在此阶段创作的作品明显受到左拉在《实验小说论》(*Roman Expérimental*)中提出的创作观的影响。实际上,詹姆斯对自然主义持有一种矛盾的态度:一方面,他认可左拉的观察、宿命论、遗传性等自然主义创作理念;另一方面,"由于法国自然主义缺乏辨识力,他对之持反感的态度"(Jackobson 1977:239)。实际上,詹姆斯蓄意地以自然主义的方式将《卡萨玛西玛公主》书写成一部恐怖主义主题小说,以此突破其以现实主义进行小说创作的局限性。然而,"亨利·詹姆斯的《卡萨玛西玛公主》是探析19世纪意识形态权力以及对之加以抵抗的可能性的现实主义小说的代表性作品"(Scanlan 1992:381)。由此,《卡萨玛西玛公主》并没有彻底超越现实主义创作理念和原则,是一部兼具自然主义与现实主义叙事模式的作品。

詹姆斯将这部小说书写成为一部关于19世纪80年代伦敦百科全书式的作品,"在《卡萨玛西玛公主》中,詹姆斯试图明确地展示出自然主义式的城市生活全景,一幅他最初想通过漫步和观察得到最终结果的全景图"(Stowe 1983:80)。《卡萨玛西玛公主》非常类似于左拉意义上的"实验小说",因为该小说遵循了左拉关于遗传、环境和决定论作用的创作原则(Powers 1960:16),而詹姆斯在小说序言中提到的,为创作这部小说而做笔记"就像观看、思考、感受、识别、记忆等那样自然"(47),显然与左拉提出的以"观察"为首要原则的自然主义创作原则不谋而合。实际上,对他而言,"以自然主义的表现手法展示都市的异质性与身体本能赋予他一种想象和改变文学的民族特性的创造性资源"(Blair 1996:91)。在小说中,詹姆斯不断地在自然主义和现实主义之间摇摆,将现实主义因素点缀于自然主义叙事中,主要是将现实主义秉持的"真实性"理念融入叙事中,让读者在小说的宏大叙事中体验到一种真实感,同时,建构起一种常规意义上的戏剧冲突与悬念。在自然主义与现实主义的交错叙事中,通过海叶森思从出生、成长、参与革命直至最终自杀的短暂一生与伦敦的密切关联,詹姆斯本真地将当时伦敦的城市景观、时代思潮、阶级结构、政治和经济状况等诸多要素以全景画的方式再现给读者。

在地理学意义上,詹姆斯将伦敦塑造成一个19世纪80年代的小世界,伦敦的彭顿维尔路、河岸街、里森格罗弗街、埃奇威尔路、苏活区、布鲁姆伯利区、梅费尔区、伦敦东区、海德公园、米尔班克监狱、贝尔格雷夫广场等城市意象在《卡萨玛西玛公主》中以各自独特的空间特征被再现出来。在再现这些都市意象时，詹姆斯并没有单纯地呈现这些空间的物质形态特征，而是"在美学、社会、经济层面上，以隐含的方式建构出这些空间的精确特质"（Raleigh 1968：325）。特里林（Lionel Trilling）指出，创作这部小说时，詹姆斯正在对社会进行深入的思考，"在他的理解中，社会是由人群和警察力量构成的，是一片充斥着正义和非正义、改革和革命的战场"（Trilling 2000：150）。此外，特里林将《卡萨玛西玛公主》与司汤达的《红与黑》、巴尔扎克的《高老头》和《幻灭》、狄更斯的《远大前程》、福楼拜的《情感教育》等小说划归为同一类型，认为"这些小说可以由主要人物的个性和生活环境加以界定"（Trilling 2000：152）。可见，环境，也就是人物所处的空间背景，对阐释这部小说的主题具有决定性作用。在《卡萨玛西玛公主》中，詹姆斯将伦敦的社会问题有机地融入对伦敦空间的描写中，把伦敦的诸多空间塑造成蕴含着权利、身份、性别等多维社会因素的体系。对他而言，伦敦形形色色的空间不再是空洞的容器，而是"具有政治和意识形态的属性，它实际上是充满了各种意识形态的产物"（Lefebvre 1976：31）。

1 规训机制：米尔班克监狱

哲学家边沁（Jeremy Bentham）在19世纪设计出一种全景敞式监狱，福柯（Michel Foucault）认为，这种监狱是现代社会中统治阶级实施的一种权力机制，现代社会就是一个类似于全景敞式监狱的用现代政治技术对人实施规训的空间。小说中，詹姆斯对囚禁海叶森思母亲的米尔班克监狱进行了细致的书写。如上文所述，早在1884年12月，詹姆斯就亲自到伦敦的米尔班克监狱进行了实地考察，为在小说中书写该监狱搜集一手资料。詹姆斯在多篇书信和文章中都反复强调，自己是名十足的自然主义者，因此，毫不奇怪，詹姆斯在写作这部小说前要对米尔班克监狱进行实地调研，他要以科学的实证方法将米尔班克监狱的真实面貌呈现给读者，同时，对米尔班克监狱的再现也是詹姆斯以现实主义原则加以想象的产物。维多利亚时期的作家极为重视对否定性环境的描写，而且这种环境对人物命运的塑造通常具有主导性作用。在《卡萨玛西玛公主》中，詹姆斯将米尔班克监狱再现为一个否定性的静止空间，在建筑形态的设计、构造上，米尔班克监狱是典型的全景敞式监狱，作为现代社会的专政工具，其内部空间承载着囚禁、惩罚、规训罪犯的重要功能。

　　小说的开篇部分讲述了在监狱当差的鲍尔班克夫人拜访海叶森思的监护人平森特小姐，给她捎来口信，海叶森思即将离世的母亲佛罗伦汀想在临终前与他见上一面，这为第三章中詹姆斯对米尔班克监狱进行刻画做了充分的铺垫。作为监狱女看守的鲍尔班克夫人，由于一年到头每天从早到晚一直在监狱里工作，沾染上了监狱的气质，她在平森特小姐家的言行举动隐含地展示出监狱对她的深刻影响，成为全景敞式监狱塑造出的典型的监视者。在叙述她与平森特小姐的谈话时，詹姆斯总是用"凝视（gaze）"一词来表现她注视平森特小姐的目光。全景敞式监狱的一个主要特点就是，监督者可以"随时观看和一眼辨认"（Foucault 1979：200），对被囚禁者有效的凝视是此类监狱的重要机制和基本的权力技术。在倾听平森特小姐讲话时，鲍尔班克夫人报以凝视的目光，将她视为自己监控的对象。鲍尔班克夫人的行为举止不断地表现出其作为权力行使者的身份，在思考该怎样回答平森特小姐的问题时，她"从法律的视角"（Foucault 1979：56）来确定该如何答复对方；她"从稳定的正义轨迹"（Foucault 1979：56）看待海叶森思。对于鲍尔班克夫人而言，只要有凝视的目光就行了。"一种监视的目光，每个人在这种目光的压力之下，都会逐渐自觉地变成自己的监视者"（Foucault 1980：155）。在与鲍尔班克夫人交谈时，平森特小姐内心时不时地浮动着敬畏与恐惧，感到出现了一股"刑罚制度的冷光"（Foucault 1979：57）。显然，平森特小姐家不再是单纯的生活场所，而是演变为另类的全景敞式的权力空间，鲍尔班克夫人充当了监视者，她用自己的在场、目光、语言持续地让作为被监视者的平森特小姐感觉到权力的可见性，其言行、思想应该受制于鲍尔班克夫人。然而，并非鲍尔班克夫人有意地要扮演监控者的角色，就像19世纪产业工人被异化为机器一样，由于长时间在监狱内做看守工作，她已经在无意识中完全被监狱物化，和被囚禁的罪犯一样，在某种意义上，她也成为监狱规训的对象，工作之外的时间仍将自己视为权力的化身，把监控因犯的权力编织到平森特小姐生活的空间。因此，尽管鲍尔班克夫人再三强调让平森特小姐带海叶森思去监狱探视佛罗伦汀并不是强制性的命令，让她凭良心去考虑这件事，但是，她表现出的强势的权力行使者的印记已经暗示出平森特小姐对于这件事没有任何可商量的余地。

　　平森特小姐之所以对是否带海叶森思去监狱探视佛罗伦汀瞻前顾后、犹豫不决，是因为9年前她曾去过伦敦著名的新门监狱探视过佛罗伦汀，新门监狱内出现的一幕幕恐怖的场景给她的记忆留下了难以抹擦掉的阴影。在邻居维奇先生的建议下，最终她还是决定带海叶森思去探视佛罗伦汀。实际上，在整篇小说中，詹姆斯都没有明确说明囚禁佛罗伦汀的监狱的具体名称，小说的叙事者指出，甚至佛罗伦汀在伦敦最好的朋友平森特小姐"在她从新门监狱被转移走后，都不知道她被押解到了哪个监狱"（65）。在小说第三章，当平森特小姐和海叶森思靠近监狱时，映入眼帘的是"一座巨大的深色塔形建筑"（79），"他们看到这座建筑物排放出的微暗的烟雾飘到泰晤士河沿岸，从那扩散到整个街区"（79）。显然，这个监狱与伦敦的米尔班克监狱颇为相似。米尔班克监狱始建于1812年，位于泰晤士河左岸，靠近沃克斯豪尔桥，"这座监狱是依照边沁设计的'样板监狱'或全景敞式监狱的样式建造而成的"（Strauss 2013：135）。

米尔班克监狱被光秃秃的、非常厚实的围墙保护得严严密密，散布着几个丑陋的平顶塔，这给平森特小姐造成一种很奇怪的感觉，"看起来非常邪恶，而且她心存疑问，如果为了公正与秩序的利益，将其作为社会正义力量的象征而建造这座监狱，那么为什么要赋予它这么一副邪恶的面孔呢"（79）。显然，"厚实的围墙"和"平顶塔"是典型的全景敞式建筑的主要特征，厚实的围墙起着将监狱的整个内部空间封闭、隐藏起来的功能，平顶塔就是对众多囚室进行监控的瞭望塔，扮演了监视囚室中的囚犯的角色。在这样的空间内，囚室中的每个被监视者都被纳入权力的包围中，只能主动地按照相关的规章制度行事。由此，米尔班克监狱是最佳的运用监视手段对囚犯进行规训的空间，在监视者目光的凝视下，佛罗伦汀与其他在该监狱服刑的囚犯毫无自由和隐私可言，监视者的凝视目光构成囚犯们最忌惮之物，所有的囚犯都被米尔班克这部巨大的"机器"散发出的权力控制住，被套在其中。平森特小姐对米尔班克监狱的印象正是詹姆斯本人对该监狱的评价。1884年，参观完该监狱后，詹姆斯指出，"米尔班克监狱比其他具有惩罚功能的建筑更具暴力性"（qtd. in Edel 1962：148）。监狱本身是社会正义与秩序的维护者，将其以丑陋、邪恶的面孔呈现给囚犯貌似令许多人感觉奇怪且无法理解。实际上，丑陋、邪恶的规训空间可以在心理上给囚犯施加压力和恐惧感，监狱灰暗的外表和阴暗、迷宫般的内部结构可以增强监狱作为惩罚空间的意义。

福柯认为，"全景敞视建筑是一个神奇的机器，无论人们出于何种目的来使用它，都会产生同样的权力效应"（Foucault 1979：202）。无论是平森特小姐在这个庞大的规训空间内见到的封闭的门，还是穿过的将门道和人迹罕至的道路分隔开的半圆形廊道都是空间权力效应的具体体现，空间的规训机制散布在这个监狱的各个角落之中，"空间化、监视、禁锢"是此类监狱的主要表征形式。可以说，在19世纪建筑史上，米尔班克监狱是一个充满悖论的空间，一方面，它是典型的权力式空间，是一种权力剧场；另一方面，它的空间结构并不符合当时的美学标准，实际上，全景敞式建筑本身就有悖于建筑的美学原则。

2 观看的政治：伦敦的街道

在《卡萨玛西玛公主》的序言中，詹姆斯讲述了这部小说与伦敦街道的渊源，"这部小说直接来自我在伦敦定居的头一年养成的在街上散步的习惯和兴趣。为了健身、娱乐、搜集创作素材，我经常散步，尤其是晚上在其他地方消磨时光后，我总在凌晨时分步行回家，这种情况经常发生；经常步行回家使我对伦敦产生了多种印象，这些印象激发了我对一个问题的关注，于是，过了一段时间，这本书就诞生了"（33）。詹姆斯声称，小说中的主要人物海叶森思产生于"走在伦敦的人行道上，我的脑海中突然冒出了他的形象"（35）。在伦敦街道上行走、观看是海叶森思生活中最大的乐趣，"当他还是个小淘气鬼时，海叶森思就已经开始在这个伟大的城市中漫步"（106）。伦敦街道上的"行人""四轮马车""形形色色的商品""路灯"等各种街景都是他观望的对象。

"《卡萨玛西玛公主》是一部关于伦敦秘密、密探和秘密活动的社团的小说，也是一部有关观看、看与被看的小说。"（Seltzer 1984：27）通过土生土长的伦敦人海叶森思在伦敦街道上的不断行走，叙事者把不同的故事情节编织成一个有机的整体，将伦敦不同区域串联起来，构建起一幅完整的伦敦地形图。随着海叶森思参与革命活动的不断深入，伦敦隐藏的秘密被不断地揭示出来，街道的政治功能得以深化。"看与被看，认知与被认知的欲求是詹姆斯式都市的一个重要特点。"（Peyser 2010：98）海叶森思集观看的主体与被观看的对象、认知的主体与被认知的客体双重身份于一身，在不断地行走过程中，他赋予观看一种新的空间政治维度。如果说海叶森思与舒尔托等人在日月俱乐部内谈论革命事宜的行为是一种密室政治，那么，他在街道上的行走就是一种表演性的身体政治，因为，"街道上的政治从来都是身体政治"（汪民安 2006：145），只不过，海叶森思在街道上表演的是一种用目光建构起来的观看政治。"在亨利·詹姆斯的作品中，社会的质感显得很粗糙，充满了现实性和细节的复杂枝节。"（Trilling 2000：150）对他而言，在《卡萨玛西玛公主》中，现实性主要指的是世纪末伦敦的无政府主义运动，而复杂的枝节很大程度上牵涉到伦敦的街道。

城市街道的形塑主要源自两个层面的推动力，自上的和自下的。自上的推动力指的是，由于城市整体或某个区域功能的改变，政府层面实施的对城市街道的规划与改造。自下的推动力更多的是暴力革命对城市街道造成的无意识"伤害"。在《卡萨玛西玛公主》中，詹姆斯没有像狄更斯那样描写政府对伦敦空间的建设与改造。此外，詹姆斯写作这部小说时，无政府主义思想早已在伦敦盛行，但是，按照特里林的说法，无政府主义者的革命图景"没有愤怒的无产阶级在有纪律的政党领导下发动起义，也没有准备领导新的强大政权的政党"（Trilling 2000：158）。由此，《卡萨玛西玛公主》中的伦敦街道既没有像豪斯曼改造巴黎的街道那样被当权者重新加以形塑，也没有经受巴黎人在法国大革命中对巴黎街道那样的"洗礼"。作为观看主体的海叶森思具有根深蒂固的保守性，虽然他只是一名书籍装订工，但是，他坚信身份遗传，骨子里一直以自己流淌着贵族的血液自居，同时，他参与的革命本身具有极强的保守性，并没有夺取政权的计划。由此，海叶森思本人是个矛盾的聚合体，保守主义和无政府主义思想在他的大脑中不断地交锋、冲突，"他既渴望实现社会公正，又唯恐欧洲文明遭到破坏"（Trilling 2000：159）。通过海叶森思展示伦敦街道隐藏的秘密成为《卡萨玛西玛公主》吸引读者的重要法宝。对于詹姆斯而言，伦敦街道隐藏的秘密是什么呢？正如吉辛（George Gissing）在《民众》（*Demos：A Story of English Socialism*）中将伦敦的街道书写成暴民从事暴力革命的空间一样，在《卡萨玛西玛公主》中，伦敦错综复杂的街道系统塑造出的街道语法中也隐匿着激进的暴力属性。

思想的矛盾性直接影响了海叶森思观看、认知伦敦街道的方式。一天晚上他与米莉森特从洛马克斯步行去她的住处，街道上充斥着底层民众的身影和话语声，他感受到伦敦的湿润空气，以全能的观察者的视角注视到"隆冬的雾气弥散于整个街区，令一切都变得模糊不清，使这个街区看上去显得更宽大，更拥挤，在路灯的玻璃罩上，显现出光晕，散发出暗淡的射线与蒸汽的水流"（106）。以流淌着贵族血液而自居的海叶森思对身处底层的"乌合之众"的厌恶是不言而喻的。对底层民众而言，无政府主义倡导的激进、破坏、暴力理念促使他们盘踞街道，就像攻陷巴士底狱的巴黎民众一样，占领街道是他们进行身份操演的重要方式，他们以此来展示集体的力量，必要时发动街头暴乱，用激进、暴力的方式摧毁现存的社会形态。由此，表面上，海叶森思看到的是众多民众的身影，实际上，他窥察到了街道中隐藏着的暴力政治，一种藏匿于优雅的都市文明中的野蛮现象。在他的观看和认知中，街道已经成为伦敦混乱失序、传统文明衰落的典型代表。借助海叶森思的视觉，读者可以感知到一幅雾气笼罩下的伦敦的画面，雾气给海叶森思经过的街区增添了一种难以言表的感觉，使其显得更加怪诞、诡异，"光晕""暗淡的射线""蒸汽"将这个街区塑造成一个梦幻的异托邦。实际上，雾气给整个街区空间的氛围造成一种令人窒息的压抑感，隐含地显示出这个街区贫困、凌乱、肮脏的情形。很大程度上，这依然是保守主义和无政府主义在海叶森思心中斗争的产物，伦敦街道呈现出的梦幻般的异托邦景象赋予他一个兼具激进与浪漫的悖论式的政治空间。"在詹姆斯的伦敦中，几乎每个人都处于运动的状态中。"（Ward 1967：118）在街道上行走、观看是海叶森思运动的主要形式，街道已经成为特殊的政治体系空间，促使他要不断地观看、思考，涌进他目光中的异托邦似的场景使他在政治抉择上显得更加茫然。由此，他的观看不再是常规意义上的随意浏览，对伦敦街道的观看充斥着他的政治情感，是一种颇具政治性意味的目光，反映出他困惑、迷茫的精神状态。海叶森思对伦敦街道的凝视在表明他在政治上既具有打破旧制度的理想，也带有创造新体制的欲望的同时，也显示出他并不是一名坚定的无政府主义者，而是持有一种摇摆不定的政治态度，总在保守主义和无政府主义两极之间徘徊。

"《卡萨玛西玛公主》的中心不是即将到来的革命，而是读者颇为熟悉的詹姆斯式的意识主题。"（Anderson 1977：126）换言之，这是一部关于类似于少年维特的多愁善感的海叶森思追寻生命的意义的小说。他感知世界和认知自我的方式是通过亲身在伦敦街道上进行体验和观看，"观看是他了解世界、自我认知的唯一方式"（Anderson 1977：126）。实际上，这正是海叶森思在伦敦街道上进行身份操演的方式，作为革命者，他在观看中不断地捕捉伦敦街头巷尾中出现的不公现象，竭力掩饰自己革命者的身份；作为保守分子，在观看的过程中，他深情地缅怀正在失去的文明、传统。伦敦街道与他的观看具有一种隐形的辩证关系。伦敦街道呈现出的异托邦场景映射出他在政治抉择上的踌躇，同样，通过在街道上观看、凝视、思考，他在万花筒般的伦敦街景中寻觅到自己追求的政治抱负。在小说第十一章，当海叶森思在伦敦街头漫步时，"他在用眼睛，思想，有时甚至是用脚步尾随着其他行人；他们好像是在告诉他什么是高级文明的精髓。此刻，当他反思暗中拥护的运动时，感到非常惊恐。……当想到他必须要做出抉择，不能再秘密地为推动民主而工作时，他感到十分沮丧"（165）。可见，在街道上，视觉机器具有强大的功能，海叶森思已经成为观看和被观看的双重对象。对他而言，在他观看其他行人的同时，也成为其他行人注视的对象，他尾随的行人的目光具有强大的政治学意义上的规劝力量，促使他去思考真正的民主是什么。与此同时，海叶森思本人视觉中的对象使其处于不断地烦恼之中，他出生在伦敦的贫民区，就像巴尔扎克笔下的外省人一样，他对伦敦有些复杂的情感，在他充满政治维度的视野中，伦敦是一个邪恶的无政府主义社会，因此，当他感到无法再为民主事业而斗争时，失落感油然而生。

在海叶森思参与革命的不同阶段，在他的视觉中都会出现相应的伦敦的城市景观。当他感觉到彻底被卡萨玛西玛公主抛弃后，怀着极其郁闷的心情去店里找米莉森特时，他走上街头，穿过广场、公园，一种毫无任何目的的欲望促使他再次沉浸在这个他熟悉、热爱，给予他微笑、泪水、自信的巨大而冷漠的城市中。天气昏暗而潮湿，"在他眼里，伦敦从来没有像现在这样自豪地、公开地彰显出帝国历史的痕迹"（583）。显然，在海叶森思的视域中，伦敦是一个矛盾的意象，既有阴暗、冷漠的一面，也有光明、积极向上的一面。伴随着爱情失意和对革命事业的质疑，伦敦的双重意象身份更加同时凸显，阴暗与强大交相呼应，但是，这进一步加深了他对自己感情生活和革命工作的质疑，冷漠的伦敦使他对爱情丧失了信心，而伦敦展示出的帝国痕迹促使他对自己参与的政治生活进行了深刻的反思。在某种意义上，海叶森思与伦敦保持着一种难以言表的关系，他看到的这个非真实的、迷幻般的伦敦街道意象是对他从事的革命工作的猛烈抨击，进一步加剧了他的政治理想的破灭，并最终造成了他自杀身亡。可以说，海叶森思的生命始于在伦敦街道上的行走、观看，在他不断地观看中，街道隐含着政治意义的各种景观意象在推动他成长的同时，也造就他悲剧的人生结局。

3 消费的民主政治：伦敦的百货商店

特里林认为，人们有时会指责詹姆斯的后期作品，说它存在于一种社会真空环境中，但这种批评却不适用于《卡萨玛西玛公主》和《波士顿人》（*The Bostonians*）（Trilling 2000：150）。的确，《卡萨玛西玛公主》是一部展示伦敦社会生活变化的小说，通过现实主义的叙事手法，19世纪80年代伦敦社会生活的方方面面变化都被詹姆斯书写到小说中，尤其是在对当时伦敦消费文化的书写中，詹姆斯将伦敦的社会变迁状况客观地呈现给了读者。与《金碗》（*The Golden Bowl*）以主人公浏览商店橱窗里展示的商品作为小说叙事的起点一样，在《卡萨玛西玛公主》中，读者对海叶森思的第一印象就是他常常站在街对面的糖果店前，这个小糖果店狭小、脏兮兮的玻璃橱窗里摆放着对小孩颇具诱惑力的文学刊物、软太妃糖、硬棒糖等各种商品。詹姆斯以这种方式安排海叶森思在小说中出场，开启了他对伦敦消费空间的书写。

在詹姆斯创作《卡萨玛西玛公主》的19世纪80年代，现代意义上的消费社会已经在伦敦成型。随着物质财富的增长和女性闲暇时间的增多，购物成为女性重要的娱乐消遣方式。对于当时的女性而言，摆脱做家务、照看孩子等以家庭为中心的传统角色的束缚，参与到以消遣为主要目的的消费活动中本身就是性别民主化的重要表征形式。此外，19世纪后半期出现的百货商店本身就带有民主的气质，为各个阶层都提供了所需的商品，并对它们明码标价。作为社会批评家的詹姆斯敏锐地觉察到消费领域中出现的这些新现象，将对伦敦百货商店的书写置于《卡萨玛西玛公主》中。在谈及詹姆斯的政治观时，批评家通常会给其贴上诸如"保守""反动"之类的标签。作为一部政治意味颇浓的小说，《卡萨玛西玛公主》清晰地展示出詹姆斯的政治态度，他对无政府主义和激进分子的批判表明他并不十分推崇民主，也不相信民众。那么，面对民主化空间的百货商店，詹姆斯在对其加以书写时是否逆潮流赋予百货商店以反民主性质呢？

随着时尚杂志和百货商店在伦敦大量出现，女性开始成为消费的主导力量，每天下午两点至四点之间，成群结队的女士都会涌入伦敦西区出售时尚品的百货商店中，观看、挑选、购买各种时尚商品。尽管米莉森特在伦敦一家新开的百货商店里工作，但是，和伦敦的其他女性一样，她仍然利用"各种冠冕堂皇的借口在伦敦的大街上闲逛，紧盯着商店的橱窗"（95）。由此，在百货商店，传统意义上的男性中心主义开始被解构，女性逐渐取代男性成为日常消费活动的中心角色，不但难以挣脱城市的诱惑，更无法摆脱时尚的吸引。对米莉森特这样的伦敦女性而言，逛街、浏览橱窗已经演变为重要的日常生活经验，她们在伦敦的大街上行走时常常目不转睛地凝视着商店的橱窗，观看、挑选商品，这俨然已成为城市中重要的景观。此时，商店的橱窗已经沾染上性别与民主的标签，成为性别现代性的重要表征。虽然在百货商店出现之前，伦敦的店铺中已经出现了女店员，但是，这些女店员主要是给自家经营的店铺帮工，并不涉及雇佣关系。传统上，女性主要从事的是不需要过多抛头露面的职业，如平森特小姐就是一名女裁缝。对于平森特小姐而言，裁缝是女性从事的传统行业，而她工作的场所是具有私人性质的空间。由此，在社会分工和工作空间层面上，平森特小姐鲜明地体现出在以男性为主导的社会中女性受压制的状况。百货商店的诞生扩大了女性的就业面，"新兴的百货商店大量雇佣年轻、单身、自立的女性，这在大西洋两岸都是新奇现象"（Mullin 2008：200）。作为19世纪晚期在伦敦涌现的新的社会角色，"女店员被詹姆斯以自然主义的写作手法置于其实验创作中没什么值得惊奇的"（Mullin 2008：199）。米莉森特"在白金汉宫附近的一家大型男士服饰用品商店拥有一个重要职位，她在男士外套部工作"（96）。对于以米莉森特为代表的女店员而言，她们工作的百货商店是哈贝马斯（Jürgen Habermas）所言的公共领域。可以说，百货商店使她们从家庭迈向社会，参与到男性主导的公共领域的生活中。米莉森特在向男性顾客展示、推销外套的过程中，以平等的姿态与他们交流，逐渐积累了传统女性完全陌生的社会经验，以此她不断地有意识或无意识地忽略、回避、改变社会对女性设置的种种限制与约束，百货商店成为她消解女性性别的媒介。同时，米莉森特式的女店员性别平等意识的觉醒也深刻地影响、改变了百货商店自身的性别权力结构，促使百货商店演绎为伦敦最早一批无性别差异的、民主的公共领域。可以说，米莉森特在消费者和店员的不同身份中都体验到百货商店的民主性质。

百货商店的服务对象是大众百姓，经营策略是用较低的利润保证销售量不断增加，竭力引诱各个阶层的消费者前来消费。因此，作为城市公共空间的百货商店消解了隐含在城市中的等级制度，成为民主性质的空间。海叶森思和米莉森特都是典型的底层社会人物，但是，百货商店的民主性、开放性、包容性使他们可以像巴黎上流社会的有钱人随意出入巴黎的好商佳百货商店一样，在伦敦的百货商店内随心所欲地观看、欣赏，甚至还可以任意地试穿或试戴某个商品。在那一瞬间，他们俨然成为该商品的临时所有者。在他们进入百货商店的那一刻，百货商店立刻遮蔽了他们卑微的社会身份，使他们成为可以比肩上流社会有钱人的大人物。也就是说，百货商店的门具有德勒兹（Gilles Deleuze）所言的解辖域化功能，可以将来自各个阶层的顾客的社会身份瞬间消解，把他们塑造成具有平等地位的消费主体。商品的展示技巧则成为商家吸引更多的消费群体前来消费的重要策略。桑内特（Richard Sennett）指出，将众多平淡无奇的商品进行"出乎意料的并置"，可以刺激人们的购买欲望，因为它们"暂时变成了一件意想不到的物件，变成了一件陌生的东西。……购物的欲望就来源于从这些物件中暂时所获得的新奇感和神秘感"（Sennett 1976：144）。在百货商店内，商品散发出的新奇感和神秘感主要通过存放商品的橱窗传递给消费者。海叶森思和米莉森特都喜欢在伦敦西区商店的橱窗前漫步、驻足，欣赏摆放在那里的时尚商品。在闲暇时间，米莉森特总是有借口"穿梭于伦敦的街巷，凝视百货商店的橱窗"（95）。海叶森思花费了五分钟的时间观望、思考大波特兰街上的一家珠宝店用汽灯展示商品的景观（163）。橱窗成为阻隔他们与商品的屏障，无情地将他们与其需要或渴求的商品隔离，同时，橱窗的透明性特征使他们只能无奈地饱受可望而不可即之苦。由此，海叶森思和米莉森特面对的橱窗具有明显的悖论特征：在视觉上满足了他们占有商品的渴求，将他们的消费欲望民主化，而在触觉上则阻断了他们与商品的联系，将他们对商品的真实占有解民主化了。

詹姆斯对小说的结构做了精心的设计，海叶森思以在糖果店的橱窗前凝视商品进入到读者目光中，小说的最后一章，海叶森思自杀前，出现在读者视野中的是他仔细地观看米莉森特工作的百货商店的橱窗，这样，小说的首尾做了精确的呼应。之后,海叶森思进入到百货商店中,他看到,"百货商店里有许多购物者,大多数都是女人,也有男人,但只有三四个"(585)。可见,百货商店的民主性质很大程度上是针对女性而言的,正如左拉说的那样:"各家商店激烈地竞争就是为了女人,被陈列品弄得眼花缭乱后继续陷入它们的便宜货的陷阱里去的也是女人。……你有了女人,你连世界都卖得出去!"(Zola 2008:76-77)事实上,在有关19世纪购物消费的文本中,女性都是中心角色,逛街、购物是她们展示自我身份的必要活动。百货商店成为她们挑战男性权威的乐园,沾染上性别的标签,成为打破传统的男性中心主义的标志性空间。由此,作为反民主"斗士"的詹姆斯顺应时代潮流本真、客观地将百货商店的民主性质呈现给读者。

在《卡萨玛西玛公主》中,对伦敦的物质空间加以书写时,凭借细微的观察,詹姆斯在将庞大的伦敦城市空间作为一幅全景画,从整体上把伦敦的物质与社会地理空间刻画成一个微观世界的同时,更重视对构成伦敦的各个具体空间元素的描写,突出伦敦城市空间元素的多样性特征。在以伦敦为主题的随笔中,詹姆斯强调,城市是由众多个体性元素构成的集合体。在《卡萨玛西玛公主》中,詹姆斯以自己独特的空间和政治意识对监狱、街道、百货商店等具体的伦敦城市意象进行了细微的刻画,并将政治元素有机地融入具体的空间中,使每个被书写的空间都显示出时代新兴的政治观念,展示出19世纪80年代伦敦复杂多样的社会图景。

注释

本文对小说《卡萨玛西玛公主》的引用均出自参考文献[10],文中只标注页码,不再详注。所有原文引用为作者自译。

参考文献

[1] Anderson Charles Roberts. Person, Place, and Thing in Henry James's Novels [M]. Durham: Duke UP,1977.

[2] Blair Sara. Henry James and the Writing of Race and Nation [M]. Cambridge: Cambridge UP,1996.

[3] Edel Leon. Henry James: The Middle Years, 1882–1895 [M]. Philadelphia: Lippincott, 1962.

[4] El-Rayess Miranda. Henry James and the Culture of Consumption [M]. New York: Cambridge UP,2014.

[5] Foucault Michel. Discipline & Punish: The Birth of the Prison [M]. New York: Vintage Books,1979.

[6] Foucault Michel. Power/Knowledge: Selected Interviews and other Writings, 1972-1977 [M]. Brighton: Harvester Press,1980.

[7] Jacobson Marcia. Convention and Innovation in The Princess Casamassima [J]. The Journal of English and Germanic Philology, 1977,76(2): 238-254.

[8] James Henry. Letters (Volume III 1883-1895) [M]. Cambridge: Belknap Press of Harvard UP, 1980.

[9] James Henry. Literary Criticism [M]. New York: Viking Press,1984.

[10] James Henry. The Princess Casamassima [M]. London: Penguin Group,1987.

[11] Kimmey John. Henry James and London: The City in His Fiction [M]. New York: P. Lang,1991.

[12] Lefebvre Heri. Reflections on the Politics of Space [J]. Antipode: A Radical Journal of Geography,1976, 8(2): 30-37.

[13] Mullin Katherine. The Shop-Girl Revolutionary in Henry James's The Princess Casamassima [J]. Nineteenth-Century Literature ,2008,63(2): 197-222.

[14] Peyser Thomas. The Princess Casamassima and the Theatrical Cosmopolis [J]. American Literary Realism ,2010,42(2): 95-113.

[15] Powers Lyall H. Henry James and Zola's Roman Experimental [J]. University of Toronto Quarterly ,1960,30(1): 16-30.

[16] Raleigh John Henry. The Novel and the City: England and America in the Nineteenth Century [J]. Victorian Studies, 1968,11(3): 290-328.

[17] Scanlan Margaret. Terrorism and the Realistic Novel: Henry James and The Princess Casamassima [J]. Texas Studies in Literature and Language ,1992,34(3): 380-402.

[18] Seltzer Mark. Henry James & the Art of Power [M].Ithaca: Cornell UP, 1984.

[19] Sennett Richard. The Fall of Public Man [M]. Cambridge: Cambridge UP,1976.

[20] Stowe William W. Balzac, James, and the Realistic Novel [M]. Princeton: Princeton UP,1983.

[21] Strauss Rebecca. Henry James's Social Fabric [J]. The Henry James Review, 2013,34(2): 130-146.

[22] Trilling Lionel. The Moral Obligation to Be Intelligent: Selected Essays [M]. New York: Farrar, Straus, Giroux, 2000.

[23] Ward J A. The Search for Form: Studies in the Structure of James's Fiction [M]. Chapel Hill: University of North Carolina Press, 1967.

[24] Zola Emile.The Ladies' Paradise [M]. Trans. Brian Nelson. Oxford: Oxford UP, 2008.

[25] 汪民安. 身体、空间与后现代性[M]. 南京：江苏人民出版社，2006.

本文原载于《外国文学》2018年第1期。

《四个签名》中的伦敦街道美学

王彦军

摘 要 《四个签名》具有19世纪后期在英国流行的"街道文学"的典型特征，错综复杂的伦敦街道网络是福尔摩斯和华生探寻与樱塘别墅谋杀案相关的蛛丝马迹、寻找犯罪分子斯茂和托格的行踪、与他们不断博弈的重要空间。《四个签名》中的街道叙事展示出小说中伦敦街道隐含的空间颓废美学、行走与滞留的辩证实践美学和身份政治美学。

关键词 福尔摩斯；街道；空间；实践；政治

19世纪后期，最具都市特色的文学样式就是"街道文学"（Dyos 1973：191）。当时，伦敦街道的形态、街道上的景观、人群等元素都进入到作家们的视野中，演绎为他们观察、解读、再现的对象，成为伦敦文学的叙事主题。当时的英国作家如同本雅明笔下的匿名游荡者那样打量着伦敦错综复杂的街道网络，凝视着街道上万花筒般的景象，捕捉着川流不息的人群中令人震惊的元素。

在福尔摩斯系列侦探故事中，"城市往往成为秩序的化身，因为福尔摩斯常常看不见失序或混乱，那些混乱比他揭示给我们看的表面现象隐藏得更深"（Lehan 1998：85）。对柯南·道尔而言，"伦敦是他极为珍视的文明与精神提升的中心"（Clausen 1992：83）。实际上，只有发表于1890年的《四个签名》（*The Sign of Four*）中的所有与案情直接相关的事件都发生在伦敦不同的区域，案情、罪犯与伦敦的街道系统在这篇小说中紧密地交织在一起。在对贝克街、罗切斯特街、沃兹沃夫路、拉克霍尔小巷等街巷构成的庞大、复杂的伦敦街道网络的书写中，在对福尔摩斯和华生在伦敦街巷中追踪罪犯的叙述中，在对伦敦街道中隐含的政治话语的再现中，柯南·道尔在《四个签名》中构建出一种独特的街道美学。

1 伦敦街道的空间美学

除了案发现场之外，在侦探小说中，最重要的物质环境是与侦探探查案件线索和追捕罪犯相关的具体空间。侦探小说家极为重视对案件本身和探案过程中涉及的物质环境的描写，赋予案发地点以及侦探同犯罪分子斗智斗勇的物质空间浓厚的神秘色彩，以独特的美学范式将罪犯遗留的蛛丝马迹与侦探侦查案件线索和追捕罪犯过程相关的物质空间紧密地连接起来。在《四个签名》中，叙事者在叙述福尔摩斯和华生医生调查发生在樱塘别墅内的谋杀案时，对别墅内的窗台、地板、烟筒、阁楼等内部空间结构做了详细的描述，此外，叙事者用更多的笔墨描写了贝克街以及与案件相关的伦敦的数条街巷。街道叙事贯穿整个案件，叙事者隐形地将与案件相关的伦敦街道构建成巴什拉（Bachelard）所言的独特的街道的空间美学。

街道和城市的其他空间元素组合而成的巨大的空间共同体清晰地展示出城市的世俗生活、隐藏的秘密、时代精神。在狄更斯和吉辛等维多利小说家书写伦敦的小说中，浓雾成为伦敦重要的象征物，给伦敦的都市空间抹上某种朦胧感、罪恶感、恐怖感。雾也出现在《四个签名》中，在描写伦敦的街道时，柯南·道尔同样刻画了弥漫着浓雾的伦敦。在小说第三节，叙述福尔摩斯、华生医生和摩斯坦小姐乘坐四轮马车去莱西姆剧院时，叙事者对维多利亚时期秋天傍晚汽灯照射下的浓雾茫茫的伦敦街道做了形象的描述：

"九月的夜晚，还不到七点，天已变得阴沉沉的，蒙蒙细雨般的浓雾笼罩着这座大都市。灰暗的云团阴郁地低悬在泥泞的街道上空。河岸两边的路灯有如蒙胧的睡眼，斑斑点点，将暗弱的微光撒在泥泞的人行道上。黯淡的黄光透过商店的橱窗，穿过空中迷茫的雾气，照在拥挤的大街上。"（Doyle 1930：98）

"这个段落很重要，因为从波德莱尔到艾略特，这是看待城市的基本文学方式。从这里，我们看到一颗心灵在记录着它对城市的印象。"（Lehan 1998：88）雾是工业革命给伦敦制造的严重污染物，阴沉沉的天和阴郁低垂的云团使街道的整体环境显示出一种难以言表的压抑感。在浓雾的笼罩下与黯淡的灯光的照射中，街道的轮廓模糊不清，整个街道呈现出一种朦胧的美感。雾气笼罩的街道使读者对伦敦产生出一种奇异的感官印象，"这是一座被恐惧和神经紧张所困扰的城市，它给人一种怪诞和奇异感，这是一座诡异的城市"（Lehan 1998：89）。"暗弱的微光""黯淡的黄光""迷茫的雾气"不但赋予街道一种模糊的美感，而且暗合了世纪末伦敦流行的颓废美学思潮。

显然，柯南·道尔将街道置于浓雾的覆盖下并非只是单纯地叙述事件的环境背景，而是另有所指，在突出街道陌生化美感的基础上，为樱塘别墅谋杀案预先铺设了一种恐怖的神秘色彩，华生在浓雾笼罩的大街上迷失方向，隐含地预设了谋杀案复杂难解。在小说第五节，当他们三人和塞笛厄斯到达樱塘别墅时，大都市潮湿的雾气已经散去，厚厚的云层渐渐消散，已经能看到较远方的道路。随着雾气的淡然散去，街道朦胧、模糊、神秘的美感不复存在，这象征性地暗示出谋杀案的真相最终必然会被解开。

街道必定陪伴着那里的建筑而存在，街道是母体，是城市的房间，是丰沃的土壤，是培育的温床，完美的街道是和谐的空间，街道正是因为其两侧拥有建筑才成为街道（Rudofsky 1982：20-21）。街道两侧的建筑与街道相依为命，是街道的延伸，在与建筑物的相互依存中，街道具有了强大的生命力，渗透到城市居民的日常生活中，形成了独特的街道语法规则。

贝克街221号B座是贝克街上的标志性建筑，"已经成为19世纪90年代都市文明的焦点——十一月的浓雾，双轮双座马车，穿制服的看门人，木炭燃气发生器，男礼服大衣，威格莫尔街的邮局……许多冒险经历都带有荒诞的因素，令人幻想出并不存在的魔法和浪漫场景，然而，这是福尔摩斯和华生的落脚处"（Roberts 1984：53）。在《四个签名》中，由于案件本身与贝克街没有直接关联，叙事者对贝克街并没有做过多的渲染，只是根据叙事展开的需要简略地提及了贝克街。贝克街的生命源自于221号B座以及与其相邻的一系列建筑，它们处于相互依存、对照的关系中，组合成一个简单、和谐的空间复合体，共同建构出一种典型的内外空间辩证美学。

巴什拉（Bachelard 1994：6）认为，家宅是庇护所、藏身处，庇护着梦想，保护着梦想者。贝克街221号B座对福尔摩斯具有特殊的意义，在这里，他孜孜不倦地揣摩、思考、分析着每一件棘手的案件，热情地接待每一位案件当事人，仔细地倾听他们对案情的陈述，用自己渊博的知识和推理技巧成功地破解了一个个复杂的案件。在小说第九节，案件线索中断，福尔摩斯单枪匹马外出探寻新的破案线索，回到住处后，他给华生和琼斯先生带回能够成功破获案件的线索、思路、证据，可见，221号B座是见证他成功破解案件的场所。贝克街侦探小分队在福尔摩斯探案过程中反复出现，是协助他侦破案件的重要力量。小分队的成员都是贝克街上脏兮兮的流浪儿，是世纪末伦敦都市空间中无序意象的表征。在叙述小分队到达贝克街221号B座的情景时，叙事者使用"争吵""吵吵嚷嚷""闯入"等含有野蛮意味的词语描述了小分队从进门，经过楼梯，到楼上去见福尔摩斯的整个过程。在这个过程中，小分队是毫无规矩的闯入者，是贝克街混乱、无序、暴力的代表。但是，进入福尔摩斯的房间后，他们立刻站成一排，变得规规矩矩。可见，福尔摩斯思考、分析案件的房间具有重要的象征意义，意味着秩序、规矩。

贝克街是伦敦的开放性空间，带有19世纪伦敦都市空间的典型特征。在小说第一节，福尔摩斯向华生解释自己为何注射可卡因时，说道："请站到窗前来。难道有过如此沉闷、凄凉、毫无生趣的世界吗？看吧，大街上黄尘滚滚，漂过一幢幢灰暗的房屋。难道还有比这更无聊、更卑俗的吗？"（93）对于福尔摩斯而言，贝克街是世纪末伦敦时代精神的象征，阴郁、颓废、昏昏暗暗、毫无生机。显然，他对贝克街持反感、抵抗的态度，但是，出于对侦探事业的热爱，他又不得不从贝克街踏上侦破案件的征程。可见，在小说中，221号B座和贝克街是两种截然不同的空间，表征着不同的意义。在对这两个空间的对比书写中，福尔摩斯建构出一种独特的内外空间辩证美学，"他将读者引入到一种内部空间与外部空间的辩证逻辑中，内部空间——他在贝克街221号B座的住所——代表安全、温暖、友谊、灵活的礼节规矩、不受约束的规则秩序、实现梦想的机会、幸福的乐园。外部的贝克街意味着寒冷、雾气、阴雨、黑暗、混乱、无序"（Herzinger 1992：114）。

2 伦敦街道的实践美学

德赛都将行走比作陈述行为，他认为，"街道上的行走行为之于城市体系，就如陈述行为之于语言或被陈述之物"（Certeau 1984：97）。劫匪和小偷在行走中会充分观察街道的长度和宽度等空间要素，借以选择、变换作案和流窜的时机与地点。作为罪犯的对手，侦探在探案过程中更精于对街道修辞的阐释，对都市街道体系的拆解。作为侦探，福尔摩斯在街道上步行移动时，不断地变换着行走的方式，运用不同的步行方式，从路线转向艺术，侦查、思考、分析街道上和街道两边可疑的空间标志物，同时，采用适当的"战略战术"与犯罪分子斗智斗勇。

福尔摩斯和华生侦查完樱塘别墅谋杀案的现场后，沿着犯罪分子斯茂及其同伙的逃逸路线追踪他们的下落时，充分、合理地利用了伦敦街道的空间结构。他们利用透比敏感的嗅觉去探查犯罪分子遗留在街道上的气味，由此，像德赛都（Certeau 1984：101）所言的那样"挑选或者分割经过的空间"，他们的行走是在不断地进行连续性的跳跃，制造空间节点的缺席，跳过或抛弃那些与犯罪分子无关的街道空间节点，将跟踪、侦查的焦点放到与犯罪分子的逃逸有直接关联的地点。他们跟着透比经过斯特汉姆、布瑞克斯顿、坎伯韦尔，穿过奥弗尔东面的小街，来到肯宁顿小巷。到达肯宁顿小巷的尽头后，透比不再往前跑，摇摇摆摆兜了几圈，不时抬头望着他们。于是，二人停止行走的脚步，观察了周围的情况，思考透比表现怪异的原因，推断出斯茂及其同伙很可能在此停留了一段时间。接着，叙事者叙述了追踪过程中的一段小插曲，透比将他们引到布罗德里克和纳尔逊大木场，实际上，这里与犯罪分子毫不相干，只不过是透比受到这里空气中散发的浓厚的木馏油气味引诱，本能地奔到此地。之后，在透比的引领下他们朝一个新的方向走去，穿过贝尔蒙特路和太子街，奔向河边，到了布罗特街的尽头，最终抵达斯茂及其同伙逃逸的木码头（121-124）。在此，福尔摩斯查找到与犯罪分子逃逸相关的直接线索，为最终成功抓获斯茂与托格埋下了伏笔。可见，福尔摩斯和华生跟随透比在街道上的行走过程是一个选择性地解构行走连续性的过程。在透比的引领下，他们不断地变换着行走的路线，以时快时慢的步伐穿梭于伦敦的大街小巷，搜寻犯罪分子在逃逸过程中遗留的痕迹，当发现犯罪分子曾停留之处，他们立刻消解行走的连续性，驻足逗留，观察、寻觅、分析犯罪分子遗留的印记，由此，他们行走的连贯性和整体性被打破，演绎为诸多长短不一的行走片段。

同时，他们在行走与滞留的转换中将街道语义的连贯性彻底打破，行走是对伦敦街道连贯语义的解释、延展，滞留则是对街道连贯语义的中断，在反复的滞留中，街道的整体空间被他们的滞留切割为一个个分散的片段。他们驻足停留之处是福尔摩斯在透比的引导下挑选出的街道的特殊元素，是对街道的整体性进行拆解的重要空间节点，是连接被分裂的街道众多细小片段的衔接点。德赛都（Certeau 1984：103）认为："行走，就是地点的缺失。这是一个关于缺失和寻找合适之物的不可定义的过程。"他们的行走中隐含着一种矛盾性的辩证美学。他们的行走将伦敦不同的空间串联成一个整体，他们的滞留则又将伦敦的整体空间分解为一个个碎片。行走与滞留贯穿于他们追踪斯茂及其同伙整个过程的始终，他们行走的最终目的明显是为了滞留，找到犯罪分子的停经之地，滞留则是对他们持续行走的最终补偿，由此，小说中，这两种截然不同的街道实践方式同样构成了一种对立的辩证修辞。

早在19世纪初，伦敦的都市旁观者已经成为将伦敦呈现为景观意象的主导力量（Brand 1991：41）。都市旁观者在行走中观察，在观察中行走，行走与观察构成旁观者体验都市空间的重要方式。旁观者在街道上行走时，与城市融为一体，却又与城市保持着距离，他们的观察构成一种特殊的观看辩证法，"19世纪都市中旁观和观察的一个主要范式表现为疏远与亲近，时而释然时而烦忧之间的辩证法"（Nord 1995：2）。旁观者以漫步者的姿态出现在街头，不停地用自己的目光捕捉、窥视、挖掘着都市各个角落的秘密。

在伦敦街巷中探寻斯茂及其同伙的下落时，福尔摩斯、华生和透比在与伦敦的物质空间保持着密切、亲近关系的同时，还用敏锐的目光去搜寻街巷中遗留下的与斯茂及其同伙相关的痕迹。他们边走边看，在经过的街巷的各个角落中寻觅着与犯罪分子相关的蛛丝马迹，观看成为他们行走的主要目的。在观看中，他们以游荡者的视角将沿途的"半乡村式别墅""街角边四方屋顶的酒吧"等伦敦的都市意象展示给读者，清晰地再现出清晨时分伦敦社会生活的秘密。但是，在观看这些都市景观时，他们又超脱了自己所处的街巷空间，以疏离的视角观察着沿途的一切，仔细地搜索着寻找目标，他们给这些都市元素赋予了一种陌生化色彩，以便能对沿途的物质环境保持敏锐的判断，从中发掘出犯罪分子遗留的印记。对他们而言，伦敦宛如一个巨大的剧院，街道则像剧院中的舞台，清晨时分伦敦的各种街景是这个剧院中上演的一幕幕戏剧，他们是身处在这个剧院中的观众，在观看周围的一切，却并未全身心投入，以便能清醒地对出现在舞台上的一幕幕戏剧进行理性的判断，摒弃那些与案件毫不相关的场景，将目光集中到透比关注的街道空间的节点上。

"侦探使人们意识到，晦涩难解的都市世界是可以被认识的，即使只是被那些具有超人能力且通过全景式的方式观察城市的人。"（Brand 1991：103）都市游荡者在街道上走走停停，不断地观望，经由他的步伐和目光，都市中这些彼此相互独立、毫不相干的区域、场所、地点以一种偶然的方式被串联起来。在小说第七节，跟随福尔摩斯、华生和透比的步伐，由樱塘别墅到小木码头途中的"半乡村式别墅""四方屋顶的酒吧""布罗德里克和纳尔逊大木场"等伦敦城中的特殊意象相继出现在他们的目光中。这些孤立静止、彼此之间毫无关联的元素、碎片在福尔摩斯、华生和透比的行走与注视中犹如马赛克一般被拼贴起来，将19世纪末伦敦各个区域有机地衔接起来，构成一个整体，形成一幅完整的伦敦地形图。

3 伦敦街道的政治美学

"空间具有政治和意识形态的属性，它实际上是充满了各种意识形态的产物。"（Lefebvre 1976：31）街道是城市中充满悖论的空间，是宽容、平等、自由的器皿，在遮蔽掉行人的身份、阶级、品位、财富、性别等与个人身份相关的因素的同时，也受到政治权力的制约，是个巨大的政治权力容器。维多利亚小说家在描写伦敦的街道时，常常将那个时期的权力运作机制有机地融入街道中，不再仅仅将街道视作单纯的事件和故事情节展开的舞台或场所，而是将其塑造为一种隐含着复杂的权力含义的指涉系统，竭力表现出维多利亚时期伦敦的各种公共空间中蕴含的政治美学因素，以此展示人们的生存状态与身份特征。

海外殖民是福尔摩斯系列侦探故事重要的书写对象，《四个签名》、《波士堪谷奇案》（*The Boscombe Valley Mystery*）、《格洛里亚·斯科特号三桅帆船》（*The Gloria Scott*）、《黑彼得》（*Black Peter*）、《孤身骑车人》（*The Solitary Cyclist*）等小说都涉及了这一主题。"这些小说都涉及了知晓某个发生在殖民地或海上的犯罪行为内幕的人们相互谋划的秘密阴谋，他们的阴谋则使宗主国的某个颇受尊敬的居民遭到敲诈或报复性谋杀"（Priestman 1990：76）。此外，"在这种类型的福尔摩斯侦探小说中，来自异域、隐匿在英国土壤上的邪恶观念非常重要"（Priestman 1990：76）。"《四个签名》展示出来自殖民地的殖民者和被殖民者对英国本土的侵袭。二者被书写为最具威胁性的代表人物：罪犯和食人者。"（McLaughlin 2000：56）在小说中，柯南·道尔将斯茂和托格塑造为从殖民地流窜到伦敦的入侵者，其中，托格的家乡安达曼群岛是英国的海外殖民地，他属于野蛮的被殖民者阶层。

在小说第十二节，斯茂向福尔摩斯、华生和琼斯探长等人讲述了他和托格在伦敦的生活，"那时，我们靠在集市和其他地方把可怜的托格当作吃人的原始黑人展览给公众看来维持生计。他吃生肉，跳土人的战舞，这样一天下来可得到满满一帽子铜板"（156）。显然，"其他地方"很大程度上指的是伦敦的街道或广场等和集市一样人流密集的都市公共空间，只有在城市的这些重要的公共空间内，作为展示物的托格才能受到川流不息、来来往往的行人的关注。换言之，只有将托格置于这些行人集中的公共空间内，将其作为他者的特性展示给行人，才能吸引宗主国的行人驻足关注，以此挣取他们二人在伦敦维持生计所需的费用。作为19世纪大英帝国的公民，柯南·道尔自身具有作为殖民者的宗主国公民的身份属性，具有强烈的帝国意识，与康拉德、福斯特等作家一样，他有意或无意地将托格视为他者。在小说第八节，福尔摩斯向华生分析遗留在樱塘别墅谋杀现场的小脚印时，对与托格所属种族的安达曼群岛的原始人进行了阐释，"安达曼群岛的土著人以世界上最矮小的人种著称……他们生性凶狠、倔强、难以相处。但一旦取得信任，就能和他们建立起最忠诚的友谊……他们天生可怕，长着畸形的大脑袋，凶狠的小眼睛，相貌怪异。……他们是遇难船只上水手的最大祸害，他们会用镶着石块的木棒击碎幸存者的头，或用毒箭将其射杀。这种屠杀总是以一场人肉宴告终"（128）。可见，对于福尔摩斯而言，安达曼群岛被殖民的他者是野蛮的代表，毫无现代文明气息。同样，在小说第十节，福尔摩斯、华生和琼斯探长等人在泰晤士河上与斯茂和托格搏斗时，叙事者华生将托格描述为"长着一个畸形的大脑袋，满头乱蓬蓬的毛发""野蛮怪异的原始人""两只小眼睛闪动着凶光，厚厚的嘴唇从牙根翻出，半人半兽似的朝我们龇牙咧嘴，狂呼乱叫""一口大黄牙"（138-139）。华生将托格描述为像动物一样的野蛮的原始人，具有强烈的攻击本性。在他看来，托格是难以文明化的野蛮人，表现出一种返祖显现，在种族上是典型的他者。

由于托格表演"吃人肉"，"跳土人的战舞"，集市、街道、广场等伦敦的公共空间沾染上了种族、身份的属性，伦敦的集市、街道、广场等公共空间被赋予一种"中心"的身份属性，而来自远离英国本土的"他者空间"的安达曼群岛的托格显然与19世纪现代之都伦敦的都市空间格格不入。对于伦敦的行人而言，托格是被殖民者，是典型的他者，他在伦敦公共空间内的被展示、表演隐含着一种特殊的身体政治，很大程度上，吸引行人观看的是他特殊的身份特征，他被展示、表演与行人的观看是野蛮的他者文化与现代文明相遇的隐喻，显示出"英国民族潜意识里的文化优越感与殖民心态"（陈礼珍 2012：156）。

在不断地遭遇行人的目光、成为被观看的对象时，托格也会本能地观看那些注视他的行人，但是，在这种观看与被观看的辩证互动中，托格看到的几乎全部都是与他的身份完全不同的优越的宗主国公民，"柯南·道尔将托格视为潜伏于帝国边疆的野性化身"（Lehan 1998：90），他代表着天生的野蛮和蒙昧，在现代化的伦敦都市空间内，他几乎很难观望到自己的同类、体验到民族归属感。由此，集市、街道、广场等伦敦重要的都市元素在为托格提供通过展示、表演自己的身体、身份特征换取生计资本的场所的同时，是压制他的权力空间，也是叙事者表征、建构他的生存状态和身份属性的重要媒介。柯南·道尔对作为展示品托格的描写"显然是在强调作为原始野蛮对立面的文明城市的意义。必须消灭原始的野蛮，为文明的城市前进的步伐扫除障碍，福尔摩斯就是这一任务的执行者"（Lehan 1998：90）。福尔摩斯充当着伦敦保护神的角色，通过对斯茂和托格的追捕，将原始野蛮入侵伦敦造成的混乱彻底消除，使伦敦恢复了平和的秩序。此外，在对托格在其故乡安达曼群岛的生活与其在伦敦的生存环境的对比书写中，柯南·道尔，以"欧洲中心主义"的思想建构了伦敦的集市、街道、广场等都市空间，"道尔将伦敦塑造为民族身份的场所"（McLaughlin 2000：72）。

4 结语

柯南·道尔以自己独特的视角、风格、语气、模式对伦敦的街道进行了全方位、多样性的描写，对他而言，"运动是拥挤的街道的特征，人群熙攘的街道是现代都市生活运动特征的重要标志"（Allen 1998：2）。像波德莱尔笔下的拾垃圾者或妓女最了解巴黎一样，作为侦探的福尔摩斯是维多利亚小说中最熟悉伦敦都市空间中各个细节的人物，在对福尔摩斯探案的描写中，柯南·道尔向读者呈现出一幅伦敦完整或局部的地形图。在《四个签名》中，伦敦的街道是福尔摩斯解开案件背后秘密不可或缺的媒介，通过对探案过程中所经街道和他们居住的贝克街特征的书写，叙事者构建起一幅包含时代气息的街道空间颓废美学地图；在追踪犯罪分子的过程中，福尔摩斯采用行走与滞留辩证的实践美学方式与犯罪分子斗智斗勇，并在连续性的行走与逗留中，将伦敦不同区域毫不相干的建筑物、场所有机地拼贴到一起；小说中的街道是典型的身体政治空间，弥漫着权力因素，在托格展示、表演其野蛮特性时被赋予身份政治含义，通过再现托格的他者特征，表现出伦敦街道的"中心"身份属性。

注释

本文对小说《四个签名》的引用均出自参考文献［8］，文中只标注页码，不再详注。所有原文引用为作者自译。

参考文献

[1] Allen Rick.The Moving Pageant: A Literary Sourcebook on London Street Life, 1700-1914 [M]. London: Routledge,1998.

[2] Bachelard Gaston. The Poetics of Space [M]. Trans. Maria Jolas. Boston: Beacon Press,1994.

[3] Brand Dana. The Spectator and the City in Nineteenth Century American Literature [M]. Cambridge: Cambridge UP,1991.

[4] Certeau Michel de. The Practice of Everyday Life [M]. Trans. Steven Rendall. Berkeley: University of California Press,1984.

[5] Clausen Christopher. Sherlock Holmes, Order, and the Late-Victorian Mind [C].Harold Orel. Critical Essays on Sir Arthur Conan Doyle. New York: Maxwell Macmillan International,1992: 66-91.

[6] Doyle Arthur Conan. The Sign of Four [M].The Complete Sherlock Holmes (vol. 1). Garden City: Doubleday,1930: 89-158.

[7] Neuburg Victor E. The Literature of the Streets [C]. Dyos, H. J. and Michael Wolff. Victorian City: Images and Realities (v.1). London: Routledge & Kegan Paul, 1973: 191-209.

[8] Herzinger Kim. Inside and Outside Sherlock Holmes: A Rhapsody [C]. Harold Orel. Critical Essays on Sir Arthur Conan Doyle. New York: Maxwell Macmillan International,1992: 103-116.

[9] Lefebvre Heri. Reflections on the Politics of Space [J]. Antipode: A Radical Journal of Geography, 1976 (2): 30-37.

[10] Lehan Richard Daniel. The City in Literature: An Intellectual and Cultural History [M]. Berkeley: University of California Press, 1998.

[11] McLaughlin Joseph. Writing the Urban Jungle: Reading Empire in London from Doyle to Eliot [M]. Charlottesville: University Press of Virginia, 2000.

[12] Mumford Lewis. The City in History: Its Origins, its Transformations, and its Prospects [M]. New York: Harcourt, Brace Jovanovich, Inc,1961.

[13] Nord Deborah Epstein.Walking the Victorian Streets: Women, Representation, and the City [M]. Ithaca: Cornell UP, 1995.

[14] Poe Edgar Allan. Edgar Allan Poe: Selected Poetry and Tales [M]. Peterborough: Broadview Press, 2012.

[15] Priestman Martin. Detective Fiction and Literature: The Figure on the Carpet [M]. Basingstoke: Macmillan, 1990.

[16] Roberts S C. A Biographical Sketch of Sherlock Holmes [C]. Shreffler, Philip A. The Baker Street Reader: Cornerstone Writings About Sherlock Holmes. Westport: Greenwood Press,1984: 47-54.

[17] Rudofsky Bernard. Streets for People: A Primer for Americans [M]. New York: Van Nostrand Reinhold Co,1982.

[18] 陈礼珍. 《克兰福德镇》流言的政治符码——英国侵略西藏战争在19世纪中期的文学先声[J]. 解放军外国学院学报, 2014（1）：151-158.

[19] 汪民安. 身体、空间与后现代性[M]. 南京：江苏人民出版社，2006.

本文原载于《解放军外国语学院学报》2019年第3期。

《达洛维夫人》中的伦敦汽车文化政治

王彦军

摘　要　在《达洛维夫人》中，伍尔夫将表征现代交通技术进步的重要媒介汽车彰显出的文化政治意蕴直观地传达给读者。小说中对伦敦汽车的描写是伍尔夫对社会诸多层面现代性演进加以思考的产物，是她思考汽车的外在意象与其内涵之间的辩证关系的结果。对伍尔夫而言，汽车是伦敦最具代表性的现代性载体，呈现出伦敦隐含着的光晕，奔驰在伦敦街头的汽车赋予人们一种全新的时空关系感知方式，是一种"震惊"的都市现代性体验。同时，作为新型的交通工具，汽车成为身份、地位、阶级的重要表征物，具有明显的符号价值，是阶级区隔的媒介物。

关键词　《达洛维夫人》；汽车；流动的现代性；震惊；符号价值

伍尔夫以一颗虔诚的心灵体会着伦敦色彩斑斓的都市生活，她认为，"生活不是一系列对称的车灯，而是一圈光晕，一个半透明的罩子，它包围着我们，从意识开始直到意识终结"（伍尔夫 2003：128）。在她看来，作家的任务就是将这个光晕的内涵意义传递给读者，要更接近生活，"让我们按原子落在心灵中的顺序来记录它们，让我们如实描绘一个景物或事件在意识中刻下的图案，无论它表面上怎样零散和不连贯"（伍尔夫 2003：128）。在对伦敦进行书写时，伍尔夫一直秉持这种小说创作原则，主要用非线性的叙事方式，展示出伦敦的物质空间与社会生活深刻的纵向变化，用鲍德里亚所言的"拟像"的描写手法将伦敦的社会生活景观展示给读者。因此，"她笔下的伦敦与约翰逊博士、萨克雷或狄更斯书写的伦敦是完全不同的，更像是一个幻想出的历史剧，而不是旅行指南上绘制出的城市"（Brewster 1960：7）。

每种新式交通工具的出现不但是技术文明进步的具体展示，对城市空间结构、旧有的时空关系、人们对都市空间的体验都产生了革命性的影响。伍尔夫是敏锐的观察者，伦敦社会生活方方面面的变化都逃脱不过她的法眼，交通工具是伍尔夫颇为倾心的对象，地铁、火车、汽车、飞机等现代交通工具都反复地出现在她书写的各个文本中。1896年11月14日英国议会颁布实施的《机动车公路法》（*Locomotives on Highways Act*）为汽车在英国公共道路上的快速、安全行驶提供了有效的法律保证，解放了汽车的速度，极大地刺激了英国汽车工业的发展，同样也加深了伍尔夫对汽车的迷恋，她和丈夫伦纳德先后购买了两辆辛格牌汽车和一辆豪华的兰彻斯特牌汽车，汽车成为她最为钟爱的交通工具，并且在诸多作品中都留下了她对汽车的记录与评价。如同马车对于笛福，火车对于劳伦斯，汽车是伍尔夫最为钟爱的交通工具，她多次在日记和随笔中记录了乘坐汽车的旅行体验，在《达洛维夫人》（*Mrs. Dalloway*）中有很多关于伦敦汽车的情节，"汽车可以自由移动的特点为伍尔夫提供了隐喻的创作手法，使汽车在她的生活中变得更为重要"（Minow-Pinkney 2000：162）。作为伦敦街头的漫步者、汽车的乘客和司机，伍尔夫以冷峻的目光和乘坐汽车的亲身体验感受着汽车赋予她的现代性经验，思考着汽车给伦敦的城市空间、社会生活、个人造成的巨大冲击。

1 流动的现代性

汽车的诞生直接导致城市规划重点内容的转变，"20世纪城市规划的特征则是公路"（Berman 1988：165）。按照马歇尔·伯曼的观点，从这种城市规划的转变"我们看到了一个奇怪的辩证法，一种现代主义的模式竭尽全力，试图消灭另一种现代主义模式，但都是以现代主义的名义进行的"（Berman 1988：165）。"现代主义及其冲突在汽车这里发现了明显的关联。"（Martin 2015：95）汽车最大的特点是可以随意、自由地快速移动，"速度首先是用于看，用于听，用于感觉，也就是说用于更加强烈地领会当前的世界"（维利里奥 2003：17），坐在汽车内，无论是司机还是乘客，都可以清晰地感知到汽车行驶速度的快慢。汽车是现代性的重要标志，鲍曼认为，"由于速度获得了可变能力和扩张能力，首要的是，'现代时代'已成了征服空间的武器"（Bauman 1988：9）。现代性的一个重要特征就是永不停息地追求快速再快速，从而能够以时间去征服空间。飞机和汽车等现代化交通工具的出现预示着一个快捷的流动时代的到来，因为轻巧所以移动得更快，因为快捷变得更加充满多样性。

汽车的出现进一步打破了空间的阻碍，人们可以任意地去各个地方旅行，"流动性"或"移动性"开始成为伍尔夫时代的重要特征。在《达洛维夫人》中，伍尔夫具体地描述了女主角克拉丽莎观看到的汽车给伦敦人带来的全新的流动性生活图景。六月的一天，漫步于维多利亚大街的克拉丽莎，沉浸在喧哗骚动的街头氛围中，街道是感性的、拥挤不堪的，吸引克拉丽莎注目的是川流不息的马车、汽车、公共汽车和运货车。实际上，克拉丽莎视域中的伦敦街景是一幅传统与现代并置的画面，马车属于传统的交通工具，行驶速度相对较慢，不会对人的感知器官造成过多的冲击；而汽车、公共汽车和运货车则是技术现代化的产物，能够快捷地移动是其最大的特点，过快的速度会给司机、乘客都带来一定的震撼感。传统与现代的交通工具同时出现在伦敦街道上颇具悖论意味，展示出20世纪早期伦敦城市空间内出现的时间维和空间维的危机，隐含地表达出技术的现代性在逐渐消解传统元素，速度则是造成这一现象的罪魁祸首。克拉丽莎置身于其中的伦敦正处于传统向现代彻底转变的过渡时期，很大程度上，交通工具的速度能否变得更快是突破临界点的关键。

　　人类生活在时间和空间的维度中，时间与空间是个体进行感知、定位时不可或缺的角度。汽车流动的现代性特征给都市人带来全新的都市空间体验方式，很大程度上，人们不再以物理长度去感知空间，而是通过时间来衡量距离、体会空间。在《达洛维夫人》中，伍尔夫多次通过对疾驰的汽车的书写赋予读者对伦敦特殊的感知方式。"汽车虽已离去，但仍留下一丝余波，回荡在邦德街两侧的手套、帽子和成衣店里。半分钟之内，每个人的脸都转向同一方——窗户。正在挑选手套的女士们停了下来——要什么样的手套呢？"（25）汽车以极快的速度离去、消失，成衣店中的顾客并不是汽车中的乘客，她们观望窗外的汽车，体验到了汽车急速在大街上匆匆而过、流动的痕迹，但是，最终留给她们的只是汽车的余波。疾驰而过的汽车使她们在"半分钟"内感知到自己购物的空间，此时，空间存在于时间中。"汽车轻捷地驶过皮卡迪利大街，又折向圣·詹姆士街。"（26）在此，读者明显可以感知到汽车的流动性特征，轻捷驶过的汽车令读者只关注了汽车行驶的速度，即汽车行驶的时间，而快速行驶的汽车遮蔽掉了沿途形形色色的物质空间，留给读者的只剩下汽车经过的两条模糊的街道，此时，时间压缩了空间，读者只能根据故事情节去想象汽车沿途经过的空间。

　　汽车司机是对汽车流动的现代性感受最深刻的人，可以直接体验到汽车速度带来的激情，感受到汽车速度的张力对空间的征服，体会到汽车成为人体的延伸，收获到一种全新的日常生活经验。在《奥兰多》的结尾部分，奥兰多使劲地盯着汽车的引擎，凝视前方十分钟，忽然推下加速器，"她技术娴熟地驶在弯弯曲曲的车道上，车速很快。车道穿越庭院内起伏的草坪，两旁是榆树和柳树，仿佛碧绿平滑的潮水漫上河滩"（Woolf 2006：230）。在快速的驾车过程中，奥兰多体验到汽车专用车道的魅力，可以自由操纵汽车的快感。对于奥兰多而言，在汽车快速的行驶过程中，可以感觉到时间正在被压缩、在倒流，同时，汽车经过的空间也在被压缩、在流动，明显产生一种哈维所言的"时空压缩"的感觉，因此，她对在汽车行驶过程中看到的空间内的一切都感到心满意足，"树、鹿和草坪，仿佛她的心化为水，在它们四周流淌，紧紧围住它们"（Woolf 2006：230）。对于作为司机的奥兰多而言，汽车在疾驰，时间在流逝，空间被压缩，生活在流动。

2 震惊的现代性体验

"汽车是新型的身体感知的代表性媒介物"（Duffy 2009：8），很大程度上，对这种感知的体验类似于波德莱尔所言的"寻找我们可以称为现代性的那种东西"（波德莱尔2002：424），就是在"短暂、偶然、过渡"中体验一种新奇感。某种意义上，这种新奇感就是本雅明阐释的"震惊经验（shock experience）"，是一种感知的现代震惊模式。"像火车一样，汽车为运输货物和人带来了新的发展前景，以及建构与组织空间的新方式，再次改变了人类对时间和距离的主观感知方式。"（Cuddy-Keane 1996：74）在20世纪早期，行驶在城市内的汽车在成为都市新景观时的确对人们的视觉造成了新的刺激，给人们的印象与感觉带来新的冲击模式，从最初震惊汽车的速度，到惊叹于汽车消解了时空的压缩功能，最后感慨于汽车对城市空间的延展。"在小说中，当汽车与公众和个人联系在一起，尤其是，在讲述被消解的共同经验时，伍尔夫会用汽车作为主题。"（Martin 2015：95）在此，"被消解的共同经验"主要指的就是"震惊经验"，对人们熟知的经验类型进行解构的过程。

伍尔夫本人喜欢漫步伦敦街头，用冷峻的目光去观察街上发生的众多事件的具体细节，伦敦街头的万般景象都是她观看、体味的对象。在不断地对伦敦街景的阅读过程中，伍尔夫以自己独特的方式去审视、解读其观看到的每个街景背后隐含的意义。对于伍尔夫而言，享受城市生活的方式就是像现代都市的游荡者那样，在优哉游哉地漫步伦敦街巷时，用视觉和听觉去观看、倾听、记录形形色色都市景观的本真面貌、内心独语。"当我漫步于街头的时候，生活在我面前展现了无穷的深奥的素材。"（Woolf 1978：214）在观看与倾听中，伍尔夫不断地体验进入其视域中的各种街景带来的瞬间冲击。在多次体验中，表征着伦敦现代性的诸种街景相继进入到伍尔夫的脑海深处，激发她用全新的思维模式去思考各种街景的外在意象与其内涵之间的辩证关系，以此去解析伦敦街头不断出现的瞬息万变的意象。对于伍尔夫而言，街道是外在的、感性的、清晰地展现出伦敦日常生活的现代性图景，但一切都逃不过那双到处徘徊的眼睛。毫不夸张地说，通过在伦敦街头的视觉经验，伍尔夫体验到了现代生活中隐含的现代性特征。在伍尔夫的小说中，叙述观看与被观看之间的辩证关系成为她书写城市的重要方式，伦敦的诸多街景构建起本雅明所言的"光晕"，成为伍尔夫感知、解读的对象。在伍尔夫时代，汽车是新生事物，伦敦街头疾驰而过的汽车是伦敦最具代表性的现代性载体，在对这些情景的书写中，伍尔夫创作出一种新的光晕结构。"国家景象源自汽车的运行规律聚合出的多个意象构成的驾车经验"（Minow-Pinkney 2000：177），小说中，伍尔夫通过对主人公在伦敦街头对疾驰的汽车的观看、主观感知，构建出一种独特的对都市的现代性体验。

砰——街上传来一下枪声似的响声。

"天哪，那些汽车真糟糕。"皮姆小姐走到窗前张望，又走回来，手里捧满香豌豆，脸上浮现出歉疚的微笑，仿佛那些汽车和爆破的轮胎都是她的过错。

一辆汽车停在正对马尔伯里花店的人行道上，就是它发出那巨大的爆炸声，又使皮姆小姐走到窗前并为之抱歉。过往的行人自然也止步观望……（19）

当汽车的轮胎爆破时，克拉丽莎和皮姆巴小姐听到的是爆破的声音，而伦敦这个区域内观看到轮胎爆破过程的行人对汽车、轮胎的注视共同构建出小说中第一个对伦敦现代性街景观看的意象。尽管行人们止步谛视，但是，他们看到的却是"装饰着淡灰色陈设的车内露出一位头号要人的脸，随即有一个男子的手把遮帘拉下，只留下一方淡灰色"（19）。在此，汽车成为伍尔夫书写的焦点，但是，承载着一位头号人物的汽车并没有以疾驰的方式映入行人的眼帘，而是其轮胎的爆炸声将行人的目光吸引到其身上，可以说，是众多行人的共同"注视"将这辆汽车呈献给了读者。汽车轮胎的爆炸是伦敦中转瞬即逝的突现意象，通过"砰"的声响瞬间吸引到行人的注意，原本平淡无奇的都市街道被现代技术制造出的特殊噪音打破了连续性和重复性，给行人的意识注入了难以抑制的兴奋、震惊，刺激行人以全新的感知方式去体会、接纳这种新奇的都市街景。行人对轮胎爆炸的汽车的注视是自发的、同时进行的，是爆炸声引发的结果，这明显地表现出感觉本质上属于震惊的范畴。汽车轮胎的爆炸使行人的行走经验产生了断裂，刺激了行人以全新的"震惊"方式去感知都市生活。可以说，行人在行走、滞留、观看的辩证法中体验到全新的都市生活经验，感知到新型的都市图景的巨大冲击力，体验到一种"强烈的震撼感涌入心中，好像身体受到一股电流的刺激"（Woolf 1974：10）。

本雅明认为，"震惊的因素在特殊印象中所占成分越大，意识也就越坚定不移地成为防备刺激的挡板；它的这种变化越充分，那些印象进入经验的机会就越少，并倾向于滞留在人生体验的某一时刻的范围内"（Benjamin 1988：163）。当小说的叙事者讲述完行人注视汽车的场景之后，"顷刻之间，谣言便从邦德街中央无声无形地向两边传开，一边传到牛津街，另一边传到阿特金斯街上的香水店里，宛如一片云雾，迅速遮住青山，仿佛给它罩上一层面纱；谣言确实像突如其来的庄重和宁静的云雾，降落到人们脸上"（19）。轮胎的爆炸声给行人造成的极其强烈的震惊，以至皮姆小姐为自己将其误认为是枪声而不停地向克拉丽莎表达歉意。但是，行人对这种震惊的体验是短暂的、片刻的，习惯性的都市生活经验与意识使行人立刻摆脱掉这一刺激的干扰，对轮胎爆炸声的体验只存在于爆炸声响起的瞬间，对汽车的注视随着汽车内的男子用手将车的遮帘拉下也告一段落，取而代之的是行人恢复了传统的都市生活体验，有意地抵制了爆炸声造就的震惊继续扩延，从而，将关注的焦点从汽车转向汽车内的人。于是，出现了城市中司空见惯的谣言，谣言不断扩散，成为大众新的谈资。尽管不久之后包括达洛维夫人在内的新出现的行人也将关注的目光投射到那辆汽车上，但是，对他们而言，汽车已经不能再次制造出新的震惊，而行人依然按照熟悉的经验继续自己当下的生活。

3 社会等级的区分

交通工具在人类历史上自出现之日起就是权力、等级、身份的符号。16世纪末，马车成为西方富裕阶层最为钟爱的交通工具。17世纪，在巴黎出现了为市民出行提供服务的公共马车，但是，法国国王路易十四规定，这种马车只能为有身份的人服务。当时，在英国，公共马车也被划分为四个级别，每个等级的公共马车以不同的行驶速度和服务为民众提供了四种供其选择的出行方式。19世纪前半叶，火车的出现打破了各个阶层之间的壁垒，火车将身份、地位、职业等存在诸多差异的人聚拢到同一个空间内，彰显出这种新型的交通工具蕴含的平等、民主的特质，削弱了社会各个阶层之间森严的等级界限，充分体现出人生而平等的现代社会理念，同时也使人们长距离的身体移动成为可能，激发了大众进行大规模、远距离出行的热情。

与火车一样，汽车同样可以让人们自由地进行远距离的移动，但是，火车是公共交通工具，而除了公共汽车外，其他类型的大部分汽车都是个人拥有的物品，是典型的私有财产。在伍尔夫的时代，汽车依然是一种奢侈的消费品，虽然"汽车在移动速度方面并没有取得直接的革命性突破，但是，汽车却引发了另外一场革命，即成为声望的主要标志。因此，汽车受到医生、律师、企业主和中上层阶级的欢迎，他们将汽车用作展示其提升了的社会地位，尽管他们并没有贵族血统"（Sachs 1992：12）。显然，汽车开始成为身份、地位、阶级的重要表征物，对于新兴的中产阶级而言，汽车更为重要，很大程度上，拥有时髦、豪华的汽车成为他们摆脱卑微的血系出身，跻身于上流社会的重要媒介。因此，"对于这些暴发户而言，汽车出现的恰逢其时，使他们以新时代主人的身份进入到社会"（Sachs 1992：12）。

在一个充满变化的社会中，对于身居西美尔所言的生活节奏飞快、充斥着冷漠情感的现代都市中的个体而言，身体在都市内的移动不仅意味着空间上的转换，还是改变、彰显自我视野、阶级地位、社会形象的必要手段，由此，汽车是伍尔夫生活的那个日新月异的、频繁变化的时代中个体进行自我塑造的最佳媒介。"到20世纪20年代中期，汽车已经成为日常生活中最吸引人的物品。当中产阶级家庭能够购买负担得起的型号的汽车时，汽车工业迅速对富裕的精英人士的欲望做出回应。"（Cuddy-Keane 1996：74）伍尔夫和丈夫伦纳德属于典型的精英阶层，如上文所述，他们两人曾先后买入三辆汽车。在日记和书信中，伍尔夫经常表达出对自己所购买的汽车的钟爱之意。1927年，伍尔夫订购了一辆辛格牌汽车，在日记中，伍尔夫对即将拥有的汽车充满了期待之情，"我们谈论全都是有关汽车的事"（Woolf, *The Diary of Virginia Woolf* 3：146），并将拥有汽车称为"这是我们生活中伟大的开端"（Woolf, *The Diary of Virginia Woolf* 3：147）。"女性对汽车的兴趣被认为很大程度上是其美学价值与身份标识，而非其实用性。"（O'Connell 1998：63）伍尔夫对汽车的期盼、兴奋是否是她对汽车隐含的"美学价值"与"身份标示"的认同吗？实际上，1927年8月24日，在写给T. S. 艾略特的信中，伍尔夫对这个问题做了回应，"休息时，我们谈论的全都是有关汽车和汽油的事。我们的汽车是辛格牌的"（Woolf, *The Letters of Virginia Woolf* 3：413）。显然，伍尔夫对拥有一辆辛格牌汽车感到极其兴奋、激动，汽车成为她日常生活的谈资，这从侧面反映出她对汽车蕴含的美学、身份意义的重视。1933年1月，伍尔夫不断地在信中告知朋友们她和丈夫又购入一辆兰彻斯特牌汽车。在写给埃塞尔的信中，伍尔夫表达了自己驾驶这辆汽车时的感受，"当我驾驶这辆汽车时，我感到自己如此富有、稳健、爱国、虔诚、具有欺骗性"（Woolf 1979：154）。1930年出产兰彻斯特牌汽车的厂家正式成为英国王室汽车的供应商，相应地，兰彻斯特牌汽车也被赋予王室的光晕，成为一种符号性商品，是上层生活的标志物。由此，不难理解伍尔夫的喜悦心情。同时，这也展示出伍尔夫也不能免俗，被物质生活左右，重视罗兰·巴特所言的商品的符号意义。

在《达洛维夫人》中，伍尔夫以直陈的手法书写了汽车在伦敦社会生活中表征出的身份、地位、阶级等符号与象征意义。叙事者在描述六月份伦敦生活的景象时，声称，"即使在这样的时刻，那些拥有遗产的谨慎的老寡妇也乘着汽车，飞快地去干神秘的差事"（6）。显然，"拥有遗产"直接表明乘坐汽车的老寡妇是富裕阶层的成员，"乘坐汽车"则强调了她们体现出凡勃伦所说的"炫耀性消费"，汽车的符号价值炫耀性地展示出老寡妇的财富、品味，成为老寡妇为自己赢得名望、社会地位等的文化资本。

街道上的行人不停地猜测爆胎的汽车内的那位人物到底是谁，卢克丽西娅猜想，"是王后坐在车里吗？"（21）在达洛维夫人的猜想中，伍尔夫赋予汽车的符号意义进一步得到增强，当达洛维夫人走出马尔伯里花店时，她在想，"是王后在车里吧"（23）。对于达洛维夫人而言，汽车俨然已经是上层社会的专利品。在克拉丽莎的目光中，汽车依然是体现阶级区隔的载体。"克拉丽莎被挡在布鲁克街的一边，老法官约翰·巴克赫斯特爵士则被挡在街道的另一边，他们中间隔着那辆汽车（约翰爵士已经执法多年，他喜欢穿戴漂亮的女人）。当下，那位司机微微欠了欠身子，不知对警察说了些什么，还是给他看了什么东西；警察敬了个礼，举起手臂，侧过头去，示意公共汽车退到一边。让那辆汽车通过。车子徐徐地、毫无声息地驶去了。"（24）对于卢克丽西娅、达洛维夫人和克拉丽莎而言，汽车已经建构起一个共同的身份意象，在她们每个人的意识流中，读者可以感知到一个通过能指表现出的象征意象，她们目光中的汽车已经被赋予了权威的意义，成为等级制度的象征，代表了车内乘坐的王后、国王、首相等英国社会的最高阶层成员。在伍尔夫的视域中，汽车不再是单纯的代步工具，而是阶级区隔的媒介。

4 结语

伍尔夫试图打破传统的小说创作方式，将书写伦敦的变迁史作为自己的任务，尝试将观看到的都市景观有机地投射到她的心灵内，融入她丰富的想象中，创造出一种把外在观察与内心感受完美地结合在一起的新方法。因此，毫不奇怪，在《达洛维夫人》中，她塑造出的很多人物在观看到伦敦充斥着现代性特征的街景时，总是产生一种难以言明的"震惊"。在谈到对伦敦日常街头生活景观的书写方式时，伍尔夫写道，"我不断地思考如何处理这些景象；设想过无穷的可能性"（Woolf 1978:214）。她将对这些景象的描写嵌入到展示社会变迁的线性叙事方式中，通过伦敦变迁过程中在各个层面上展示出的现代性特征书写出伦敦日常生活中出现的各种景象。伍尔夫对科学技术的发展一直保持着密切的关注，电话、电报、电影等各种现代科技产物都多次出现在她的文本中，而作为现代最重要的交通工具，汽车在《达洛维夫人》中扮演着多重角色，是她对社会诸多层面的现代性的演进和现代社会结构思考的产物。在阅读、解析伍尔夫书写的以汽车为代表的现代交通工具时，读者可以洞察到她对新的时空关系的体验、对现代都市新景观的感知、对社会阶级的再现方式。

注释

本文对小说《达洛维夫人》的引用均出自参考文献［12］，文中只标注页码，不再详注。所有原文引用为作者自译。

参考文献

[1] Benjamin Walter. Illuminations [M]. Trans. Harry Zohn. New York: Schocken Books, 1988.

[2] Berman Marshall. All That is Solid Melts into Air: The Experience of Modernity [M]. New York: Viking Penguin, 1988.

[3] Brewster Dorothy. Virginia Woolf's London [M]. New York: New York University Press, 1960.

[4] Cuddy-Keane Melba, Natasha Aleksiuk, Kay Li, Morgan Love, Chris Rose, Andrea Williams. The Heteroglossia of History [C]. Beth Rigel Daugherty and Eileen Barrett. Eds. Virginia Woolf: Texts and Contexts. New York: Pace University Press,1996: 71-80.

[5] Duffy Enda. The Speed Handbook: Velocity, Pleasure, Modernism [M]. Durham: Duke University Press, 2009.

[6] Martin Ann. Unity-Dispersity: Virginia Woolf and the Contradictory Motif of the Motor-car [C]. Jeanne Dubino, Gill Lowe, Vara Neverow, and Kathryn Simpson eds. Virginia Woolf: Twenty-First-Century Approaches. Edinburgh: Edinburgh University Press,2015: 93-110.

[7] Minow-Pinkney Makiko. Virginia Woolf and the Age of Motor Cars [M]//Pamela L Caughie. Virginia Woolf in the Age of Mechanical Reproduction. New York: Garland Pub,2000: 153-182.

[8] O'Connell Sean. The Car and British society: Class, Gender and Motoring, 1896-1939 [M]. Manchester: Manchester University Press,1998.

[9] Sachs Wolfgang. For Love of the Automobile: Looking Back into the History of Our Desires [M]. Berkeley: University of California Press, 1992.

[10] Woolf Virginia. Evening over Sussex: Reflections in a Motor Car [M]. The Death of the Moth and other Essays. New York: Harcourt Brace and Compang, 1974.

[11] Woolf Virginia. Orlando: A Biography [M]. Orlando: Harcourt, 2006.

[12] Woolf Virginia. Mrs. Dalloway [M]. New York: The Modern Library, 1928.

[13] Woolf Virginia. The Diary of Virginia Woolf (Vol. 3) [M]. London: Hogarth Press, 1977.

[14] Woolf Virginia. The Diary of Virginia Woolf.(Vol 4) [M]. London: Hogarth Press, 1978.

[15] Woolf Virginia. The Letters of Virginia Woolf (Vol. 3) [M]. London: Hogarth Press, 1977.

[16] Woolf Virginia. The Letters of Virginia Woolf (Vol. 5) [M]. London: Hogarth Press, 1979.

[17] 保罗·维利里奥. 解放的速度[M]. 陆元昶，译. 南京：江苏人民出版社，2003.

[18] 弗吉尼亚·伍尔夫. 普通读者[M]. 马爱新，译. 北京：人民文学出版社，2003.

[19] 夏尔·波德莱尔. 1846年的沙龙：波德莱尔论文选[M].郭宏安，译. 桂林：广西师范大学出版社，2002.

本文原载于《河南理工大学学报（社会科学版）》2019年第3期。

跨文化交际研究

文化全球化与本土化的互动

——麦当劳与中国饮食案例分析

张卫东

摘　要　文化全球化与本土化的关系问题是当前全球化中的一个热点问题，代表西方文化的麦当劳文化与代表本土文化的中国饮食文化在全球化语境中发生着冲突，二者存在着二元共存、双向交流的关系。

关键词　文化全球化；本土化；中国饮食；麦当劳

全球化作为一个不争的事实已呈现在世人面前。在全球化的多纬度中，文化全球化给人们带来的感受更直接、更普遍。不同文化的碰撞与交流是一个互动的过程。因此文化全球化与本土化的关系愈发突显出它的意义。本文以中西饮食文化为背景，重点剖析代表西方文化的麦当劳快餐与本土化的中国饮食之间的互动，从而探讨文化全球化与本土化关系中的一些理论问题。

自20世纪70年代末中国政府提出了改革开放的政策后，中国与世界的联系日益紧密，真正融入了全球化之中。反映在人们日常生活中，正如雷达（2001：1-2）所说："在全球化大潮下，展示在我们面前的景象是：可口可乐的广告可以在同一时刻传送至数十亿人，耐克公司生产的运动鞋穿在全球数以亿计的青少年脚上，北京街头的一个普通中学生，腰上挂的是日本索尼的随身听，听的是加拿大人Cylin Divon的歌曲，吃的是美国的麦当劳。"在西方的物质文化和精神文化迅速传遍中国大地时，以麦当劳、肯德基、比萨饼为代表的西方快餐独占鳌头。精明的快餐商们总是选择那些商机最好的地点开店。毫无疑问，这对中国的餐饮业是一个巨大的冲击，在更深层上是对中国文化的一个冲击。但是这种冲击是有限的。它既没有由于来势汹汹而导致如一些悲观者预测的"西方化"或"麦当劳化"，也没有动摇中国饮食的根基。相反，这种发展势头到20世纪90年代末就逐步减弱了下来。而与此同时，随着中国经济的快速发展和人民生活水平的提高，中国饮食业却日趋旺盛。

分析这种现象背后的原因，应该说，中国饮食文化在阻碍西方快餐的蔓延中起到了决定性的作用。两种饮食文化在同一地域内接触，已经不仅仅是市场的竞争，而是在文化层面上的竞争，具有深刻的社会意义和广泛的社会影响。二者全方位的互动及碰撞可以重点从三个方面作对比分析。

1 饮食的目的：中国饮食的社交性与麦当劳的功能性

饥求食，渴思饮，是动物与人类的本能。王仁湘先生（2000：469）指出："饮食的作用，可在十分广泛的范围内体现出来，祭先、礼神、期友、会亲、报上、励下、安邦、睦邻、养性、健身，这些重要的事情有时主要是通过饮食活动办到的。"人们通过饮食活动调节人与人、人与神、人与祖、人与自然、身体与心性之间的关系。在现代社会中，以社交为主的作用日渐突出。从这些社交的目的看，主要有三类：一是公务活动，二是亲朋聚会，三是有中国特色的复杂的人际交往。

为达到这些目的而从事的饮食活动，中餐馆提供了良好的条件。诸如丰富的菜肴，相对封闭、优雅的就餐环境，舒缓的就餐节奏和浓厚的气氛，等等。而这些条件在西方快餐店看来是不可思议的。以麦当劳为例，现代社会生活的快节奏使人们在用餐上加快了节奏，以获取更多的时间去工作、去娱乐，而麦当劳适应了这种生活方式，它是现代化的产物。正如瑞泽（Ritzer 2000：11）指出的那样："简言之，麦当劳的成功在于它给消费者、工作人员和管理人员提供了有效性、可计算性、可预测性和控制性。"在由这些成功的因素而造就的快节奏背后，却潜藏着非人性化的因素。瑞泽（2000：113）站在顾客的角度进行了揭露："无论消费者是走进快餐店还是驱车至售货窗口，他们都如同进入了一个由店方的管理系统设计的餐饮传送带。"为了最大限度地加速顾客周转量，让顾客消费完了迅速离开，麦当劳及其他一些快餐店采取了"细致入微"的措施。它们"做出一些标记限制顾客在店内的停留。用的椅子常常使顾客坐了20分钟后会感到很不舒服。店内装潢的色彩也使顾客产生不宜久留的效果"（瑞泽 2000：114）。所有这一切，使快餐店成了一个彻头彻尾的为解决饥饿而纯粹吃饭的场所，它失去了社会文化功能，更难于适应中国人那样的交际目的。凯勒（Kellner 1999：198）很明确地指出："在麦当劳就餐的经历是典型的传送带式的消费，它很不适于谈话和社会交往，因此也不是理想的家庭间的社交场所或公共空间就餐场所。"可见，去西方快餐店的目的主要是解决饥饿，而要进行社交，则应该选择中餐店。独特的国情、文化、传统使得为了各种目的而交际的人群促进了中餐店的兴旺，因此也必然阻碍了西方快餐店的兴盛发达。

在这里要指出，中国人爱交际，而西方人也爱交际，这是人之共同本性，只不过受文化的影响，选择的方式不同。西方的饮文化就是迥然有别于中国食文化的一种交际方式。在英国遍布大街小巷的酒馆、咖啡厅，是英国人人际交往的理想场所。在这里，各类酒水、饮料，品种齐全，人们大可不需要菜肴。酒助人兴，谈话者可谓海阔天空，无所不谈。熟悉的、陌生的，都可以加入谈话之中。人与人之间显得很和谐，气氛热烈。无论是酒馆还是咖啡厅，都是共享空间。虽然不是很宽敞，但丝毫不影响人们的谈兴。夏日里，室外摆上座椅，顾客一样地享受。周末更是人们聚集的地方，英国的饭店固然可以边餐边唠，但仿佛不尽兴，常常是餐后还要到酒店去继续谈话，似乎这样才能达到彻底的交流。西方的饮文化和中国的食文化同为交际的形式，但是交际的目的不同。西方人更多的是愉悦性，以自我享受为中心；中国人更多的是功利性，以达到某种目的为中心。

2 饮食的制作：中国菜的灵活性与麦当劳的机械性

谈及中国饮食的制作，灵活性是其重要的一个特色。中国菜的制作方法是调和鼎鼐，最终是要调和出一种美好的滋味。一切以菜肴味道的美好、协调为度，度以内的鼎中之变决定了中国菜的丰富和"适口者珍"的准则。菜肴的制作缺乏严格的、统一的量化指标，多信奉跟着感觉走，将食之快乐列为优先考虑的要素。高明的厨师能匠心独运，有章法而无规矩。所以中国烹调技法复杂多变，中国菜肴名目万千、花色无穷。

中国菜肴的制作，总是厨者依人们的尚食习惯，本人的传习经验，依据不同原料随心应手地操作而成。其中每一个参数都不是十分严格不变的，它们几乎都是变量。一切都在厨师每一次具体烹制的适当状态下完成。没有也无法一成不变地把握每一道菜的量和质，它们都在厨者经验的眼光和灵巧的手的掌握中。因而，它们一直属于"大致差不多"的模糊性质。应当说，这是中国菜制作的特点，灵活性是因时、因地、因人诸多具体特异因素而形成的中国菜肴文化的心理习惯、历史文化和技艺传统的民族性特点。灵活性的一个结果是刺激了顾客的消费欲。它引起了顾客的好奇心，去比较不同饭店的不同特色。一些顾客，尤其是美食家们就想都尝试一下，普通的顾客也都是慕名而至。所以，一个饭店在顾客率下降的情况下，最重要的手段之一是换厨师。这样，新鲜感使人们贪食的欲望永不满足。这也是中餐馆不断兴旺的一个重要原因。

再看西方快餐业，麦当劳从建筑、装饰到食品结构，从西方到中国都是一致的。其食物的工业化程度很高，可谓标准化操作，公平公正。在用料上，瑞泽观察到："每个麦当劳的汉堡包用肉1.6盎司，10个汉堡包正好是一磅肉。烘烤前的汉堡包直径是3.875英寸，面包是3.5英寸。"（瑞泽 2000：19）在制作过程中，其工业化程度更高，完全是数字化管理。"所有的烤肉在开始时都重十磅。然后以华氏200度的温度烤3个半小时，直到内部温度达到135度。接着用20多分钟的时间处理烤肉，这时的内部温度会达到140度。按照这样的步骤和措施，店方无需技艺娴熟的厨师，实际上任何一位会识字及算术的人都可以成为该店的厨师。"（瑞泽 2000：79）应该说，这种选料和制作是西方快餐业的一个优点，是它成功的一个重要因素。作为一个统一的遍布世界的超级连锁店，任何微小的变动即需要巨大的投入，又可能会影响市场效果。因此这种恒定性使麦当劳似乎长了一张不变的脸孔，多了机械性，缺少了创造性，更谈不上灵活性。正如芬克斯坦（Finkelstein 1999：72）概括道："传统的人性中的独立性、灵活性和创造性的价值观正被麦当劳进程造就的同质化所抹杀。"在中国市场竞争中，快餐店的这种不变性、机械性难以保证恒定的顾客，不能进一步拓宽市场，也难以适应中国人的心理和消费需求。在交通日益发达的时代，人们的旅行活动越来越频繁。不论什么目的，不论到何地，吃为第一要素。中国地域广大，经过历史的沿革，按各地饮食习惯和食物条件，各地都发展出了不同特色的菜肴。因此，不同饮食风味也刺激了人们的流动，尤其是旅游活动。2002年，中国政府特意推出了"烹饪王国旅游年"活动，缤纷异彩的各地独特风味以崭新的形式展示在众人面前，使人们再次看到了中国饮食文化的丰富多彩。

3 饮食的选择：中国菜的广泛性与麦当劳的可预测性

中国菜是一个总称，它是由各地区颇有特色的菜系组成的。"所谓菜系，就是在原料选择上，烹饪技艺上，花色品种上，具有各自特殊的风格。"（杜杰 1985：35）如果没有绚丽多彩的各地风味，中国菜就不能如此丰盛诱人。人们在饮食生活中，运用当地的物产，经过漫长的演变，形成了一套套自成体系的烹饪技艺。

中国幅员辽阔。各地区的自然条件、地理环境和物产资源有很大差别，这是各地人民的饮食品种和口味习惯各不相同的物质基础和先决条件。物产决定了人们的食性，而长期形成的对某些独特口味的追求，渐渐地变成难以改变的习性，成为饮食习惯中的重要组成部分。如至今人们还保持"南甜北咸，东辣西酸"的特点。饮食业内的专家、学者对中国菜系依据不同的标准作了划分。虽有争论，但大体相同。周光武先生（1984）认为中国菜有四大菜系（鲁、川、淮扬、粤）、八大风味（浙、沪、闽、皖、湘、鄂、赣、秦），因为它们最有特色，历史悠久，影响最大。当然也有八大菜系等之说。无论如何，反映出的是中国菜的种类繁多、变化无穷，为消费者提供了广泛的选择。

可预测性是"一个理性化社会强调纪律、规律、制度化、形式化、例行公事、一致性以及有系统的运作"（瑞泽 2000：83）。麦当劳的可预测性是它成功的一个重要因素。可预测性是和一致性联系在一起的，这也不算是麦当劳的创新。在它之前的汽车连锁店已经在可预测性上做出了表率。目前的社会，按瑞泽的分析，像工厂、电影业、娱乐业甚至教育等许多领域都已经是可预测的了。因此，他说："我们已经居住在一个越来越可预测的世界。"（瑞泽 2000：103）

麦当劳的可预测性是显而易见的。先从它巨大的金色拱门说起，走遍世界各地，这雷同的标志让消费者产生熟悉的感觉，显示了它巨大的影响力和无比的魅力。它"年复一年、餐复一餐的作为麦当劳与数百万消费者之间对于可预测性与稳定性所达成心照不宣的许诺"（瑞泽 2000：86），看到这个标志，无疑你会即刻想到它的内部装饰、它的服务、它的食物，这种预测是简单的、准确的，因为谁都知道在纽约卖的汉堡包与北京的是相同的，今天卖的和明天卖的也是一样的，不可能期待会有惊奇的变化出现。走进店中，内部的设备也是那么整齐划一。"每家麦当劳都具有可预测的成分：一样的柜台，挂在墙上的硕大的菜谱，依稀可见的厨房，不舒适的桌椅，突显的垃圾桶，汽车售货窗，等等。"（瑞泽 2000：196）在这种环境、设施中，人们既没有好奇心，也不会产生陌生感，真有种宾至如归的感觉。在你和服务人员打交道时，他们说的话，做的事，甚至穿的衣服都是千篇一律的。作为一种快餐，麦当劳的食品选择范围实在有限。任何去过几次麦当劳的人都能如数家珍：汉堡包、炸鸡腿、薯条……甚至连他们的包装也是可预测的。相同的包装使消费者产生了信任感。当然食品的原料在进店之前也是可预测的，连原料的品质、大小、形状以及其他因素都有着严格的规定。作为餐饮的最后一步——付账，在这里也是可预测的。有限的品种和恒定的价格可以让任何一个人过目不忘。以后的光临甚至可以把零钱准备好。

世间的事物总是辩证的。麦当劳的设备、原料食品制作、服务等，可预测性程度之高，为它的管理发展带来很大的优越性。但与此同时，在变化多端的中国菜面前,它毕竟吸引不了中国多数食客。饮食的最高目的是达到精神的愉悦,也就是说无论是公务活动、亲朋聚会,还是人际交往,在达到了目的后,每个人所共同获得的是精神的享受。而这个过程是通过饮食中的系列活动,包括吃、喝、谈话、交流完成的。西方快餐显然承担不了这个任务。

尽管麦当劳受到中国餐饮文化的阻碍,但还是顽强地生存了下来。那么它是如何生存和发展的呢?我们先看一下凯勒先生(1999:193)说的:"麦当劳适应了当地的文化与饮食,在亚洲一些国家里同巨无霸一起出售面条,并且允许经营者根据当地的口味改变食谱。这样,在一个层面上看,麦当劳有助于规范和统一全球的饮食文化,在另一层面上,它又给世界各地带来了变异性、多样性和创新性,对创建一个杂交化的后现代的全球大众文化起到了推动作用。"情况确实是这样的。正如陶东风(2002:353)所指出的:"在中国,所谓中国文化的麦当劳化是与麦当劳的中国化同步发生的现象。"中国人并不仅仅把麦当劳作为一种速食快餐吃完就走,他们常常拖家带口或三五成群边吃边聊。麦当劳的快捷慢了下来。在西方,客人平均在10分钟就吃完走人,而在中国,平均要待上30分钟。在西方象征便捷快餐店的麦当劳,在许多中国人的眼里是悠闲消遣的好场所。中国人把吃饭聊天的习惯带了进来,在这里把本来就不强的快餐观念忘记了。

麦当劳显然也熟知中国市场,了解中国人用食的习惯。为了最大限度地争取顾客,他们不但容忍了这样的慢速用餐,同时还经常根据中国国情主动争取"本土化"的策略。因为顾客中多数为孩子,所以,在店内开设"儿童乐园",专门为孩子举办生日聚会,播放生日歌曲,赠送专门设计的玩具、礼品。有的店对儿童能在30秒内背诵出一则关于巨无霸汉堡包的绕口令,赠免费饮料。广东佛山市的一家麦当劳店甚至独具匠心地设在青少年宫里,儿童可以吃、玩结合。在每年三月三的中国传统风筝节日,有的店推出了"放飞麦当劳风筝"活动,凡在店内消费达一定数量的顾客,赠送一个带麦当劳形象的风筝,并且还举办风筝历史和放飞的知识讲座。另外店内还设"情侣间",吸引年轻人,甚至可承办某些庆典仪式。这种带有独特中国文化特征的经营理念和用餐方式使麦当劳中国化。结果是中国的麦当劳既不同于传统的中国饮食文化,也不同于它的西方原型,呈现一种文化混合,或杂交性。麦当劳的中国化成为麦当劳公司的一种自觉的行为,他们努力适应中国文化环境,努力在中国人面前把麦当劳塑造成中国的麦当劳,即地方企业形象。

应该说,中国饮食文化在世界饮食文化中是一朵奇葩。法国、意大利、墨西哥等国的饮食在世界上也是负有盛名的,但是,没有一种饮食文化像中国饮食文化一样把哲学的理念融入其中，把医学与养生融入其中，把世俗中的礼融入其中。与此同时，它的原料选择、制作、加工也不同于其他饮食。这些特点是在特定的历史、地理、社会条件下发展起来的，所以是独特的。这种独特性既构成了中国人的外部形象，也在中国人的物质生活和精神生活中有一种向心的作用。因此，成为中国文化的重要因素。饮食文化对人们的日常生活及中国文化认同起到了向心性作用，所以，它不会轻易受到全球化快餐的侵扰。

在分析中国饮食对西方快餐的阻碍时，我们必须看到它同时也受到西方快餐的影响与冲击。快餐作为一个西方文化的代表，它必然要与中国文化发生碰撞，因为文化是互动的，不是单向的。这可以从三个方面反映出来，其一是中国人饮食经营观念发生了变化。麦当劳的成功很重要的是在于它的知名品牌和强大的企业联合。而中国餐饮业的特点是市场大，增长快，但缺乏统一联盟和制作标准，鲜有持久品牌。目前国内餐饮业正在采用国际化的整合、意合的方式形成联盟，欲组成几艘"航母"，对抗外国资本的冲击。第二个变化是人们饮食观念的变化。中国人从麦当劳中悟出了饮食的科学性。诸如肉、菜、面等原料的合理搭配，以及烘烤时间的控制，等等，这些都是基于人的营养需要出发的。而反思中餐，据餐饮业内称："中餐80%是艺术，20%是科学。"目前在人们追求食物味美的同时，也更重视其营养搭配。各类媒体纷纷刊出有关营养原料的分析和食品的制作。第三个变化是饮食方式。麦当劳餐厅是一人一份食品，既干净卫生，又利于健康，还不造成浪费。这给中国人以启发，又回想起来已经被遗忘了1000多年的历史上的分餐制。中国烹饪协会发布了餐饮业分餐制服务规范，要求尽快执行。

当今的中国，不但是在日常生活领域受到了来自西方的麦当劳化式的侵袭，而且在政治、经济、观念、艺术等领域也受到了西方的侵袭。这种西方强势文化仿佛要将中国文化全部同化。但是从中西饮食文化的案例中我们首先可以看出，中国饮食没有被西化，但也没有彻底地阻碍西方快餐在我国的发展；西方快餐没有同化中餐，却也没被打出中国市场。二者的冲突与融合明晰而典型地映射出全球化与本土化的关系。英国著名学者汤姆林森（Tomlinson）博士在分析这种关系时，将全球化看作是一种非领土化扩张。他认为："非领土化扩张不是一个线性的、单向的进程，而是和全球化本身一样，受到了相同的辩证的'推力和拉力'合力塑造的进程。"（1999：215）结合本文中外饮食文化的案例，我们会深刻体会到这是一种二元共存、双向交流的关系，既包括了外国异质文化引入本土，也包含了本土文化的向外输出。在二者的互动中，你吸收了我的成分，我也吸收了你的成分，但是我的主体则仍然是我，你的主体则仍然是你，并不会因此而你变成我，或我变成你，或实现所谓的一体化。这主要是历史传统和环境的因素所致，是文化强大生命力使然。我们看到中国的饮食文化在吸收了西方快餐文化的一些特点后，仍保存其鲜明的民族特色。因此文化全球化没有、也不可能改变各国本土文化的总体结构，相反，文化全球化会使各国本土文化更趋完美。此外，从案例分析中我们还会发现本土文化的力量和价值。一个文化一旦形成，便会产生强大的内聚性，以及对外来文化的拒异性。它一方面维护着本土文化的独立性，另一方面在与外来文化交流中，使外来文化不仅不会侵蚀自己，反而会变成自己的养分和血肉。这种内聚性和拒异性的结合，产生了对外来文化强大的消化力。

参考文献

[1] Finkelstein J. Rich Food: McDonald's and Modem life[M]//Barry Smart. Resisting McDonaldization. London: SAGE Publications, 1999: 72.

[2] Kellner D. Theorizing/ Resisting McDonaldization: A Multi-perspectivist Approach [M]//Barry Smart. Resisting McDonaldization. London: SAGE Publication ,1999: l86 -193.

[3] Ritzer G. The McDonaldization of Society[M]. Thousand Oaks, California, London, New Delhi: Pine Forge Press,2000.

[4] Tomlinson J. Globalization and Culture[M]. Polity Press, 1999.

[5] 杜杰. 中国菜系[M]. 北京：北京食品出版社，1985.

[6] 雷达. 走近经济全球化[M]. 北京：中国财政经济出版社，2001.

[7] 陶东风. 全球化、文化认同与后殖民批评[M]//王宁. 全球化与文化：西方与中国. 北京：北京大学出版社，2002.

[8] 王仁湘. 饮食与中国文化[M]. 北京：人民出版社，2000.

本文原载于《河北师范大学学报（哲学社会科学版）》2006年第1期。

跨文化交际能力体系的构建

——基于外语教育视角和实证研究方法

张卫东　杨　莉

摘　要　跨文化交际能力研究长期以来圈于西方文化视角和归纳的方法。从中国外语教育视角出发，采用实证研究方法构建跨文化交际能力体系，力图为中国外语教育提供跨文化交际能力培养框架。研究数据分析和讨论证实了该体系的合理性和可行性。
关键词　跨文化交际能力；外语教育；实证研究

1 引言

　　跨文化交际能力是恰当运用语言文化知识与异文化成员进行有效而得体交际实践的能力，是跨文化交际活动中的决定性因素。外语教育是培养跨文化交际能力的主渠道。广大师生意识到语言能力教育已远远不能满足他们的需求，跨文化交际能力是外语教育的最终目的（贾玉新 1997：3）。但是在实际教学中，由于缺乏可行性强及公认度高的能力培养框架，跨文化交际能力培养呈现无章可循、各行其是的状态，影响了外语教育的效果和质量。

　　事实上，跨文化交际能力研究的成果不乏定义、模式和理论，只是这些成果概念复杂，理论外延庞大，内容多向度发展。正如陈国明（2009：241）所指出的："有关跨文化沟通能力研究的文献至今仍然散乱无章，缺乏一个整体性的视野。"究其原因，"不同文化的人们对评估与测试量表本身持有不同的认知与态度，如何发展既可靠又有效的跨文化沟通能力量表对学者是一个很大的挑战"（陈国明 2009：243）。跨文化交际学科诞生于美国，发展于西方，跨文化交际能力模式中多是以西方人的思想行为为基点的要素，具有强烈的欧洲中心主义取向。中国学者赋予了跨文化交际能力研究新的元素，但研究的主体视角还是西方式的。

未来的研究，有必要从非西方的角度来处理跨文化沟通能力这个概念（陈国明 2009：243）。跨文化交际能力研究散乱的另一个原因是实证研究方法缺乏。绝大多数的研究模式建立在概念整合与理论归纳基础之上，主观见解有余，基础实践不足。跨文化交际能力从本质上讲是一种行为层面上的能力，缺少实践的支撑，也就违背了它的基本属性，没有生命力和应用价值。

笔者尝试从中国外语教育视角出发，利用实证的方法通过跨文化交际实践发现并概括有关跨文化交际能力培养的规律和方法，以推动我国外语教育中跨文化交际能力的培养。

2 跨文化交际能力理论研究概述

自跨文化交际研究开始以来，学者们对跨文化交际能力进行了大量探讨。在此，我们重点讨论几位国内外有代表性的学者的研究成果。

2.1 国外研究

Spitzberg & Cupach（1984）提出的跨文化交际能力三要素理论影响较大，三要素分别指动机、知识和技能。动机指与别人交际的愿望；知识指对交际的意识与理解，包含国家层面的各种文化变量以及个体认同；技能指从事交际行为应具备的一些能力，包括留意能力、模糊容忍能力、自我平静能力、移情能力、自我行为调节能力、准确预测与解释对方行为能力。Byram（1997：70-73）构建了一个跨文化交际能力模式。该模式由知识、技能、态度和性情、行为取向构成，语言能力、社会语言能力及语篇能力与这些构成因素结合才能形成跨文化交际能力，且它们之间是互动的关系。Kim（2001：98）运用社会心理学、应用语言学和社会学的研究方法，把影响跨文化交际能力的各种因素总结成一个由认知因素、情感因素和行为因素组成的新模式。认知因素主要包括头脑的开放性、对事物复杂性和多样性的认识以及视野和角度变通能力；情感因素主要包括移情能力、对不确定性的容忍度以及能够克服偏见与民族中心主义等；行为因素包括处理交际问题的能力、建立和维持相互关系的能力以及完成交际任务的能力。陈国明（2006：224-241）提出了一个跨文化交际能力的"最新最完整的模式，包含3个相互依存的层面：①认知层面，指跨文化理解；②情感层面，指文化敏觉力；③行为层面，指跨文化效力"。Lustig & Koester（2007：65-71）认为跨文化能力由3个方面组成：语境，得体性与有效性，以及知识、动机与行为。

2.2 国内研究

贾玉新（1997：480-502）认为跨文化交际能力包括基本交际能力系统、情感与关系能力系统、情节能力系统和交际方略系统。基本交际能力系统包括交际个体为达到有效交际所应具备的言语和非言语行为能力、文化能力、相互交往能力以及认知能力；情感和关系能力系统包括移情能力和交际者在交际中使用正确的交际策略能力；情节能力系统包括遵循意义和行为之逻辑的一般情节能力以及超越和改变自己习惯遵循的规则的超级能力；交际方略系统包括在交际过程中因语言或语用能力有缺陷而达不到交际目的或造成交际失误时所采用的一系列补救方略。高一虹（2002）提出了"跨越"与"超越"的跨文化交际能力理念。文化的"跨越"是指目的文化知识和交际技能的获得；文化的"超越"是指意识到文化的差异或定型的存在，能够以开放、灵活、有效的方式进行跨文化交流，在跨文化交际中"生产性"地建构自我认同。杨盈、庄恩平（2007）认为跨文化交际能力由全球意识系统、文化调适能力系统、知识能力系统和交际实践能力系统共同组成。全球意识是跨文化意识和跨文化思维的综合体；文化调适能力是一种在跨文化环境中根据文化特征调节自身行为的能力；知识能力在跨文化交际能力框架下主要指对小写文化（Little Culture）的掌握；交际实践能力涵盖语言交际能力、非语言交际能力和交际策略。

2.3 研究方法

在为数不多的实证研究者中，陈国明（2009：223）的研究具有较大参考价值。他的跨文化交际能力模式建立在调查测试基础之上。他从在美国学习的国际学生中随机选出149人参加跨文化交际能力问卷测试。研究提出了个人属性、沟通技巧、心理调适和文化理解4个方面呈显著正相关的假设，并通过对参与者的年龄、国籍、语言等自然状况和测试数据的分析与讨论，大致上验证了假设。

整体来看，跨文化交际能力的主体因素集中分布在3个层面：情感、认知和行为，涉及动机、知识和技能3个范畴。研究方法以归纳为主，缺少实证，很多研究还是在理论概念上做文章，描述性的东西过多，形式大于内容。有鉴于此，我们拟从外语教育视角出发提出跨文化能力体系的预设，用实证研究方法进行调查和访谈，经过数据分析和讨论构建符合中国人需求的跨文化交际能力体系，为外语教育中跨文化交际能力的培养确定具体框架和目标。

3 研究设计

3.1 研究预设

本研究的跨文化交际能力体系（见图1）分为3个维度：文化意识、文化知识和交际实践，共包含13个因素。文化意识是一种心理素质和情感素质的结合体，是进行跨文化交际的思想准备。在这个维度上，要认识到文化无优劣好坏之分，只有形式与内容之别，在情感上要认同这些差异；要以开放的心态理解和对待异文化，愿意寻求和抓住机会平等地与异文化成员交流并发展和保持良好关系；要尊重对方的文化身份，能设身处地地为对方考虑，按当地的习俗、礼仪互动。文化知识是跨文化交际的必要内容，是交际双方在国家层面上对社会文化体系的总体认知能力。在该维度上，要理解和掌握中国文化知识和对方国家的文化知识；要了解本国与对方国家文化的主要差别以及本国与对方国家的当前关系；能客观公正地描述、质疑本文化和异文化，具备文化洞察力。交际实践是跨文化交际的行为外显，是交际的实际工具和手段。具体在语言运用能力上，既能运用外语交流，又能正确使用符合特定文化规约的社交语言；在非语言交际能力上，能基于对方的文化特点恰当运用手势、身势、面部表情、触摸、时空观念等因素增加交际效果；能适当运用交际策略，包括使用近义词、举例等转述策略和语码转换、语言迁移等补偿策略；能适当运用交际技能，包括解释技能、协调技能、发现技能、互动技能。这3个维度分别对应了《高等学校英语专业英语教学大纲》理解文化差异、认识文化差异和处理文化差异的跨文化交际能力要求。

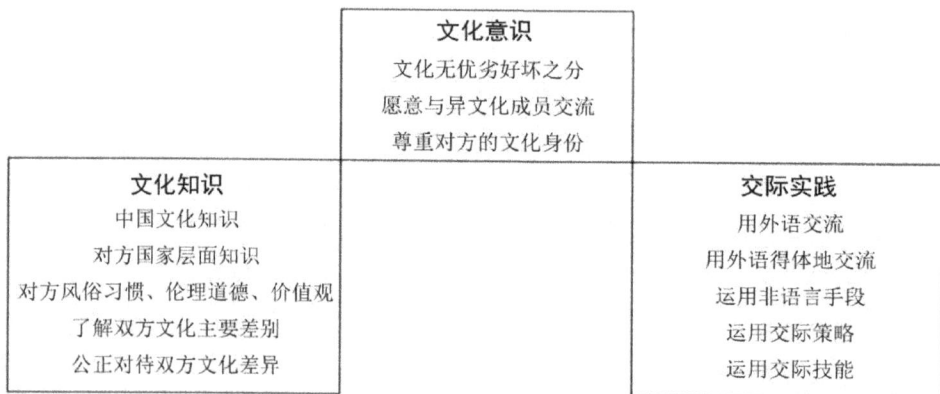

图1 跨文化交际能力体系

3.2 研究问题

本研究主要解决以下3个问题：

（1）跨文化交际能力预设体系的构成是否合理？

（2）体系是否涵盖了实践需要的主要能力因素？

（3）体系的构建是否必要？是否可行？

3.3 问卷设计

借鉴Spitzberg & Cupach（1984）、Byram（1997）的理论，我们以中国人的交际特点和外语教育的可操作性为出发点设计研究问卷整体框架，把抽象层次的概念转换成经验层次的变量并作为主要分析对象。问卷涉及受试自然信息和13项因素的调查。每个因素的调查设有两项选择：一是该因素在跨文化交际中的重要性；二是该因素在跨文化交际中的实施难度。两项选择均采用李克特5级量表形式。为了获取真实信息，问卷中的问题尽量做到语言平实、内容明晰、便于回答。在每项因素后面设有"补充意见"栏，以调查发现新的思想与见解。问卷生成后，我们进行了小范围预测与访谈，然后对问卷做了修改，再正式发放。

3.4 调查对象

调查对象为具有较丰富跨文化交际实践经历的中国人，一共分为3组：高校教师组、外事工作者组和外贸、外企人员组。调查考虑了所有受试组对调查结果有直接影响的因素，如性别、年龄，跨文化背景等。受试年龄28到60岁不等，以30到50岁为主；跨文化背景包括了美国、英国、法国、澳大利亚、南非、日本等30多个国家和地区，有些受试者常年往返国内外。高校教师组考虑了教师文、理、工等各学科背景和不同的高校背景，外事工作者组考虑了高校和市、省外事机关背景，外贸、外企人员组考虑了国企、外企和私企的背景。调查对象分布京、津、沪、冀。问卷共发放100份，回收有效问卷90份。

3.5 数据分析方法

将图1中的13个因素按文化意识、文化知识和交际实践顺序依次编码为Q1-Q13。在整理了问卷的原始数据后，运用社会科学统计软件SPSS13.0对数据进行了分析。该分析分4步进行：①用探索性因子分析方法检验问卷量表的结构效度；②用Cronbach's Alpha系数检验问卷量表全部项目的内在一致性及各子因素项下几个项目的内在一致性；③用描述统计列出各项变量的平均值和标准差；④用方差分析方法分析组间差异。

4 分析与讨论

4.1 从问卷结构效度和信度看该体系逻辑关系的合理性

为检验问卷量表的项目设置是否符合设计时的理论构想，本研究对量表进行了结构效度检验。

表1显示，KMO测度值为0.702，大于0.7，表明数据之间有共同因素。Bartlett球体检验值283.185，显著水平为0.000，表明变量之间有显著相关性，即有共同因子存在，肯定了因子分析的适用性。两个统计量均表明，本研究的数据适合用因子分析。

表1 KMO测度和Bartlett球体检验表

Kaiser-Meyer-Olkin检验统计值		0.702
Barlett球体检验	统计值	283.185
	自由度	78
	相伴概率	0.000

表2显示了特征值大于1的3个成分，它们的特征值分别为2.754、2.271和2.107。此表提示这3个成分可用于因子分析，它们共同解释60.436%的量表方差，也较好地解释了整个量表的方差。

表2 各因子的特征值、解释方差和累计方差统计表

因子	特征值	方差	累计方差
Factor 1	2.754	23.111	23.111
Factor 2	2.271	19.471	42.582
Factor 3	2.107	17.854	60.436

从旋转后的成分矩阵表中可以判别Q5、Q6、Q4、Q8、Q7可归入因子1，因子1所包含的变量对应文化知识层面的因素。Q9、Q10、Q13、Q12、Q11可归入因子2，因子2所包含的变量对应交际实践层面的因素。Q2、Q3、Q1可归入因子3，因子3所包含的变量对应文化意识层面的因素。具体如表3所示。

表3 问卷项目及负荷量表

因子	文化知识					交际实践					文化意识		
问卷项目	Q5	Q6	Q4	Q8	Q7	Q9	Q10	Q13	Q12	Q11	Q2	Q3	Q1
负荷	0.807	0.729	0.691	0.585	0.523	0.755	0.7.8	0.729	0.689	0.633	0.707	0.694	0.620
共同性	0.702	0.603	0.591	0.528	0.493	0.700	0.693	0.452	0.732	0.744	0.504	0.712	0.403

为了检验问卷所包含的

各个项目的一致性，我们对问卷量表进行了信度检验。该检验包括两个方面：其一是量表每个层面因素间的内在一致性；其二是整个量表的内在一致性。结果如表4所示。

表4 信度分析汇总表

维度	Cronbach's Alpha
文化意识	0.675
文化知识	0.745
交际实践	0.632
量表整体	0.739

从表4可知，文化意识维度上3个项目的信度系数为0.675，文化知识维度上的5个项目的信度系数为0.745，交际实践维度上5个项目的信度系数为0.632，这说明3个维度的内在一致性均较好。另外，量表总的信度系数为0.739，表明跨文化交际能力问卷量表有较好的信度，没有发现严重影响量表内在一致性的项目，即量表的所有项目具有一致性。3个维度如同三角形的边，共同构成一个立体的体系。

以上数据分析表明，跨文化交际能力体系所包含的文化意识、文化知识和交际实践3个维度与我们从数据中提取的3个因子结构相吻合，3个因子所包含的变量与预设体系中3个维度所包含的因素也相吻合。因此，在研究预设阶段提出的跨文化交际能力体系的逻辑关系是合理的。

4.2 从能力因素重要性和实施难度数据看该体系的必要性与可行性

4.2.1 重要性数据分析

跨文化交际能力体系中每个因素的重要性数据反映出其在体系中的地位。如果某一因素重要性数据低于自然均值，就要考虑它存在的必要性。表5重要性统计数据表有3个比较突出的特点：①平均值较高。平均值分布在3.6到4.39之间，总体平均值达到4.1，远远超过自然均值。这种平均值较高的现象说明受试者普遍认为各个因素都很重要，证明这些因素在跨文化交际活动中是必要的。②差别不大。重要性在3.6到3.94之间的因素有5项，4.17到4.39之间的有8项，从中可以看出数值差异度不是很大。这反映了受试对各项因素的重要程度看法接近，也说明了这些因素普遍重要。③在3个维度的能力因素中，每一维度都有一个明显高位的数值，而且3个数值基本都处于13个数值的最高位。这种一致性表明3个维度的划分同样重要，不能偏颇。Q2代表的"具有与异文化成员交流的意愿"的数值为4.33。意愿就是动机，是激励人们行动的主观原因。没有意愿交际就无法成立，这是交际的首要前提。Q6代表的"了解对方国家风俗习惯、伦理道德、价值观念等方面的知识"的数值为4.39。这个因素的内容是跨文化领域俗称的小文化，它是直接影响跨文化交际的知识，而且是跨文化交际的基本知识。Q9代表的"能用外语交流"的数值为4.39。这表明跨文化交流常常是跨语言交流，没有外语便无法开展交际。外语技能是跨文化交际的必备本领。

表5 跨文化交际能力要素重要性统计表

项目	Q1	Q2	Q3	Q4	Q5	Q6	Q7	Q8	Q9	Q10	Q11	Q12	Q13
个数	90	90	90	90	90	90	90	90	90	90	90	90	90
最小值	1	1	2	1	2	2	1	1	1	1	1	1	1
最大值	5	5	5	5	5	5	5	5	5	5	5	5	5
平均值	3.72	4.33	4.17	4.26	4.19	4.39	4.23	3.76	4.39	4.38	3.60	3.93	3.94
标准差	1.171	0.848	0.890	0.966	0.860	0.745	0.808	1.125	0.870	0.869	1.149	1.003	1.021

4.2.2 实施难度数据分析

如果项目难度系数过低，说明能力因素的定位过低，不能称其为真正的能力；难度系数过高，则说明能力因素定位过高而无法实施，意味着人们无法达到这个能力。合理的难度系数应该控制在中偏上，有难度但通过努力可以达到，在实践中便具有可行性。由表6可知，本次问卷的难度系数均值为3.48，总体上属于中偏上的理想状态。这说明该能力体系在行为维度上是可行的。

表6 跨文化交际能力要素实施难度统计表

项目	Q1	Q2	Q3	Q4	Q5	Q6	Q7	Q8	Q9	Q10	Q11	Q12	Q13
个数	90	90	90	90	90	90	90	90	90	90	90	90	90
最小值	1	1	1	1	1	1	1	2	1	1	1	1	1
最大值	5	5	5	5	5	5	5	5	5	5	5	5	5
平均值	3.13	2.61	3.08	3.44	3.81	3.61	3.41	4.03	3.38	4.13	3.07	3.41	4.09
标准差	1.256	1.148	1.083	1.103	1.016	1.024	0.982	0.880	1.157	0.985	1.270	1.235	1.098

根据表6显示的平均值，有两个值应该引起重视：一个是处于数据最低端的Q2，即"具有与异文化成员交流的意愿"，数值仅为2.61。我们在访谈中得知，受试认为该因素实施难度低的原因在于它并不需要人为的努力，客观上不存在障碍。只要主观上想交际，这个能力便呈现出来。事实上这种能力也有一个度的问题，每个人的意愿因个人性格、情感等因素不同而表现出不同的强弱程度，不同类型的交际也影响人们的交际意愿，比如表达或维持友情的礼仪型交往与商务活动中的任务型交往在意愿程度上显然不能同日而语。另一个是Q10，即"用外语得体地交流"，数值为4.13，高居数值榜首。得体的交流主要指在谙熟外国社会文化规约的基础上能够恰当、准确地使用语言，这是外语交流的最高境界。陈国明（2009：220）把它概括为3项能力：①依照不同情境所具有的规范，做出适当的行为，进行适当的对话；②避免不适当的回应；③适当完成诸如控制、感情分享、信息传递与想象性的沟通等功能。这是难度较高的外语实践，需要长时间的学习和训练，外语教育的过程也就是培养和训练学生用外语得体交流的过程。

4.2.3 3个维度对比分析

表7显示，文化意识维度的重要性平均值位列第二，实施难度平均值位列第三。显然，作为一种抽象的意识，文化意识不易外显为具体行为或量化为行为指标，数据排序靠后是正常的。但补充意见和访谈数据显示，受试对"具有文化无优劣好坏之分的意识"因素关注度最高，这一因素得到的反馈最多。多数受试认为，"这种意识是有的，但运用于行为或话语时，往往会对本国文化有倾向性"；"尽管大部分人认为自己能够公正地对待不同于自己的文化，但在实践中因为不适应，便可能产生偏见，不能把自己的文化与异文化放在等同位置上"。有受试者甚至觉得一些外国文化奇异、不可理解。由此看来，具有文化无优劣好坏之分的意识听起来容易，做起来难，尤其是民族中心主义最难克服。由于它不同程度地存在于每个人

身上，致使文化平等意识不可能尽善尽美、纯洁无瑕。当人们在异文化中产生了类似于在自己文化中的愉快和舒适感时，这种意识便达到理想状态了。文化意识是一种心理素质和情感素质的结合体，它需要客观环境的熏陶，更需要主观努力以达到素质的提升。它同知识的学习与积累、技能的训练是相辅相成的。

表7 三个维度平均值对比表

	重要性平均值	排序	实施难度平均值	排序
文化意识	4.07	2	2.94	3
文化知识	4.16	1	3.66	1
实际实践	4.05	3	3.62	2
总平均值	4.10		3.48	

文化知识维度的重要性与实施难度平均值分别为4.16和3.66，均列首位，充分体现了文化知识在跨文化交际中的重要地位和实施难度。文化知识主要是国家层面上的文化知识，大致分为本国和对方国两类。缺少这些知识的跨文化交际就是一杯白开水，索然无味。正像一位受试者在访谈中所说的："你在交流中如果谈不出自己国家的文化知识，对方就没兴趣和你交流。如果缺少对方国的文化知识，你也就很难理解对方的意思。"当然，获得这些知识不是一朝一夕的事情，需要长时间的积累，涉及系统的课堂学习和多渠道的实践，包括有些受试在访谈中指出的"国外生活经历"。

交际实践维度的重要性与实施难度平均值虽然不是很高，但一些个体因素的数值却鹤立鸡群。例如"能用外语交流"和"能用外语得体地交流"两项因素的重要性平均值为4.39和4.38，分列第一和第二。外语作为工具是跨文化交流的必备前提，上述前一个因素侧重于语言的角度，后一个因素侧重于语用的角度，成功的交际中二者缺一不可。再如"能用外语得体地交流"和"能运用一些交际技能"两项因素实施难度平均值为4.13和4.09，分列第一和第二。交际技能包括话语轮回、主题转变等，往往用于深层的交往活动与复杂的交往内容，实施难度较高。技能的获得既需要教育与培训，也依赖个人性格、社交习惯、反应力和表达力的提升。

从以上数据和受试者的访谈与补充意见可以看出，跨文化交际能力体系中的能力因素是从事跨文化交际的必备能力，同时这些能力是可以通过一定的努力获得的。因此，这一体系在实践中也是可行的。

4.3 从组间差异度数据看该体系的概括性

因为研究中各组成员跨文化交际活动的内容有别，他们对能力的要求侧重点也不尽相同，所以组间数据存在一些差异属于正常现象。但是如果差异度过大，则说明没有能力的共核成分，跨文化交际能力体系便缺乏凝聚力和概括性，跨文化交际能力的教育与培训也就无从下手。

研究的差异度数据显示，按学历分类和按跨文化经历分类的组间差异度数据在统计学上没有显著差异，可以忽略。按职业分类的组间差异度数据具有显著差异，且均体现在交际实践方面（详见表8）。对部分受试者的访谈进一步证实了这种差异。

表8 组间主要差异度表

差异点	教师	外贸、外企人员	外事人员	F	Sig.
"能用外语得体地交流"重要性	平均值=4.13	平均值=4.70		3.567	0.032
"能运用一些交际技能"重要性		平均值=4.03	平均值=3.53	4.346	0.016
"能用外语交流"实施难度	平均值=3.03	平均值=3.93		5.864	0.004

（1）"能用外语得体地交流"重要性数值显示，教师平均值为4.13，外贸、外企人员平均值为4.7，前者数值低于后者。这出乎我们的意料。通过访谈得知，在跨文化交际经历与实践中，教师群体多为访问学者，通常在实验室中从事教学与科研工作，交流的内容强调准确而并非得体。外贸、外企人员交际的实践性和任务性很强，交流的内容既要准确又要得体，否则失之毫厘，差之千里，使经济利益遭受损失。

（2）"能运用一些交际技能"重要性数值显示，外贸、外企人员平均值为4.03，外事人员平均值为3.53。在访谈中发现，外贸、外企人员的交流往往就是实实在在的生意谈判，许多细节和结果与双方利益攸关。谈判中存在许多潜在的不确定因素，随时会出现僵持、矛盾甚至冲突，这需要外贸、外企人员具有较强的交际技能，使交际朝着共赢的方向前进。相比之下，外事人员多是以接待、访问、开会、洽谈等交流形式从事友好往来活动。他们的交际具有较强的程序性，变化性和不确定性因素相对较少，出现矛盾或冲突的概率不是很大，因此对于化解矛盾和冲突的跨文化技能要求有限。

（3）"能用外语交流"实施难度数值显示，教师平均值为3.03，外贸、外企人员平均值为3.93。两者数据差距较大的主要原因在于教师均为高校教师，其中一部分是外语教师。非外语教师也都受过高等教育,出国前且都受过系统的外语培训,对他们而言用外语交流不是件很难的事情。而外贸、外企人员并非都是外语专业出身,有相当一部分人的专业是贸易或经济。他们需要掌握外语的基本知识、专业术语以及得体的外语交际表达方法,这些要求使他们感到用外语交流有一定难度。

在问卷"补充意见"栏获得的意见主要针对文化意识维度,如"辨识文化差异意识""主动交流的意愿""寻求更多的交流机会""站在对方角度理解和看待问题""对本文化的自信和自尊"等。这些意见体现了受试者对文化意识的关注以及文化意识维度在跨文化交际能力体系中的重要地位。经梳理和分析,这些意见基本可以归入平等意识、交流意愿和良好关系3个因素之中,属于对这些因素的意义延伸。

总体而言,组间差异度表明各受试小组的跨文化交际能力差异不是很大,共核成分远远大于特殊成分,说明跨文化交际能力体系具有一定的概括性和抽象性,同时也反映了该能力体系的因素具有较广泛的实用性,并不局限于某种特定人群。这种概括性和广泛性又从逻辑上论证了该体系的合理性。此外,跨文化交际能力体系的另外一个重要意义是为外语教育中跨文化交际能力的培养确立了基本框架,使之有章可循、有据可依。

5 结语

本研究探讨的跨文化交际能力体系是由互相联系、互相制约的3个维度、13个要素构成的一个整体,是指导跨文化交际活动的一个理论建构。实证研究的数据和分析确认了这个体系的预设,解释并印证了该体系在跨文化交际实践中的合理性、必要性和可行性。它基本具备了精确性、一致性、广泛性和有效性的科学特征。但是,跨文化交际活动复杂多变、充满诸多变量和不确定性因素,该体系难免有不足之处。此外,由于本研究的方法和构建的体系较为鲜见,所以还有待于在以后的实践中进一步发展和完善。

注释

13项因素分别为:(1)具有文化无优劣好坏之分的意识;(2)具有与异文化成员交流的意愿;(3)尊重对方的文化身份;(4)深刻理解和掌握本国文化;(5)了

解对方国家政治、经济、宗教、文学、艺术等方面的知识；（6）了解对方国家风俗习惯、伦理道德、价值观念等方面的知识；（7）了解本国与对方国家文化的主要差别，（8）客观公正地描述、质疑本文化和异文化；（9）能用外语交流；（10）能用外语得体地交流；（11）能运用手势、身势等非语言手段交流；（12）能运用一些交际策略，如用近义词解释、用另一种语言补充说明等；（13）能运用一些交际技能，如适时改变话题、用幽默化解冲突、掌控话语量等。

参考文献

[1] Byram M. Teaching and Assessing Intercultural Communicative Competence[M]. Clevedon: Multilingual Matters, 1997.

[2] Kim Y Y. Becoming Intercultural: An Integrative Theory of Communication and Cross-cultural Adaptation[M]. Thousand Oaks, California: Sage Publication，Inc, 2001.

[3] Lustig M, Koester J. Intercultural Competence: Interpersonal Communication Across Cultures (5th Ed.) [M]. Shanghai: Shanghai Foreign Language Education Press, 2007.

[4] Spitzberg B, Cupach W. Interpersonal Communication Competence [M]. Beverly Hills, CA: Sage, 1984.

[5] 陈国明. 跨文化交际学[M]. 上海：华东师范大学出版社，2009.

[6] 高一虹. 跨文化交际能力的培养："跨越"与"超越"[J]. 外语与外语教学，2002（10）：27-31.

[7] 贾玉新. 跨文化交际学[M]. 上海：上海外语教育出版社，1997.

[8] 杨盈，庄恩平. 构建外语教学跨文化交际能力框架[J]. 外语界，2007（4）：13-21, 43.

本文原载于《外语界》2012年第2期。

跨文化适应能力理论之构建

张卫东　吴　琪

摘　要　在全球化语境下，跨文化适应活动日趋频繁，跨文化适应能力决定着跨文化适应活动的质量及成败，成为当代社会人们所应具备的重要能力之一。以Ward的跨文化适应两维度理论和Black的跨文化适应多元结构模型为路径，构建由跨文化适应意识、跨文化适应知识和跨文化适应行为三个维度构成的跨文化适应能力理论，并分别探讨了每个维度的可行性，阐明该理论所具有的路径明确、要素可行、内容简明等特点。

关键词　跨文化适应能力；意识；知识；行为

跨文化适应能力是在跨文化适应过程中为达到适应的结果而应具备的一系列能力因素的组合。对该问题的研讨，国内外已有一定成果。但从初步的研究和跨文化适应活动分析，目前国内外研究成果还存在一定问题，比如缺少具体、清晰的内涵和理论，可操作性和可借鉴性差，且研究面仅限于管理学视角，等等。有鉴于此，本文拟从跨文化交际学的视角，基于前人成果，构建一种跨文化适应能力理论，以丰富跨文化适应能力的内涵，深化和拓宽跨文化适应研究。

由于目前研究跨文化适应活动常用的是Ward（2001）与Black（1991）的理论，所以本研究中的跨文化适应能力理论拟以这两个理论为路径构建三个维度，即跨文化适应意识、跨文化适应知识和跨文化适应行为。这三者既存在一定的逻辑顺序，又互为前提，构成一个有机体。其中，跨文化适应意识为适应的基础，跨文化适应知识是适应的保障，跨文化适应行为是适应的结果，三者缺一不可。

1 跨文化适应意识

所谓跨文化适应意识，是指跨文化适应活动在适应者大脑中的反映，是适应者对跨文化适应过程的认识。这种意识是从适应者内心自觉、主动地表现出的为适应新文化而应具备的认知理念、愿望、人格特征等。Ward（2001）的心理适应维度理论强调对新的文化环境与生活满意，在与新文化接触中心理健康。而要做到这些，首先要对新文化有一个正确的认识，能够对两种文化的差异持理解、宽容的态度。在此基础上，应具有融入新文化的主动意识，表现出积极适应的愿望。所谓心理健康，也就是要具备健全人格、积极向上和乐观自信的精神状态。这样，有4个因素可以选定：①对文化差异的认知；②对适应国文化的宽容度和灵活性；③融入适应国文化的愿望；④健全的人格和自信乐观的精神状态。

跨文化适应意识的前提是跨文化意识，具体表现为对文化差异的认知。当认知度达到一定高度时，才有可能表现出对新文化适应的愿望以及自身积极的人格特征。跨文化意识的核心内容是适应者对文化差异敏感的认识。按照Hanvey（1979：46-56）的观点，跨文化意识包含4个层次的目标：第一层次是对那些被认为是怪异的表面文化现象的认知；第二层次是对那些与母语文化相反而又被认为是不可思议、缺乏理念的显著的文化特征的认知；第三层次是通过理性分析从而取得对文化特征的认知；第四层次是从异文化持有者的角度感知异文化。以上4个层次的内容先易后难，最后一个层次是跨文化意识的最高境界。对文化差异的认知是一种潜质，有助于在繁复的文化现象中识别差异，找到自我适应点。而认识差异、理解差异和应对差异则是一个认知不断深化的过程。

在情感上一旦认可文化差异后，便会产生一种包容差异的心态，也就会开始具备"移情"能力。此"移情"乃是指站在对方的文化背景上思考问题，体味对方文化境遇，进而在情感上引起共鸣。容忍异文化中的差异和模糊性，可以避免或降低文化冲突。

"移情"和"文化融入"是相辅相成的两个要素。此"文化融入"乃是指在充分认识文化差异的基础上而表现出融入新文化的愿望和心理期待。这种愿望涉及出国的动机，如果是主动出国的，就会积极地融入适应国的文化中，适应会较快一些。这种愿望也与对适应国的态度有关，如果持一种积极的态度，就会愿意去学习和掌握适应国的语言与文化。愿望是一种动力，驱使适应者进入适应状态，从事适应活动。

心理健康与跨文化适应密切相关，其中最重要的变量是人格特征。人格决定人的心理程序和行为的基本倾向。Rosesch等（2006：85-96）在研究文化适应与五大人格之间的关系后发现，外向型、责任型、开放型和宜人型人格具有较好的适应能力，而神经质型人格具有情绪化倾向，对适应往往采取回避的态度。其中，具有外向型人格者愿意与异文化成员交往,对新事物有好奇心,并具有自信乐观的精神状态。具有责任型人格者善于思考、发现新文化的规律性特征,调节思维模式,使跨文化适应清晰、有条理。具有开放型人格者乐于尝试新事物,对不同群体及其文化规则、价值观持开放的态度,不带偏见。具有宜人型人格者关注人际关系,具有友好、热情、灵活、礼貌特征,可避免冲突。这4种人格是适应者自身的一种接受新信息的内在倾向和良好素质,可使其在交际中常伴随乐观自信的精神状态。对人格和心理健康的关注,可在很大程度上提高文化适应研究的客观性、应用性和包容性。

跨文化适应意识维度是跨文化适应的基础和原始起点,其所包含的这些能力对于适应者而言都是可行的,究其原因在于人类具有一些共同特点。

其一,适应是人类自觉的选择。首先,"适应是人类的一个基本的生活目标,是人们面对来自环境挑战时所作出的很自然的以及连续的反映"(Kim 1995:248)。在适应中,人类在不断进步,完善自我。其次,"人是一个开放的系统,具有与生俱来的适应和成长的内驱力"(杨军红 2009:158)。这种自然的适应内驱力伴随着个体的成长和人类社会的发展。

其二,人天生对新事物怀有一种好奇心或猎奇心,内心有一种了解更多新事物的愿望。其作为一种特定内在潜质,一旦在不同文化相遇时便会被激活、被调动起来,促使人在好奇、猎奇的直觉和创新意识中追求一种功效感。文化差异具有特异性,足以引起人们的强烈关注。成功地与异文化成员交往,理解或融入一种新文化,对每个人来讲都会有一种成就感,它是知识和能力的外在表现。

其三,人的社会性不能不依靠交际来实现。交际是适应手段,而适应主要依靠交际来实现。从类属性而言,人是交际动物,群体交际可以满足人类从生存到精神各个层次的需求。通过交际,人可以真正接触和了解新文化,并融入新文化。

2 跨文化适应知识

所谓跨文化适应知识,是指为适应东道国文化而必须具备的语言文化知识和交际技能。在异文化中的适应是通过交往实现的,交往本身就是文化知识的交流。适应者与东道国成员的交往,实际上也是文化与文化之间的对话。所以,适应者必须在出国前具备必要的文化知识。世界上任何一个国家的语言文化知识都是浩瀚的,每个人即使穷其一生精力也未必能完全掌握这些知识。这样,适应者究竟应掌握哪些知识以及掌握多少知识,就成为一个大问题。在确定知识维度中的因素时,本文采用张占一"知识文化"和"交际文化"的概念。此概念以参与交际者所涉及的文化因素在交往过程中的作用和功能来划分文化属性，从而识别文化，确立文化内容。其意义在于，首先明确哪些文化因素直接影响交际，在出国前的培训和出国后的适应中应重点掌握哪些文化内容。张占一（1990）认为："所谓知识文化，指的是两种不同文化背景培养出来的人进行交际时，对某词、某句的理解和使用不产生直接影响的文化背景知识。"此外，赵贤州（1989）指出："所谓知识文化，主要指非语言标志的，对两种不同文化背景的人进行交际时不直接产生严重影响的文化知识。"其主要内容涉及适应国的政治、经济、教育、历史、地理、宗教、文学、艺术、外交、媒体等文化现象。由于适应者与东道国成员的交往是文化间的交往，所以，适应者必须同时具备本国和适应国的知识文化，二者构成了本维度中的两个基本因素。"所谓交际文化，指的是那种两个文化背景不同的人进行交际时，直接影响信息准确传递的语言和非语言的文化因素。"（张占一 1990）无论是语言交际还是非语言交际，都要伴随一定的交际技能。至此，该维度中的4个因素已被选定：①丰富的中国文化知识；②适应国的基本文化知识；③较强的适应国语言和非语言能力；④灵活的沟通技巧与策略。

作为走出国门的中国人，有着鲜明的国家和民族文化身份特征。因此，无论是为了交往性适应，还是平等对话，首先都应对中国文化有一定深入的了解。只有具备了较丰富的本国文化知识，才能与适应国的成员进行有内容的深度交流，才能达到双方的了解、默契，成为朋友，也才能实现真正意义上的适应。所谓丰富的文化知识，就是不局限于掌握物质层面的文化，如饮食、旅游、建筑等，更要掌握精神文化，如儒、释、道学术思想文化。

对于适应国的文化，所应掌握的内容显然不能与本国文化同日而语，能够满足文化适应的基本需要就可以了。虽然还没有人做过类似的量化研究，但由于具有明确的目的性，所以在学习和掌握这些知识时，可以有选择地进行。在外语教学领域被称为大文化的内容可供参考，一些文化知识课程，如《英美概况》《西方文化入门》等就属于这一知识范畴。这种文化知识积累多了，有利于了解和认识一个国家、民族及其文化。

语言属于适应的工具，是交际文化的具体体现，是隐含在语言系统中的反映一个民族的价值观念、是非标准、社会习俗、心理状态、思维方式等的文化因素。对此，赵贤州（1989）所列出的12个方面都是直接影响交际的语言文化因素。这些因素对应了外语教学中的小文化概念。这样，在开展外语培训时，应有侧重地把这12项作为学习重点，而不是一味泛泛地增加词汇量。毋庸置疑，进入异文化环境后，首先会在使用语言和非语言手段进行交流时遇到障碍，提高语言能力是在国外居留期间自始至终的事情，应争取做到切实理解当地人的真实情感表达，把握语言中的隐含和象征意义，甚至能够听懂笑话和幽默。但是，"非语言符号与语言符号相比，往往是跨文化适应的更大障碍，因为非语言符号作为个体行为的感知系统，是个体在该文化的社会化过程中所早已适应并习惯了的"（任裕海 2003），因此非语言能力的获得需要多观察、询问和模仿。

沟通技巧与策略，从大处看，是一种社交能力，具体而言则是一种语言艺术，如运用逻辑敏思善辩，学会择言巧妙应对，把握时机表达到位等。在跨文化适应中，尤其要以异文化的规则为前提，运用和发挥沟通技巧与策略。这种技能需要在理论和实践两个层面上掌握。出国前的培训只是初步基础，在异文化环境中的真实交往才是提高的最好手段。

掌握以上语言文化知识是可行的，原因在于：

（1）大脑的开放性。人的大脑生来就是一个开放的系统，面对无穷无尽的知识从来没有停止过学习和吸收。人在一生中始终在学习新知识、新观念，大脑对知识的储备也是无穷无尽的。

（2）文化的习得性。文化并非先天所有，而是后天习得的。人的生活环境是文化习得的主要原因。人们每时每刻都在自觉或不自觉地获得知识，并储存在大脑中。教育是通过符号传授文化知识的主渠道。Varner和Beamer（2006：5）指出："谁也不必一辈子都只局限在一种文化之中。如果你想了解其他文化，你就可以去学习。许多人已经学习过不止一种文化并且能够出入其间，游刃有余，他们会依据环境的改变轻而易举地从一种文化过渡到另一种文化。"

3 跨文化适应行为

所谓跨文化适应行为，是指跨文化适应意识和跨文化适应知识的外在体现，是实现跨文化适应的具体措施。跨文化适应行为是多方面的，在本维度中，采用Black的一般适应、工作适应和与东道国国民交往适应三个结构界定其具体因素。其中，一般适应可以理解为生活适应，这是最基本、最现实的适应。面对新的环境，首先是生存的问题，包括着手解决和处理衣、食、住、行等具体生活问题，而且这些事情必须由自己独立解决，亲力亲为。工作适应行为要求居留者能够处理工作中所遇到的困难和问题，积极投入到出国外派任务中，这是跨文化适应的目的。与东道国国民的交往适应行为要求必须主动与当地人交往，只有通过交往才能达到适应。在与东道国国民交往中，切记首要是入乡随俗，学会按照当地人的习惯做事情、考虑问题、安排工作计划，否则就不会有真正的适应可言。至此，在三个社会适应结构层面选定了4个因素：①独立处理日常生活问题；②积极地投入到外派任务中；③主动与当地人交往；④入乡随俗。

适应者来到新的国度，面对陌生的社会环境，一切都要从头开始，从解决生存问题开始，要适应当地的气候、地理等客观环境，学会怎样租房、乘车、购物、通讯、看病等。把这些问题解决了，也就为下一步的适应提供了物质基础和生活保障。

适应的目的是完成出国外派任务，所以工作适应具有明确的目的性。一定要与所在单位作积极沟通，与行政部门经常联系，合理地安排好工作条件、工作内容和工作计划；一定要学会使用该单位的资源，如图书馆、办公设施等；一定要主动参加单位的一些与外派任务有关的活动，如课程、讲座、会议、实验室工作等。

与东道国居民交往要主动，绝不能等人家和你交往。交往的形式与内容多种多样，首先要学会与舍友、邻居、同事交往。其次要与社区居民、公共场合的人员甚至陌生人交往。另外，可以参加一些当地的聚会和社团活动，参加语言和技能课程培训，从而有助于了解当地的社会与文化，结交一些当地的朋友，提高语言能力和适应能力。再者，通过看电影、电视，阅读报纸、杂志，参观博物馆、旅游景点可以开阔视野，学习语言文化。只有这样，才能真正融入适应国。

入乡随俗是跨文化适应的一个重要原则。随俗就是尊重和遵守当地的风俗习惯，在这个前提下才可从事适应的行为。随俗可以被当地人很快接纳和认可，适应就有了进展。随俗的前提是知俗，即了解当地人的习惯，再进一步，要了解当地人的价值观念、思维方式等。随俗要移情，只有在情感上与当地人靠近了，适应行为才会自然、真实，才会被当地人真正接纳。随俗是在特定条件下为了实现既定目标而对情感作出的理性调整，是跨文化交际的一种表现形式。

跨文化适应理论研究与社会稳定及发展密切相关。在跨文化适应活动日趋频繁的情况下，跨文化适应能力已成为人们一种重要的社会活动能力，并亟待构建相应的跨文化适应能力理论，用于指导和检测跨文化适应活动。本文从跨文化交际的视角，构建了具有三个维度的跨文化适应能力理论。该理论具有如下特点：其一，理论路径明确。本研究以Ward和Black的跨文化适应理论为指导，通过对该理论的分析构建了跨文化适应能力的理论维度和相关因素。其二，理论要素可行。其中12个要素比较具体，易于操作，无论是出国外派行前的培训，还是对异国新文化的习得，都能做到有的放矢。其三，理论内容简明。从维度到要素，具有较大程度的覆盖面，涵盖了文化适应的主体内容，凝聚了适应能力的精华部分。由于跨文化适应过程充满了一定的不确定性，该理论尚属于开拓性探索研究，还需要在实践中不断完善与发展。

参考文献

[1] Black J S, Mendenhall M, Oddou G. Toward a Comprehensive Model of International Adjustment: an Integration of Multiple Theoretical Perspectives[J]. Academy of Management Review, 1991, 16(2).

[2] Hanvey R. Cross-cultural awareness[M]//E C Smith, L F Luce. Toward internationalism: Readings in cross-cultural communication. Rowley, MA: Newsbury House, 1979.

[3] Kim Y Y. Cross-cultural adaptation. An integrative theory[C]//R L Wiseman. Intercultural communication theory, 1995.

[4] Thousand Oaks, Sage C A, Roesch S C, Wee C, Vaughn A A. Relations between the big five personality trains and dispositional coping in Korean Americans acculturation as a moderating factor[J]. International Journal of Psychology, 2006, 41(2).

[5] Varner I, Beamer L. Intercultural communication in the global workplace[M]. China Machine Press, 2006.

[6] Ward C, Bochner S, Furnham A. The Psychology of Culture Shock[M]. East Sussex: Routledge, 2001.

[7] 任裕海. 论跨文化适应的可能性及其内在机制[J]. 安徽大学学报，2003（1）.

[8] 杨军红. 来华留学生跨文化适应问题研究[M]. 上海：上海社会科学出版社，2009.

[9] 张占一. 试议知识文化与交际[J]. 文化语言教学与研究，1990（3）.

[10] 赵贤州. 文化差异与文化导入略论[J]. 语言教学与研究，1989（1）.

本文原载于《河北学刊》2015年第1期。

河北省出国培训专家跨文化适应研究

张卫东　杨　莉　张馨月

摘　要　以Ward和Black的文化适应理论为指导，采用调查问卷的方法对河北省出国培训专家的国外文化适应状况进行了研究。通过数据分析与讨论，摸清了河北省出国培训专家的跨文化适应基本状况，发现了问题，提出了建议和对策。

关键词　出国培训专家；文化适应；影响因素；培训

河北省出国培训专家是由省政府资助，省人力资源和社会保障厅组织选拔和管理，赴国外名牌大学、科研机构和跨国公司进行学术交流及合作研究的学术带头人。这个群体数量逐年增多，在各领域都具有很强的创新能力和发展潜力，已经成为河北省经济建设和社会发展中重要的人才力量。在国外期间的访学是他们学术生涯和事业的重要节点，影响着以后的学术成就与社会贡献度。因此，研究他们在国外期间的文化适应状况，既可以拓展文化适应理论应用范围，也有助于社会发展与经济建设。所以，此项研究学术价值和社会意义共存。

1 研究回顾

文化适应是一个复杂的动态过程，它具有明确的走向和目的，即在互动中适应当地的文化。随着时间的延续和交流的深入，异文化成员会在成功与失败交替循环的过程中趋向更高的适应水平。Kim（2005：378）提出了压力—调整—成长的适应理论模型，指出了文化适应的内容、方式及特点。该理论认为在适应过程中，人们原有的生活方式、行为习惯、价值观念等都受到冲击，导致人们在认知、行为和情感方面发生变化。变化的压力促使人们的认知系统做出一些调整，并通过调整使人们对新文化有了新的适应。个体在适应的过程中表现为进两步退一步，呈螺旋式前进。Oberg（1960：177-182）提出的文化适应的四阶段理论概括了文化适应者普遍经历的阶段性特点。这个理论基于"文化休克"的概念，形象地描述了个体在进入新文化初期的兴奋，转而成为由于落差、挫折或迷茫带来的对新文化的敌意，以及由于努力地调整变成逐渐地适应。戴晓东（2011：168）认为Berry"无疑是跨文化适应领域的领军人物。他的理论在欧洲与亚洲等地得到了广泛的运用"。他提出了4种文化适应策略，即同化、融合、隔离和边缘化（Berry 2005：697-712）。对于短期出国者来讲，"融合"是最理想的文化适应策略，因为这样既保存了自己的文化，同时也吸收了异文化优秀的成分，把两者结合起来。对于移民而言，"同化"可能是他们终生的目标。但是，无论是谁，"边缘化"是最糟糕的策略，因为它使人处于一种本文化与异文化都不接受的境地。

王丽娟（2011：44-49）对20世纪80年代以后出现的国外跨文化适应研究的模式和理论进行了比较系统的综述，对跨文化适应的发展历程、分类、研究层面、研究视角等做了系统的梳理，对国内研究文化适应具有重要的借鉴意义。徐光兴、肖三蓉（2009：234-237）从心理学的视角研究了跨文化适应，认为文化适应通常与不良的心理健康状态连在一起，如抑郁、焦虑和不确定性等。杨军红（2009）对来华留学生进行了系统深入的研究，讨论了留学生面对的许多实际问题，提出了对策。她得出的研究启示对文化适应研究具有理论参考价值。肖芬、张建民（2012：114-118）探讨了外派人员跨文化适应的理论基础、影响因素和结果变量，构建了一个外派人员跨文化适应的研究模型。陈国明（2012：103-138）在理论上提出了跨文化适应是一种跨越边际的博弈，必须整体化对待，获得跨文化适应的关键是要有"边际智慧"。这是一种比较新颖的理念，为今后的研究提供了一个基本的指导方向。

综观国内外的跨文化适应研究，一些理论模型已经非常成熟，新的思想观点不断推出。但是实证研究相对较少，针对海外学者跨文化适应的研究尚未发现。有鉴于此，本文选择河北省出国培训专家为研究对象，在掌握文化适应状况的基础上，针对发现的问题，提出对策。

2 研究设计

2.1 指导理论与研究方法

本项研究主要采用调查研究的方法，辅之以访谈。调查问卷的设计以Ward（2001：44）的"文化适应过程模型"为指导。这个模型是在系统总结前人研究成果的基础上提出来的。Ward把文化适应看作一个过程，其中既涉及心理层面的改变，也涉及社会文化层面的变化，既受个人因素的影响，又受社会因素的影响。孙进（2010：49）认为"Ward所提出的'文化适应过程模型'是对现有的文化适应问题研究的一个比较全面和系统的整合。这一模型不仅有助于推动文化适应研究的进一步发展和文化适应理论的构建，而且也为旨在提高文化适应者的适应能力的跨文化培训提供了一系列有价值的切入点"。本次研究的调查问卷从心理适应和社会文化适应两个维度着手。前者主要是考察以情感反应为基础的跨文化适应，后者主要是考察对当地的社会文化环境的适应。问卷内容也参照了Black（1991：291-317）的跨文化适应多元结构模型。王丽娟（2011：45）认为，"Black将跨文化社会适应分为三个维度：一般性适应、工作性适应和交往性适应。一般性适应指对在异域文化中生活的适应，包括日常生活有关的食物、住房、生活费用以及健康医疗。工作性适应是指熟悉新的工作任务、工作角色、工作责任和工作大环境。交往适应是指与东道国人们社会交往中所感受的舒适和熟练感"。整体问卷由自然信息、生活满意度、适应程度、适应阶段、影响适应的因素五个部分组成。问卷形式采用李克特的五级量表。初步调查问卷生成后，邀请30位河北省出国培训专家进行了前测，调查各问题项的反应性质和程度，删除不能很好反映心理和社会文化适应的问题项，形成了跨文化适应的测试量表。整体问卷收回后，针对其中一些数据与期望值呈明显差异的情况，进行了专家访谈。访谈对象选取5位近期从国外返回的出国培训专家，访谈形式采用面对面和电话访谈两种形式。

2.2 调查对象

本研究调查对象是河北省出国培训专家。他们的出国期限一般在1年左右，年龄在30岁到50岁，来自河北省各地区，从事教学、科研等各项工作。他们的跨文化履历涉及美国、英国、法国、德国、日本等数十个国家。本次调查共发放问卷150份，回收有效问卷128份。

2.3 研究问题

本研究共设4个研究问题：①河北省出国培训专家的总体文化适应状况如何？②从人口统计学角度看，河北省出国培训专家文化适应状况有什么特点和规律？③影响他们文化适应的主要因素是什么？④相应的建议与对策。

2.4 数据统计方法

在整理问卷原始数据后，对调查问卷中生活满意度、适应程度和影响文化适应因素的问题项分别编码，将数据输入社会科学软件SPSS13.0进行分析。分析分4步进行：①用探索性因子分析方法检验问卷量表的结构效度；②用Cronbach alpha系数检验问卷量表全部项目的内在一致性及各子因素项下几个项目的内在一致性；③用描述统计列出各项变量的平均值和标准差；④用方差分析方法分析组间差异。对于人口统计学数据，将性别信息进行独立样本T检验，将年龄、学历、访学时间、访学国家信息进行单因素方差分析，观测相互间适应状况差异状况。在以下统计与分析中，河北省出国培训专家简称为专家学者。

3 数据分析与讨论

3.1 效度和信度检验

结构效度的检验。首先进行探索性因子分析，KMO值为0.874，表明问题项间有共同因素存在，适合做因子分析。采用正交旋转主成分分析法，抽取特征值大于1的4个因子。得到4个主要因子即心理适应、生活适应、工作适应、交往适应，累计贡献率为75.148%。

信度的检验。为了检验问卷所包含的各个项目的一致性以及整个量表的内在一致性，我们对问卷量表进行信度检验。量表整体的Cronbach alpha系数为0.750。心理适应、生活适应、工作适应、交往适应分别为0.675，0.736，0.674和0.728。统计数字表明跨文化适应量表具有较好的信度和效度，可以用于跨文化适应状况的调查。

3.2 文化适应总体状况

整体调查问卷中生活满意度和适应程度两个部分是为了解专家学者的总体文化适应状况而设计的。前者含10个问题项，后者含14个问题项。统计结果时，首先提取出社会适应中的生活适应、工作适应和交往适应相关因素，以及心理适应相关因素，然后将数据依次排列，通过平均值进行分析与讨论。

（1）关于心理适应的调查与分析。陈慧等（2003：705）认为"心理适应是以情感反应为基础，指向在跨文化接触中的心理健康和生活满意度。在跨文化接触中如果没有或较少产生抑郁、焦虑、孤独、失望、想家等负面情绪，就算达到心理适应"。因此，考察心理适应须兼顾心理健康和生活满意度。表1前三项反映心理健康状况，均值接近，且处于较高状态，说明专家学者能够以积极乐观的心态面对生活和工作，心理健康状况良好。其中，"生活中有幸福感"平均值略低一些，访谈发现，这主要是因为专家学者身在他乡，独自生活、应对工作压力而产生的。他们远离了熟悉的空间和人群，势必有孤单、寂寞的感觉，思乡之情油然而生。但是，"能有效地调节思念家乡的情绪"这一项的平均值高达4.05，说明专家学者能够正视现实，灵活调节，自我减压。"生活满意度"是生活适应专项调查的概括，3.97是一个较高的均值，意味着生活满意度较高。

表1 心理适应状况

问题项	平均值
具有乐观向上的情绪	4.05
生活中幸福感	3.78
能有效地调节思念家乡的情绪	4.05
生活满意度	3.97
心理健康状况平均水平	3.96

（2）关于社会适应的调查与分析。本部分的调查问卷的问题项按照Black（1991：291-317）的跨文化适应多元结构模型设计，包括生活适应、工作适应和交往适应三个方面。表2反映出社会适应的总体状况，是三项调查内容的综合指标。

表2 社会适应状况

问题项	平均值
生活适应状况平均水平	3.97
工作适应状况平均水平	3.78
交往适应状况平均水平	3.69
社会适应状况平均水平	3.81

生活适应的调查主要涉及当地社会的公共设施、服务质量、医疗保健、地理气候、住房与物价等。在这些因素中，对当地的物价水平和社会的公共设施满意度较高，其次是服务质量、医疗保健和地理气候。访学的国家基本上都是发达国家，生活条件不错。这是专家学者能够安心工作的基本保障。但是，这些国家的住房价格往往偏高，成为他们生活的一个主要消费点。

在工作适应的调查中，对访学单位导师的责任感最满意。一方面，专家学者与导师往往在出国前已经相互了解，互有往来。另一方面，国外的导师也确实比较认真负责。比较满意的因素还包括了访学单位举办的学术活动。但是，对于访学单位提供的工作条件满意度较低，说明有些访学单位条件还有限，或对这项工作重视度不够。

在交往适应的调查中，发现专家学者与舍友和邻居的关系融洽度最高，并且结交了许多当地的朋友。可以说中国人为人友善、谦和是能够保证与舍友邻居和睦相处、广交朋友的重要原因。但是这些专家学者与留学单位师生、员工的关系一般。在访谈中得知，与舍友、邻居、朋友的交往属于生活交往，比较灵活，易于沟通，情感色彩比较浓，不受任何规则或目的的限制；而与单位师生、员工的交往属于工作交往，具有明确的目的性，交往内容受限，缺乏情感交流，所以这种关系始终保持在一种不温不火的状态。另外，调查也发现专家学者对当地的历史人文知识了解不足，诸如看电视、电影、报纸，参观博物馆、旅游景点这类能够提高语言能力的社会活动参与得还不够。

总体上看，专家学者跨文化适应状况良好。心理适应程度比社会适应程度要高；在社会适应中呈现出生活适应优于工作适应，而工作适应又优于交往适应的特点。

3.3 人口统计学视角的文化适应特点

本次调查中人口统计学的视角体现在性别、学历、年龄、访学时间4个方面，"自然信息"栏目中提供了选择项。适应状况取自生活满意度和适应程度两项调查数据。

（1）关于不同性别适应状况的调查。按照性别将全部受试者适应状况的数据分别统计，并进行独立样本T检验，观测不同性别的专家学者适应状况是否有差异。

表3中Sig值为0.859，大于0.05，表明男性女性适应状况无显著差异。这个结果与作者预设观点不尽一致。通过访谈得知，男性确实有些适应方面的优势，诸如适应动机较强、社会交往能力较强，但是女性也具有她们独特的优势，诸如生活能力较强、语言能力较强等。各自的优势在整体的适应当中，为两性找到了一个平衡点。男性女性文化适应处在相同的程度上，彼此不分伯仲。人为地区分两性的适应能力是没有意义的，所以在选拔出国专家学者时，也没有必要考虑性别因素。

表3 专家学者适应状况——性别

性别	N	Mean	Std. Deviation	Std. Error Mean	Sig.
男	73	93.53	22.274	2.607	0.859
女	55	94.20	18.939	2.554	

（2）关于不同年龄适应状况的调查。为便于统计分析，将原来的年龄组进行

了合并，合并后分为三组：30～40岁、41～50岁以及50岁以上。对每一组的数据进行单因素方差分析，观测不同年龄组的专家学者适应状况是否有差异。

从表4的数据结果可以看到，通过单因素方差分析得到的Sig值为0.018，小于0.05，表明3个年龄组的专家学者适应状况有显著差异。多重比较显示30～40岁组与41～50岁组和50岁以上组有明显差异，30～40岁组和41～50岁组无显著差异，30～40岁年龄组的适应状况明显好于41～50岁及50岁以上组。这个结果与作者预设的观点一致，也反映出了一个客观事实：适应能力与年龄成反比，越年轻，反而越占优势。主要原因是他们的社会化刚刚完成不久，易于理解和接受新事物，较少家庭和单位的牵挂与依赖，外语能力相对来讲较强，文化适应的可塑性还很大。

表4 专家学者适应状况——年龄

年龄	N	Mean	Std. Deviation	Multiple 30～40岁	Comparisons 41～50岁	Sig. 50岁以上	Anova Sig.
30～40岁	33	104.64	9.38		0.21	0.117	0.018
41～50岁	49	97.40	12.26	0.21		0.619	
50岁以上	46	98.70	47.39	0.007	0.619		

（3）关于不同学历适应状况的调查。受试者的学历共有3个层次，即本科、硕士和博士。依照不同层次分成3组，进行单因素方差分析，观测不同教育背景的专家学者适应状况是否有差异。

表5显示，单因素方差分析得到的Sig值为0.003，小于0.005，表明3组教育背景不同的专家学者适应状况有显著差异，结果显示硕士组与本科组和博士组有明显差异，本科组和博士组无显著差异。硕士组适应状况明显好于本科及博士组。在学历与适应能力关系的研究中，陈慧等人则认为"受教育水平与适应成正比，因为教育与其他资源联系在一起，如与文化有关的知识和技能、社会经济财富等，因此受教育水平越高的人，适应得就越好"（2003：708）。为什么调查数据呈现相悖的结果？带着这个问题，我们将本科、硕士和博士3个组按年龄分30～40岁与40岁以上两个组进行了统计，结果为：在30～40岁组中，硕士学历人数为25人，而本科学历为6人，博士学历为10人，所以硕士学历在这个年龄层次人数最多，占比重最大。他们因为相对年轻而适应能力强的特点凸显出来。在40岁以上年龄组中，本科学历为6人，硕士学历为19人，博士学历为62人。博士学历年龄明显偏大。如此看来，在文化适应中年龄与学历比较而言，前者占据了优势。如果年龄相当，学历还应该是举足轻重的。

表5 专家学者适应状况——学历

年龄	N	Mean	Std. Deviation	Multiple 本科	Comparisons 硕士	Sig. 博士	Anova Sig.
本科	12	94.91	17.51		0.018	0.667	0.003
硕士	44	107.00	11.56	0.018		0.001	
博士	72	96.98	16.83	0.667	0.001		

（4）关于不同访学时间适应状况的调查。为便于统计，将原问卷中的访学时间调整为3～6个月、7～12个月、12个月以上三组。对每组数据进行单因素方差分析，观测不同访学时间的专家学者适应状况是否有差异。

表6中的Sig值为0.011，小于0.05，表明3组年龄段不同的专家学者适应状况有显著差异，结果显示7～12个月组同另外两个组有显著差异，3～6个月与12个月以上组之间无显著差异，7～12个月组的适应状况明显好于3～6个月及12个月以上组。对这个结果，可以用Oberg（1960：177-182）的文化适应四阶段理论来理解。访谈发现，由于专家学者具有较为丰富的知识与履历，充满新奇、兴奋和期待的第一个阶段很快就过去了。第二个阶段是典型的文化震荡期，但是，专家学者具有较充足的心理准备，所以也能平稳度过。调整阶段相对较长一些，是一个渐进的过程。平均来看，他们需要3个月到半年左右的时间完成前3个阶段。相对于其他类型的适应者，这是比较快的了。1年的访学时间是一个比较理想的适应周期。在这个周期内，有半年以上的时间属于适应期，对于完成访学任务很有利。而访学时间在半年以下的，基本上都用在前3个阶段上，真正属于适应的时间就不多了。1年以上的学者，一般来讲适应期比较长，应该更理想一些。但是访谈得知，专家学者往往以事业为重，把出国访学看作是一个提高和开阔眼界的机会，一旦完成出国任务，他们会立即选择回国，因为他们更看重国内的工作和发展。国外的物质生活对他们并没有太大吸引力。再者，处于中年阶段，家庭、朋友的感召力也很强。

表6 专家学者适应状况——访学时间

时间（个月）	N	Mean	Std. Deviation	Multiple 3～6个月	Comparisons 7～12个月	Sig. 12个月以上	Anova Sig.
3～6个月	18	94.00	7.42		0.011	0.394	0.011
7～12个月	63	102.37	12.46	0.011		0.020	
12个月以上	47	96.85	12.81	0.394	0.020		

3.4 影响文化适应的因素

影响文化适应的因素变量范围很广。调查问卷中的问题项既参照了陈慧等（2003：708）总结概括的影响跨文化适应的内部因素和外部因素，也参照了Ward（2001：44）"文化适应过程模型"中的社会层面与个体层面上的影响因素，并且按照专家学者们的特点专门设定了一些问题项。影响因素设定共25项，随机编排。调查后分别计算每项因素的平均值，并按降幂排列。25个问题项总平均值为3.77，表7列出了超过平均值的问题项，以供进一步分析使用。

表7是在25项因素中调查结果超过总平均值的12项因素。抽取这些因素分析的原因是突出重要因素，为今后的培训提供依据。"行前语言、文化知识、交际技能培训"是专为专家学者设定的，看来得到了普遍的肯定，说明出国前的培训非常重要，而且需要进一步加强。其实，"外语能力"和"对当地文化知识的了解"这两项因素与培训内容相似，只是前者是行前的准备，后者是出国后的实际应用。但它们都属于知识与技能，显然这些是出国后文化适应的最重要的因素。"朋友圈子"平均值也较高，表明中国人重亲情和友情，符合中国文化中在家靠父母、出门靠朋友的传统，是在国外稳定生活的重要基础。"与导师的关系"也格外重要，影响到访学工作的成功与否。"当地人的帮助""留学单位提供的条件""当地人对外国人的宽容与友好"都超过了平均值。这5项因素都属于社会支持。有了这些支持，不仅可以减轻适应者内心的压力和精神负担，提供感情帮助，而且有助于顺利地生活和工作。由此说明，知识与技能和社会支持两方面的因素在影响文化适应中举足轻重。

表7 影响文化适应的因素

问题项	平均值
行前语言、文化知识、交际技能培训	4.63
外语能力	4.53
朋友圈子	4.46
对当地文化知识的了解	4.35
自信乐观的精神状态	4.30
访学时间	4.03
与导师的关系	3.92
当地人的帮助	3.91
留学单位提供的条件	3.87
内/外向性格	3.82
对当地文化的宽容度、开放度和灵活性	3.81
当地人对外国人的宽容与友好	3.81

在低于平均值的因素中，值得注意的是生活变化平均值过低，比如气候、衣食住行、风俗习惯、宗教信仰的平均值仅为3.3，属于最低值。这和传统的影响文化适应因素的观点相悖。由于中国人有故土难离的思想观念，所以把环境的变迁看得很重，也成为适应的重要障碍。目前看来，随着社会的发展和观念的改变，现代人已经基本上摒弃了这种陈旧的观念，所以也没有必要把这些因素再看得很重。

4 数据分析与讨论

针对调查研究发现的问题以及影响文化适应的重要因素，可以用不同的方法或对策加以解决，其中比较有效的办法是行前培训。马勒茨克（2001：184）指出："今天，在为国外生活作准备时，经验学习大多是通过那些由专门的'教练'主持的培训班来实现的。"这种培训可以帮助即将出国人员尽快提高跨文化意识，增进跨文化适应中需要的知识与技巧，实现与另一种文化成员的有效沟通，为完成外派任务打下基础。由于专家学者被派往不同国家，在一个培训班中很难针对某一种文化进行培训。考虑到赴英语国家的专家学者为数众多，所以培训重点放在英语国家文化上，兼顾其他文化。

4.1 培训的内容

马勒茨克（2001：186-188）在总结了美国和欧洲的跨文化培训方案后，提出了一套比较系统、实际的培训内容，包括：知识传授、属性训练、经验学习、相互交往、认识自己的文化和学会适应。参照这些见解，依据中国国情，提出以下3个方面的培训内容。

（1）跨文化适应意识。跨文化适应意识是适应者为适应新文化而应该具备的认知理念、愿望和人格特征等。要通过课堂外语学习以及实践加深对文化差异的认识。从语言现象中挖掘其文化内涵，帮助受训者认清文化差异以及文化冲突点。对待文化差异，要培养一种宽容的心态，从情感上理解差异。树立正确的适应动机，增强文化适应的愿望，倡导开放的人格和开阔的胸怀。重点解决的问题是如何提高在异乡生活幸福感的指数。

（2）跨文化适应知识。跨文化适应知识指为适应新文化而应该具备的语言文化知识和交际技能。可以从语言能力和文化知识两个方面设计培训内容。外语学习是贯穿培训始终的任务，应该以外语教学中小文化定义为核心组织外语学习材料，把语言学习同文化知识联系起来。要理解和接受一种异文化，首先必须对自己的文化有深刻的认识，拥有丰富的中国文化知识，尤其是中国文化中的学术思想。对适应国的文化，从外语教学中的大文化定义着手，侧重于适应国的政治、经济、教育、文学、宗教等知识。

（3）跨文化适应行为。跨文化适应行为指为适应新文化而从事的生活、工作和交往方面的具体行为。生活适应是最基本、最现实的适应。面对新的环境，首先是生存的问题，要着手解决和处理衣食住行等具体生活问题，而且这些事情必须由自己独立解决，亲力亲为。工作适应行为要求居留者能够处理工作中遇到的困难和问题，积极地投入到外派任务中，这是跨文化适应的目的。与东道国国民交往适应行为要求必须主动与当地人交往，只有通过交往才能达到适应。在与东道国国民交往中，切记要入乡随俗，按照当地人的习惯做事情，否则，不会有真正的适应。

4.2 培训的形式

陈国明（2009：176-178）归纳出6种跨文化培训的模式：课堂培训模式、模拟模式、自我意识模式、文化意识模式、行为模式和互动模式。基于河北省跨文化培训的周期、客观条件等实际情况，借鉴某些模式，提出以下培训形式。

（1）课堂学习。课堂学习是传统的教室学习方法。这是最简便易行的方法。受训者聆听教师的教导，可以系统地学习语言知识和文化，掌握交际技能，强化受训者的认知能力。课堂上可以采用交际法教学，注意互动，在互动中培养交际技巧。也可以采用案例分析法，选取有价值的文化事件案例进行描述，深刻挖掘案例中的文化适应和交际的策略、失误之处以及成功之处，吸取好的经验、避免不当的做法，提高受训者思考、分析、讨论、诊断与提出问题和解决问题的潜力。

（2）专题讲座。讲座的题目一般比较具体，通过讲座可以吸取精华、激励求知欲、构建体系、打通脉络，这些效果是看书无法达到的。可以聘请刚从国外回来的专家讲述出国后遇到的适应中的具体问题以及解决办法。讲授与当地人交往的一些规则、问题、内容等，教授入乡随俗的经验与做法，以及成功与失败的交际事例。

（3）电影欣赏。可以选择各国文化色彩浓厚的电影，突出介绍其中的社会文化价值观、风土人情。也可以选择体现本国文化和适应国文化之间冲突的电影。电影在形式上喜闻乐见，内容上文化元素丰富、形象逼真，可以引起情感共鸣。

（4）角色扮演。要求受训者像演员一样扮演一个模拟实际生活行为的角色。目的是让受训者经由模拟的过程，正确地运用外语交际，面对并试图解决在客居国生活可能遇到的实际问题。

4.3 培训的注意事项

目标要切实可行，期望值不可太高。跨文化培训毕竟是短期内的任务，不能期望培训后就可以完成所有跨文化沟通任务，完全具备跨文化适应能力。培训只是在平时的基础上进行理论和实践的升华。

（1）注意培训节奏。受训者由于各自的接受程度、期望值等不尽一致，培训中会有波动，要注重实效和整体节奏。

（2）及时总结。在培训中，针对大家或个人的进步及时作出总结、鼓励，并指出下一步的努力方向。

（3）知识与规则的使用。培训中所传授的知识、规则等是在大多数情况下适用的，但是由于文化规则的具体表现是情景性的，可能会有灵活性和变化性，所以对所学知识和规则要灵活掌握和应用。

通过本次调查，基本摸清了河北省出国培训专家在国外文化适应的状况，发现了存在的问题，梳理出适应的特点以及影响适应的重要因素。基于调查与分析，提出了行前培训的内容、形式和注意事项。希望调研的结果能够对即将出国的培训专家以启迪作用，使管理部门的遴选、培训等工作有所借鉴，从而推进专家出国培训项目效益最大化，为河北省经济建设和社会发展提供更有力的智力支撑。

参考文献

[1] Berry J W. Acculturation: Living successfully in two cultures[J]. International Journal of Intercultural Relations, 2005 (6): 29.

[2] Black J S, Mendenhall M, Oddou G. Toward a Comprehensive Model of International Adjustment: an Integration of Multiple Theoretical Perspectives[J]. Academy of Management Review, 1991,16(2).

[3] Kim Y Y. Adapting to new culture: An integrative communication theory[M]// Gudykunst W B. Theorizing about Intercultural Communication. Thousand Oaks, Sage Publications, 2005.

[4] Oberg K. Cultural Shock: adjustment to new cultural environments[M]. Practical Anthropology, 1960.

[5] Ward C, Bochner S, Furnham A. The Psychology of Culture Shock[M]. East Sussex: Routledge, 2001.

[6] 陈国明. 跨文化交际学[M]. 上海： 华东师范大学出版社，2009.

[7] 陈国明. 跨文化适应理论构建[J]. 学术研究，2012（1）.

[8] 陈慧，车宏生，朱敏. 跨文化适应影响因素研究述评[J]. 心理科学进展，2003（6）.

[9] 戴晓东. 跨文化交际理论[M]. 上海：上海外语教育出版社，2011.

[10] 马勒茨克. 跨文化交流：不同文化的人与人之间的交流[M]. 北京：北京大学出版社，2001.

[11] 孙进. 文化适应问题研究：西方的理论与模型[J]. 北京师范大学学报（社会科学版），2010（5）.

[12] 王丽娟. 跨文化适应研究现状综述[J]. 山东社会科学，2011（4）.

[13] 肖芬，张建民. 外派人员跨文化适应研究述评及展望[J].英语广场（学术研究），2012（7）.

[14] 徐光兴，肖三蓉. 文化适应的心理学研究[J]. 江西社会科学，2009（4）.

[15] 杨军红. 来华留学生跨文化适应问题研究[M]. 上海：上海社会科学院出版社，2009.

本文原载于《燕山大学学报（哲学社会科学版）》2014年第2期。

焦虑／不确定性协调理论与课堂教学

张卫东

摘 要 Gudykunst提出的焦虑／不确定性协调（AUM）理论对跨文化交际有效性的研究具有里程碑的作用。从解剖AUM理论入手，论证了跨文化交际与课堂教学在本质上的相同属性，并以AUM理论为指导，对课堂教学做了调查，分析了问题，挖掘了原因，提出了对策。这是跨文化交际学与外语教学结合的初步尝试。
关键词 AUM理论；课堂教学；焦虑感；不确定性

1 引言

　　焦虑／不确定性协调（以下简称AUM）理论是美国跨文化交际学领域最具影响力的权威学者之一Gudykunst（2005：283）提出，"AUM理论认为协调不确定性与焦虑感是影响各类交往有效性的中心环节"。跨文化交际过程充满着焦虑感与不确定性，交际的过程即是一个减少和协调焦虑感与不确定性、增加准确预测对方行为的过程。由于教学中教师与学生的跨群体交际在本质上与跨文化交际相同，所以我们尝试把AUM理论引入外语教学领域，探讨课堂教师与学生交际的有效性与得体性，发现问题，提出建议，提高教学效果。

　　基于AUM理论的47个公理，结合教学中的具体情况，我们选择了相关度较高的30个公理，并将其转化为30个教学中的问题，采用语义差量表的形式完成了两份调查问卷，分别发给学生和教师。然后，从跨文化交际的角度研究教学中的相关因素，提出对教学有指导意义的策略。同时，增加跨文化交际学研究的范围，将理论应用于实践，反过来再丰富理论。

2 关于 AUM 理论

在Berger和Calabrese（1975）的不确定性减少（URT）理论基础上，从1988年起，Gudykunst着手构建AUM理论，并于1993年正式提出。这对研究跨文化交际的有效性具有里程碑的作用。不确定性是指在交际中无法预测对方的态度、感情、信仰、价值观、行为等；焦虑感是指在交际中感觉不自在、紧张、担忧或预知某事要发生，它是不确定性的情感等同物。不确定性导致焦虑感，焦虑感又创造了减少不确定性和加强留意的内驱力。双方处于一种互动的正相关关系。在任何人际交往中都存在不同程度的不确定性，因而具有不同程度的焦虑感。适度的不确定性可以增强交际的动机，以必要的信息正确预测和解释对方的态度和言行；适度的焦虑感"可以转换为一种有用的、具有高度适应力的社会反应，使自己免于个人情感及个人规则的冲击。与此同时，它可以提高对他人行为的高度重视"（Schueiderman 1960：161-162）。Gudykunst（2005：287-288）对此提出了最大和最小限度。他认为，"不确定性高于最大限度时，我们没有信心预测或解释对方的行为；低于最小限度时，由于过于自信，会误解对方的意义。当焦虑感高于最大限度时，我们会感到不适应，不愿意与对方交流。当低于最小限度时，就没有激情和动力交往"。因此，当焦虑感和不确定性的程度过大或过小时都不能有效交际，需要协调。协调的主要方法是留意，它是交际中对不确定性与焦虑感的策略性调节器。

Gudykunst（1995）提出AUM理论包含基本因素和表面因素。焦虑感和不确定性协调是实现有效交际的基本因素，它调节有效交际的其他表面因素，如移情能力、吸引陌生人等。表面因素影响协调焦虑感与不确定性的能力，通过对焦虑感与不确定性的直接影响而间接影响交际的有效性。2005年，Gudykunst将表面因素分为10个范畴，包含47个公理。所谓公理，"是对直接、随意连接的变量的预置。因此，也应该是一些在变量中表示直接和随意连接的观点"（Blalock 1969：18），是已经得到公认的，并被认为是可以普遍接受的命题或规则。至于公理的数量，Gudykunst（2005：291）指出，"由于我关注该理论的应用，所以我要列举足够的观点把焦虑感与不确定性协调的过程清晰地呈现给想运用这种理论提高交际有效性的人"。他还指出，"在构建理论时，理论的目标要与理论的数目平衡。为了便于实施，论点要具体，不能过于抽象"（Gudykunst 2005：314）。因此，47个公理是几经修改、压缩后形成的，是恰当的，适用于从各个角度给跨文化交际下的定义范畴。至此，AUM理论达到了比较完善的状态。

3 AUM 理论与课堂教学的关系

3.1 课堂教学是一种跨文化交际行为

"具有不同文化背景的人从事交际的过程就是跨文化交际。"（胡文仲 1999）社会学认为，社会生活和人们的交往是以群体形式进行的。社会群体是最基本的社会实体形式，是实现生活中人们的社会行为的集合。"社会群体是享有共同的社会认同、被视为相同社会类属的一群人。"（Turner 1982：15）由于不同的社会认同和文化认同，Samovar和Porter（2001）认为跨群体交际是跨文化交际的一种形式。我们在社会中的群体划分往往基于人的类属，如民族、种族、性别；或基于社会阶层、社会角色，如学生、教师；或基于社会组织、团体等。这样，学生与教师形成了两个特定的社会群体。从言语交际角度分析，每个群体具有各自的"话语系统"，这是社会文化的基本构成部分。Scollon等（1995）用意识形态、社会化、话语形式和面子系统概括了群体成员中话语系统的同质性。他们认为文化（意识形态）决定了人际交往中礼貌（面子）策略的选择，这又导致了采用特定的话语形式。特定的话语形式暗示着特定的社会化方式，这些方式又决定了人们会习得什么样的文化。这种界定和阐述表明学生和教师不仅具有言语的差异，而且具有文化的差异。许力生（2007：136）指出："跨文化交际说到底就是跨话语系统的交际。"因此，在课堂上，教师与学生间的交际是一种跨文化交际行为。

3.2 不确定性与焦虑感是影响课堂教学效果的基本因素

AUM理论的基本因素是不确定性与焦虑感。在跨文化交际中，由于文化的差异，双方难以完全准确地预测和解释对方的态度、言行等，便产生不确定性，不确定性又会导致焦虑感。跨文化交际要解决的核心问题是减少不确定性，增加对对方行为的预测能力。在课堂教学上也是同理。上课伊始，学生对本次课内容、教法、提问等环节的期待，教师对这次课的效果、学生的接受度、课堂教学中的互动等环节的期待都是不确定性。Stephen等（1985：3）指出："当对要发生的事情感到紧张、不适、担忧时，便会产生焦虑感，并从4个方面表现出负面的忧虑：①自我概念；②负面行为结果；③对方给予负面评价；④本群体成员给予负面评价。"一个负责任的教师必然想通过本次课建立、维护、巩固自己在学生中的印象和声望，避免任何负面的印象或来自学生与同事的批评。任何一个想学习的学生也会认真听讲，避免因听不懂而导致学业的滞后或教师的批评。这是焦虑感带来的内驱力，并促使师生都最大限度地减少课堂上的不确定性。因此，上课的过程是减少和协调焦虑感与不确定性的过程，二者也就构成了影响课堂教学效果的基本因素。

3.3 表面因素与课堂教学环节的高度相关性

AUM理论的表面因素有10个范畴，含47个公理，它们都是围绕如何减少焦虑感、增加准确预测对方言行的能力展开的，是协调不确定性与焦虑感的具体措施和步骤。将它们引入课堂教学，会发现与教学环节高度的相关性。从10个范畴看，它涉及课堂上师生双方交流的文化认同、动机、反应、分类、联系等。从公理看，已经细化到课堂上教学的具体要素和内容。如前所述，交际中表面因素影响着基本因素，基本因素影响着交际效果。课堂上的各个环节、内容、方式都影响着师生双方的不确定性与焦虑感的调控，而这种调控又影响着教学的效果。所以说，从内容到形式，AUM理论与课堂教学属性相同，可以用来指导课堂教学。

4 AUM 理论在课堂教学中的应用研究

4.1 研究目的

任何理论付诸实践才有意义。AUM理论源自跨文化交际的实践，在完善该理论的同时，Gudykunst（2005：448）指出了两个主要应用领域："一是帮助陌生人适应新文化；二是设计文化适应的培训项目。培训项目的目标涉及：①帮助受训者了解他们协调不确定性与焦虑感的能力是怎样影响他们适应新文化的；②帮助受训者成功地协调在新环境中的焦虑感与不确定性。""课堂模式或许是跨文化培训项目最常用的方法。"（Cheng和Starosta 2007：263）根据Gudykunst（2005）的应用目标，我们认为，在课堂上应当把帮助教师与学生了解协调不确定性与焦虑感的能力是如何影响教学效果的列为首要目标，然后帮助师生发现课堂上协调不确定性与焦虑感的具体问题，明确具体环节，制定具体措施，从而改善和提高教与学的效果。

4.2 研究方法

Gudykunst（2005：448）在谈到AUM理论的应用时说道："受训者只有通过自身的经历才能了解自己协调不确定性与焦虑感的能力。"因此，本研究采用调查问卷的方式，请教师与学生根据自己的情况回答。由于调查问卷中的所有问题都是对客观情况的评价，反映的是在课堂上某种能力的程度，因此，调查问卷选取的问题作为多项测量指标，用五位语义差量表形式标出，通过连续量表中的具体数字反映出各自的差异程度，将定性指标转化为可量化的数量指标。由于重在发现各自协调不确定性与焦虑感的能力与措施，所以重在个体分析，辅以对比分析。调查对象包括60名教师和60名学生。教师中既考虑了年龄、性别因素，也考虑了英语专业和公共英语教师分布。学生测试者中有本科生、研究生，有英语和非英语专业学生。教师与学生的问卷只是视角不同，但内容相似。

4.3 结果与分析

以"课堂教学互动调查"为题的结果图中横向值为调查问题，纵向值为能力量值。基于AUM理论，调查问题都以"减少焦虑感，增加准确预测的能力"为测定标准，在量值范围内，量值越高，说明交际能力越强。为了将调查结果转化为可分析、比较的数据，我们将每一项指标加权平均得出均值。均值不仅能够体现出数据的集中趋势，也便于对照分析。

加权算术平均数$\bar{x}$，计算公式为 $\bar{x} = \sum xf / \sum f$，其中：

x表示某一量级的分值，f表示选择某一量级分值的人数，$\bar{x}$表示经过加权的均值。

全距L为该组数据中最大数值与最小数值之差，该指标反映组中数据的分布跨度。

中位数r表示位于一组数据按从大到小顺序排列处于中间的数据，该指标可以粗略反映数据的集中趋势，样本容量为奇数（$x=2n+1$，$n=1$，2，3……）时，$r=n+1$；样本容量为偶数（$x=2n$，$n=1$，2，3……）时，中位数取$r=(X_n+X_{n+1}/2)$。本次调查的数据为偶数，采用$r= X_n+X_{n+1}/2$这一计算公式。

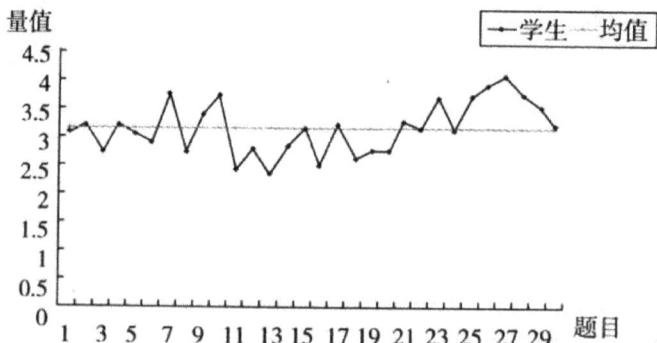

图1 课堂教学互动调查（学生）

图1可以从3个方面反映典型问题：

（1）学生具备较强的课堂交际能力。从理论上讲，均值处于2.5中间状态则表明学生已具备了一定的交际能力。如图1所示，均值结果在3.1左右，高出中间值0.6左右。说明学生课堂交际能力整体偏上，普遍具备了较好的交际素质，这是学习的基本保证，使我们看到了学生积极乐观的一面。

（2）良好的学习能力与密切的师生关系。图1表明量值具有一定起伏度。我们选取均值上、下两个值域内各8个凸显值，它们在量与质上具有可比性和代表性。

均值上方的8个问题在意义上代表着课堂理解力、课堂适应力、课堂观察力及与教师的亲密度。前三者说明学生在学习中认知能力较强，重视课堂教学过程，积极参与教学活动，具备观察、处理和接收新信息的能力。我国的教育模式造就了学生刻苦学习、适应课堂动态情景变化的能力。这是学生长期经验和能力的积累，非一朝一夕之功。与教师的亲密度量值较高，说明学生尊师、爱师，这与中国文化的环境与教育有关。尊师是我国千古流传的社会风尚，在既往的教育中，学生已经形成了尊师的理念。

（3）个性压抑与容忍度低。均值下方的8个问题可以看作目前学生在课堂教学中的一些问题。大体可概括为两方面：个性压抑与容忍度低。个性压抑具体表现在：课堂上不善于发言与提问；不善于展示自己的长处或公开自己的疑惑；不积极主动地与老师交流，与教师产生了一定的距离。容忍度低主要指对教师模糊不清的表达与教学中的不严谨处难以容忍。一方面，这说明学生正常的学习欲望给老师提出了合理要求，但另一方面，容忍度低易于产生焦虑感，影响更多信息的获得。总体上看是由于学生群体的文化性格所致。在集体主义文化中，人人齐头并进，不鼓励彰显个人，形成了互依型自我构元。传统的教学模式与教育体制造就了学生压抑的个性和较低的容忍度。学生过分依赖教师，致使苛求教师手把手式的教学，很少主动、独立、平等地思考、提问、交流，稍有差异，便不适应，寸步难行。从交际学看，个性的压抑和容忍度低都会增加焦虑感，减少准确预测对方行为的能力，降低交际有效性。在教学中，学生只能亦步亦趋，无法实现与教师平等、主动的交流，无法宏观把握教学体系，造成教学信息缺省，影响师生间有效交际。

从图2可以看出，教师课堂教学调查结果均值为3.5左右，多数量值在均值附近，上下凸显点较少。这表明教师积累了一定的教学经验和较强的交际能力，各项能力比较稳定、成熟，这是保证良好教学效果的基础。

均值上面有6项指标明显，量值分别在3.7～4.2之间。第7题反映出教师具备在课堂上全面、准确理解学生表达的内容、意图的能力，这一量值较高也就是说能够全面掌控、客观处理学生的信息，可以有针对性地反馈，实现教学有效互动。其余5项都可以界定为师生关系类。第23与25题量值较高代表的是教师对学生的亲密度较高，说明师生关系融洽，这是教学的重要条件。第26、27与28题在关系层面上融入了道德成分和文化因素。它们更强调了师生在人格上的平等、互敬互重，积极维护对方的尊严与面子。这些指标反映出时代的变化和观念的更新，新型的师生关系必然会促进教学效果的提升。

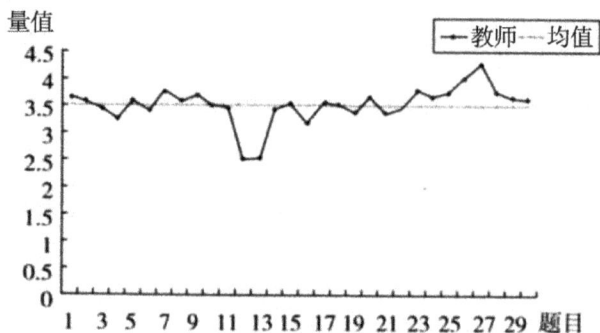

图2 课堂教学互动调查（教师）

均值以下有4个题量值较低。第4题量值低表明教师在课堂上不能完全接受学生表现出的个性特点。这些个性特点有的表现为正面的，有的为负面的。实际上接受学生的个性特点是了解学生、接近学生的一个机会。压抑学生的个性特点会造成双方疏远，甚至对立。这一题量值较低的根源主要在于思想中根深蒂固的集体主义的水平文化作祟。在这种文化中，"人们崇尚平等，但不太看重自由"（Triandis 1995），它导致注重和谐一致，忽视自我概念与自我构元。第12与13题量值最低，反映出教师很少能发现与学生群体和个体的相似之处，没能寻求到双方的共同点，差异度较大。交际学中的第三位置理论认为有效交际应该在一个充满共同点的空间中进行。知己知彼，百战不殆。不了解对方，缺少共同点，便无法有效交流。产生根源主要在于学生与教师两个群体文化的差异，这是客观情况。但主观上看，教师仍欠缺跨越，甚至超越这种差异的意识。第16题量值低反映出教师不能容忍学生在课堂上表达不准确、模糊等负面行为。交际中的负面行为是正常的，但若做不到虚怀若谷，便会产生急躁情绪，因小失大，次要矛盾升为主要矛盾，挫伤学生自尊心，影响整体教学进程。这可以看出教师的积极期待与严格要求，但也说明教师对一些负面因素搁置能力有限。

图3是学生与教师课堂互动调查结果的比较图。有两个现象值得注意：其一，教师的均值高于学生的均值0.4左右，且绝大多数个体指标都高于学生的个体指标。这说明教师受教育程度高，经验丰富，交际能力较强。这个结果是合理的，教师应该处在这个位置，教师是课堂教学的最重要因素，是交际的引导者，决定着教学活动的成败。其二，教师与学生的最高与最低值有相似处，具有一定程度的重合度。最高值集中在师生关系的情感与道德层面。这表明双方具有尊师爱生、平等互助的愿望与情操，体现了中国人优秀的文化性格。最低值涉及群体与个体的差异度。群体及个体的差异是客观存在的，是社会文化的重要维度。没有它就谈不上师生间的沟通与互动，也谈不上跨文化交际。从最低值我们不仅看到了师生间沟通与互动的缺失，也看到了必要性和迫切性。双方不但要认识、理解对方的群体特点，还要发现个体特点，寻求最大相似处。这样就会减少焦虑感和不确定性，增强准确预测对方行为的能力，实现有效交际。

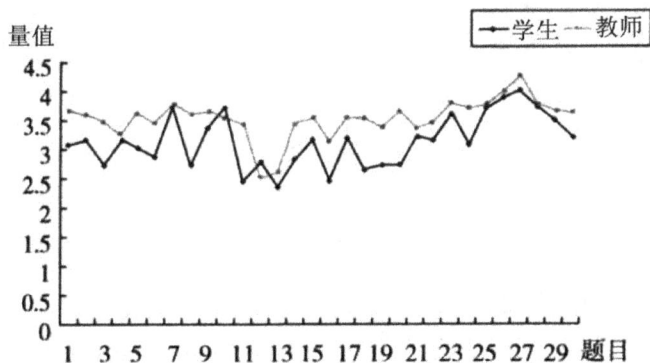

图3 课堂教学互动调查比较

4.4 对策与建议

通过调查分析发现在课堂教学中教师与学生存在相同的问题，建议双方共同采取的策略如下：

（1）个性压抑方面：一要正确认识个性，把它视作一种了解对方的机会，而不是一种威胁。二要在行动上鼓励个性发展与表现，它既蕴藏着独特的信息，又孕育着创造性和潜在的能力。

（2）群体差异方面：一要建立跨越和超越差异的意识，培养移情能力，发展群际关系。二要增加交往数量，洞察差异所在，留意相似之处，创建开阔的第三空间。

（3）容忍度低方面："教育的最高境界是宽容"（Samovar和Porter 2001）。一要不计较错误与缺失，不纠缠于细枝末节，抓大放小，心胸开阔，从宏观上判断对方，获取必要的信息。二要勤于思考，敢于提问，独立判断，勇于创新。

5 结语

本研究从AUM理论入手，论述了它与课堂教学的关系，进行了课堂教学互动调查。通过分析和研究，得出如下结论：

（1）AUM理论对课堂教学具有指导意义。由于课堂教学是一种跨文化交际行为，上课的过程就是减少和协调焦虑感与不确定性、提高教学效果的过程，从属性上与AUM理论的应用范围形成了高度的相关性。因此，它适于课堂教学。

（2）课堂教学实践反哺AUM理论。Gudykunst（2007）对协调焦虑感与不确定性提出了最大和最小限度，但至于调适到什么程度历来是一个模糊的量。通过课堂教学调研得出的量化数据，明确地标示出课堂教学中教师与学生的具体协调程度。这对在最大与最小限度间探索和把握最佳协调度，扩展AUM理论的研究范围，属开拓性的尝试。

（3）解决了教学中的实际问题。任何理论的应用研究都应该解决实际问题。在本项研究中，我们既发现了教师与学生两个群体在课堂互动中的一些显著能力，也看到了一些突出的问题，集中体现在个性压抑、群体差异与容忍度低方面。对此，作者提出了原则性和建设性的策略。

Gudykunst（2005：314）指出："AUM理论仍处于不断修正的状态。"由此，我们对该理论的研究和应用也要不断更新和深入，在课堂教学上的应用也是如此。

参考文献

[1] Berger J R, Calabrese R. Some Explorations in Initial Interactions and Beyond: Toward a Developmental Theory of Interpersonal Communication[J]. Human Communication Research, 1975(1).

[2] Blalock H. Theory Construction [M]. Englewood Cliffs, NJ: Prentice Hall, 1969.

[3] Cheng G, Starosta W. Foundations of Intercultural Communication[M]. Shanghai: Shanghai Foreign Language Education Press, 2007.

[4] Gudykunst W B. Anxiety/ uncertainty Management (AUM) Theory[C]// R. Wiseman. Intercultural Communication Theory. Thousand Oaks, CA: Sage, 1995.

[5] Gudykunst W B. Theorizing about Intercultural Communication [M]. Thousand Oaks, CA: Sage Publications, 2005.

[6] Gudykunst W B. Communicating with Strangers: an Approach to Intercultural Communication (fourth edition) [M]. Shanghai: Shanghai Foreign Language Education Press, 2007.

[7] Samovar L, Porter R. Communication Between Cultures[M]. Wadsworth Publishing Company, a Division of Thmoson Learning, 2001.

[8] Schneiderman L. Repression, Anxiety and the Self. [M]// M Stein A Vidich, D White. Identity and Anxiety. Glencoe, IL: Free Press, 1960.

[9] Scollon R, Scollon S. Intercultural Communication: A Discourse Approach [M]. Oxford, UK: Blackwell Publishers, 1995.

[10] Stephen W, Stephen C. Intergroup Anxiety[J]. Journal of social issues ,1985,41(3).

[11] Triandis H C. Individualism-Collectivism [M]. Boulder, CO: West view, 1995.

[12] Turner J C. Toward a Cognitive Redefinition of the Social Group[C]//H Tajfel. Social Identity and Intergroup Relations. Cambridge: Cambridge University Press, 1982.

[13] 胡文仲. 跨文化交际学概论 [M]. 北京：外语教学与研究出版社，1999.

[14] 许力生. 语言研究的跨文化视野 [M]. 上海：上海外语教育出版社，2007.

本文原载于《外语与外语教学》2009年第10期。

高校学生外语文化思考力的培养

张卫东　王　毓

　　"文化思考力"是指学生学习和掌握外国语言文化的一种综合能力。其核心是独立自主地对文化现象进行观察、思索、甄别和探索。基于认知学说理论，笔者提出应把这种能力的培养作为外语专业本科阶段文化教学的核心目标之一，并提出了培养"文化思考力"的方法与原则。

1 文化思考力产生的背景

　　Nostrand（1967）提出外语教师不应仅仅关注文化教学的内容和传播技巧，更应当注意文化教学的具体目标，否则会导致本末倒置，适得其反。他提出的文化教学的具体目标被概括为"九项能力"。在此基础上，Seelye（1993）提出了文化学习的总目标和7项子目标。这些目标都贯穿了一个认识不同文化的差异、解释差异、处理差异的主体思想，并描述了培养这些能力的具体途径。

　　20世纪90年代前，我国外语教学在培养学生知识目标上只是着重强调语言技能。1992年，国内有人提出了文化教学的概念，人们逐渐认识到文化教学的意义，并界定了文化教学的内容："语言本身的文化知识的传授，交际领域言语行为文化背景知识的讲解，专门的文化知识课程体系，以及包括语言与文化相关学科的专业课程。"（胡文仲 1992）但是，时至今日，文化教学的目标问题仍是一个讨论中的问题。

　　国内对外语文化教学曾提出过两个目标定位：一是归化于"目的语文化"，还是提高文化意识？二是"生产性双文化"目标：1+1＞2。对前者，有人指出，"就第二文化习得而言，归化于'目的语文化'的'文化同化'现象不应当视为是外语教学的成功之处"。"文化教学的目的并非要让学习者变得越来越'外国化',而是要通过外国语言文化学习的'跨文化对话'让学习者具备跨文化的交流意识和理解意识。"(顾嘉祖,陆昇 2002) "生产性双文化"的教学目标主要内容是:"在目的语的学习过程中,目的语与母语的水平相得益彰;目的语与母语文化的鉴赏能力相互促进,学习者自身的潜能得以充分发挥。"(高一虹 1999)这个目标强调的是两种文化的鉴赏能力。它应该是站在文化相对主义的立场上,具备文化洞察力和理解力,即认识差异,又具宽容心地去处理差异。从跨文化交流意义上看,注重两种文化的互动,是一种较高的境界。

还有人提出中国外语文化教学的目标应该为"文化创造力",并解释文化创造力是指外语学习者在跨文化交际的实践中,掌握和运用外国语言文化知识,并与本国文化相互作用而产生的一种创造力,是"一种主动从外国文化的源泉中摄取新东西的能力",特别强调外国文化与本国文化的相互作用(陈申 2001)。把这个目标同高校学生实际情况结合,存在两个问题。第一,本科生阶段的学生尚不完全具备达到"文化创造力"的能力基础。这个阶段的学生,文化知识课程设置不足,课外阅读量有限,社会文化阅历较浅,世界观还在形成中。让他们"对外国文化进行消化,把其中优秀的、有用的部分吸纳到我们自己的文化中来"(陈申 2001),有一定的难度。让他们做"既继承传统,又不断创新的改革者"(陈申 2001),标准也略高了一些。因此,"文化创造力"对他们还可望而不可及。第二,《高等学校英语专业教学大纲》(2000)第四条教学原则中规定:在专业课程教学中要注意培养学生的跨文化交际能力。这种能力除包括正确运用语言的能力外,还包括对文化差异的敏感性、宽容性以及处理文化差异的灵活性。可见,大纲把文化学习的重点放在文化差异上,这与"文化创造力"尚有一段距离。

在"文化创造力"的启发下,基于高校的实际情况,笔者认为本科生阶段外语文化教学的目标应定为"文化思考力"更切合实际。研究生阶段或后本科生阶段的学习与研究则应该遵循"文化创造力"的目标。

2 "文化思考力"的内涵阐释

"文化思考力"指学生在外语学习中,能够自觉、独立、敏锐地对一些外国文化现象思考、对比本国文化,发现相同点和不同点,并试图提出问题和解决问题的能力。这种能力呈线性发展、环环相扣、步步深化的特点。它的整个过程可以概括为:文化意识→文化观察→文化思索→文化甄别→文化探索。文化意识是培养文化思考力的第一步,重在引导学生重视并挖掘语言中的文化现象,对文化从无兴趣到有兴趣，增加对文化的敏感性。文化观察是在学生具有文化意识的基础上，培养学生对发现的文化现象进行思考的能力，包括新类别的建立、开放性地接受新信息和多视角观察文化现象的能力。文化思索的实质是要培养学生在观察的基础上能动地想问题。这是学生从传统的被动接受到主动学习的一个转折点，这是一个质的飞跃。跨越了这个点，就为全面培养文化思考力提供了可靠的保证。文化甄别是指基于积极的思索，综合各种信息，梳理各类现象，对比本国文化或熟悉的文化，寻找二者的相同点、不同点，或者规律。外语学习者在目的语文化的冲击下常常会产生惊异、迷惑、困扰，在与本民族文化的不自觉比较中，也会对本民族文化产生疑问、反省、思索。文化探索是"文化思考力"的最高发展阶段，它强调在发现差异、规律的基础上，从理论上予以阐释，寻找原因，提出问题，并试图解释问题，培养处理差异的灵活性。由于所触及的文化大部分属深层次的隐蔽文化，要求学生具备较丰富的知识和较高的理论水平，从而实现两种文化间的互动。简言之，这个目标的实现是一个动态发展的过程：文化意识是起点，文化观察是基础，文化思索是实质，文化甄别是成果，文化探索是升华。在这个过程中，文化甄别是最低要求，文化探索是较高要求。

3 "文化思考力"的建构依据

理论依据——认知冲突理论。认知学说理论认为，人与人在认识上只有程度的差异，而无本质不同。它强调学习者自己的发现。因此，学习是学生对意义的亲身发现，而学习过程比学习产物更重要。根据认知学说而建立的探讨—发现途径，要求学生独立地或受较少控制地去认识学习对象的各种关系和解决相关的问题。这个途径有三大特点：一是在教学内容上主张教给学生本门学科的基本结构、观点和方法，使学生能通过自己的头脑亲自去发现、获得知识；二是在教学组织上，主张以学生为主体的课堂，教师的职能是组织学习情景，把有意义的关系突出出来，从而使学生用自己的感观去感知和理解题材；三是在具体教学方法上比较开放，由教师寻找适当的方法促使学生自己去发现那些关系。"文化思考力"在教学过程中应用了探讨—发现的途径，重视学生独立自觉地观察问题、探索问题和解决问题的能力，重视以学生为中心，发挥学生潜能的课堂教学。学习的过程就是减少冲突的过程，以此来促进认知结构的不断重新调整。教师的任务不是从一开始就为教学内容提出详尽、圆满的解释，而是充分调动教学内容引发知识冲突的潜力，使其发挥积极的作用。"文化思考力"目标的培养过程，恰恰需要教师用不同文化的差异、矛盾甚至冲突作为教学方法的出发点，激起学生的求知、求真欲，调动并释放学生的潜在能量。

实践依据——学生的认知能力现状调查。为了了解学生文化学习的客观状况和认知能力，为"文化思考力"提供实践依据，笔者曾针对燕山大学06级英语专业学生做了一个调查问卷。问卷由两部分组成，即课外阅读情况和社会文化阅历。第一部分关于课外阅读的调查量化为阅读数量、类别、兴趣、时间和教师指导5个方面。调查结果显示，在校两年半中，学生平均阅读量约为9本。关于阅读的类别，62%的学生阅读文学类，11%阅读政、经、史、地类，27%的学生选择其他。在阅读兴趣方面，70%的学生认为有较大兴趣，30%的学生认为一般。关于阅读时间，73%的学生选择较多，27%的学生选择不多。关于教师指导课外阅读，经常指导的占11%，偶尔指导的占23%，66%的学生认为没有教师指导。总体分析看来，多数学生有较大阅读兴趣和较多的阅读时间，但如何科学有效地利用时间以及如何把兴趣转化为动力，需要教师系统有序地指导，学生尚不具备完全驾驭自己时间和精力的能力。课外阅读的不足会造成学生基础知识的薄弱，而认知是基于一定的知识体系之上的思维活动，因此基础知识的薄弱又会导致学生认知能力的欠缺。

第二部分关于社会文化阅历的调查结果表示，所有学生都没有工作履历，仅有32%的学生参加过短期社会实践。实践是一种文化活动，是文化习得的最佳方式之一。但由于实践机会的缺乏，学生对文化现象的观察往往停留在表面上，思考与分析深层原因的能力有限。这样，教师在本科生阶段对学生的文化理解力不能要求过高，目标要实际，要从增强意识入手，逐步培养，分类实施。另外，由于缺少文化实践，学生对文化现象的认知能力的确不足，急需用一种新颖的教学目标体系培养这种能力。

4 "文化思考力"的培养原则

从教学内容来看，应提倡两个交融。一是语言与文化的有机交融。以往文化内容都是作为明晰的知识附加到外语课程中，这是一种有计划的"兼并"，而不是自然的"融合"。文化包含了语言，语言体现着文化。要通过语言学习文化，再由文化丰富语言（赵爱国，姜雅明 2003）。二是传统的大写C文化与人类学和社会学的小写c文化有机交融。二者不仅可以提高跨文化交际能力，也有助于积极地思考，真正理解、把握和处理不同文化。从教学方法来看，由于"文化思考力"的整个过程都具有自觉、独立的行为特点，教师就应该有意识地培养、引导、挖掘学生的这种行为能力。在课堂上要以学习者为中心，把学生当作特别的个体，强调个人积极投入、学习自主的重要性，强调教师与学生的互动，教师引导、启发，学生主动参与，共同探讨、交流。文化讨论的教学模式是典型的范例。该模式强调教师作为组织者，调动全班学生就某个文化专题开展有程序的、面对面的讨论，目的在于解决一个实际问题，解答特定的课题，加深对某一主题的理解。在教师的启发、引导、组织下，学生主动参与，积极思考，畅所欲言，开展以学生为中心的教学活动。

外语文化教学领域有许多课题需要研究，而教学目标问题是重中之重，教学内容与教学方法都要服务于目标。"文化思考力"提出的目的就是要解决教学目标问题。目标确定得当，其他问题迎刃而解。中外学者对文化教学的研究奠定了"文化思考力"的理论基础，调查结果分析显示了它的必要性，教学的实践验证了它的合理性和可行性。尽管如此，作为一种新思想的探索，"文化思考力"乃一家之言，有抛砖引玉之意，并有待于在实践中进一步检验和完善。

参考文献

[1] Nostrand H L. Describing and Teaching the Sociocultural Context of a Foreign Language and Literature[C]//Valdman A. Trends in Language Teaching. New York: McGraw-Hill, 1967.

[2] Seelye H N. Teaching Culture: Strategies for Intercultural Communication[M]. Lincolnwood, Illinois: National Textbook Company, 1993.

[3] 陈申. 语言文化教学策略研究[M]. 北京：北京语言文化大学出版社，2001.

[4] 高一虹. 生产性双语现象考察[J]. 北京：外语教学与研究出版社，1999（4）.

[5] 顾嘉祖，陆昇. 语言与文化[M]. 上海：上海外语教育出版社，2002.

[6] 胡文仲. 文化教学与文化研究[J]. 外语教学与研究，1992（1）.

[7] 赵爱国，姜雅明. 应用语言文化学概论[M]. 上海：上海外语教育出版社，2003.

本文原载于《中国高等教育》2011年第5期。

跨文化交际课程建设与大学生
跨文化交际能力的培养

赵志刚

摘 要 在文化全球化背景下，大学生跨文化交际意识和能力的培养成为我国高等教育的一个重要指标。而大学英语课程建设对当代大学生跨文化交际能力和"地球村民"意识的培养起着关键作用。从跨文化课程建设的必要性、时代背景、课程建设所涉及的关键因素及可行性等层面指出当前跨文化交际课程建设中存在的问题和解决的路径。

关键词 跨文化交际；跨文化意识；跨文化交际能力

新时代多元文化语境对当代大学生培养提出了新的要求，即一名合格的大学生必须具备一定的跨文化意识和跨文化交际的能力。跨文化交际能力的培养不再仅仅是水中月、镜中花，而是每一名大学英语教师和每一名大学生都不得不面对的一个真真切切的问题。当前在国内高校广泛开展了新一轮的教学改革，跨文化交际作为一个必修课程被单独列为一个模块，可见全国的英语教育工作者对跨文化交际能力的重视。很多学者普遍的共识是，针对非英语专业同学开设的跨文化交际课程应该与英语专业的跨文化交际课程不同，应该更为通识化和基础化。但是具体应该怎样操作，国内学者莫衷一是。

1 问题的提出

多年来，中国的大学英语教学一直以一种"在路上"的姿态不断发展和完善着。新时期以来，相关领域的专家开始将大学英语课程分为多个不同的模块进行尝试，大学英语教学改革也由此进入了一个新阶段。王守仁教授（2017）依据教育部发布的"本科人才培养质量国家标准",从构建大学英语教学生态系统的视角将大学英语分为"通用英语""专门用途英语"和"跨文化交际"3个模块。黄坚承、陈恒汉(2018:154)指出,面对大学英语的转型课改,"在原有的大学英语课程体系的基础上增设后续选修课程群,可以分为能力拓展模块、ESP(专门用途英语)模块和跨文化交际模块等"。就教学改革实践而言,目前,复旦大学、西南交通大学、重庆大学以及河北省的部分高校包括燕山大学、河北师范大学、河北科技大学和河北经贸大学都设置了跨文化交际课程模块。跨文化交际模块的设置具有特殊意义。在我国高等教育中,自21世纪以来,大学生跨文化交际能力的培养成为大学英语教育的一个重要目标。但是,我们又不得不面临着一个严峻的问题:越来越高的培养要求与不断缩减的英语课时之间的矛盾。

那么,新时期跨文化交际课程建设与以往的课程建设有什么不同?课程建设对大学生跨文化交际能力培养有什么影响呢?这就需要我们对跨文化交际课程所涉及的重要因素进行梳理,并在此基础上构建适合新时期的跨文化交际课程群,以更加有效地培养符合新时代要求的大学生。

2 跨文化交际课程的教学目标与课程群建设

当前,国内有学者对跨文化交际课程建设进行了初步探讨。崔丽丽(2013)从"跨文化课程体系的必要性和重要性""跨文化课程建设现状""跨文化课程建设的建议"对跨文化课程体系的建设进行了探讨。陈白颖(2015:120)从"跨文化主义(inter-culturalism)"视角探讨了大学英语课程群教学模式的问题,但跨文化交际课程被设定在选修课的范畴。基于前人的研究成果,笔者认为,跨文化交际课程建设与教学目标、核心教材的选取、辅助或先修课程的设置以及教学模式和考核方式等因素密切相关。

一,跨文化交际课程的教学目标和教学内容。美国文化人类学家爱德华·霍尔(Edward T. Hall)在1959年首次提出了"跨文化交际"概念,并影响了人类学、心理学、社会学、语言学、教育学等领域相关理论的建构。随着全球化进程不断发展,"跨文化交际"成为一个关键概念。20世纪80年代以来,Bennett(1986,1993),Byram(1997),Fantini(2000),以及Lussier(2009)等学者提出的ICC理论模型对外语教学产生了重大影响。尽管各模型各有侧重,但总体来说都包含3个基本层面:知识(认知层面),技能(行为层面)和态度(情感层面)。胡文仲(1997)认为大学生跨文化能力的培养应从不同的能力层次入手。北京外国语大学教授文秋芳（1999）也提出了跨文化交际模型，主要包括3个层面：敏感性，容忍度和对文化差异的灵活性，对中国的跨文化交际教学和改革起着重要的指导性作用。在新一轮改革之前，大多数高校只针对英语专业的学生开设跨文化交际课程。在2000年，《高等学校英语专业英语教纲》把培养跨文化交际能力正式列为大学专业英语教学目标体系，引发了国内学者的深度讨论。其他一些学者则顺势将跨文化交际能力引入到大学英语教学目标中。刘乃美（2005）、毕继万（2005）、庄恩平（2006）、张卫东（2012）等学者都认为跨文化交际能力应该成为大学英语教学培养的最终目的。《大学英语课程教学要求》和教育部高等学校外语教学指导委员会研制的《大学英语教学指南》（2015）等重要文件都强调了大学生跨文化交际能力培养的重要性。跨文化交际课程的建设可以帮助学生通过学习跨文化交际知识，了解不同文化背景、分析文化冲突根源、达到有效得体的跨文化交际目的。培养跨文化交际能力对肩负着人类历史使命的年轻地球村民来说显得尤为迫切和重要。在这样的背景下，全国高校掀起了新一轮的教学改革，普遍将"跨文化交际"课程列为主要板块，课程体系建设正在不断完善。

随着教学改革的广泛开展，各出版社为了迎合和满足当前大学英语跨文化交际课程建设的需要，纷纷推出了自己的跨文化交际教材。

表1 跨文化交际教材出出版信息

教材名称	出版社	出版时间	作者
跨文化交际导学	中央广播电视大学出版社	2003	杜亚琛
跨文化交际	重庆大学出版社	2008	张爱琳
跨文化交际视听说	高等教育出版社	2009	樊葳葳
新编跨文化交际英语教程	上海外语教育出版社	2009	许力生
大学英语跨文化交际教程	清华大学出版社	2009	严明
跨文化交际教程	北京大学出版社	2009	刘凤霞
跨文化交际教程新编	科学出版社	2010	曹湘洪
跨文化交际教程	苏州大学出版社	2011	蔡荣寿
跨文化交际	武汉大学出版社	2011	李建军，李贵苍
跨文化交际基础	对外经济贸易大学出版社	2011	曹瑞明
跨文化交际	北京大学出版社	2011	常俊跃，吕春媚，赵永青
跨文化交际	国防工业出版社	2013	李桂荣
跨文化交际实用教程（高等学校英语拓展系列教程）	外语教学与研究出版社	2013	胡超
跨文化交际与沟通	北京师范大学出版社	2013	甘利
新编跨文化交际英语教程	上海外语教育出版社	2013	许力生，吴丽萍
实用阶梯英语：跨文化交际	大连理工大学出版社	2014	牛健
跨文化交际教程	云南大学出版社	2014	杨恒波

（续表）

教材名称	出版社	出版时间	作者
跨文化交际：东西方对话	上海外语教育出版社	2014	Bates Hoffer
跨文化沟通	外语教学与研究出版社	2014	庄恩平，Nan M. Sussman
跨文化交际技巧：如何跟西方人打交道（学生用书）修订版	上海外语教育出版社	2014	（美）斯诺
跨文化交际教程	中国人民大学出版社	2015	杜平
跨文化交际英语	上海交通大学出版社	2015	金真
影视作品中的跨文化交际	西南交通大学出版社	2015	马晶文
跨文化交际导读	国防工业出版社	2015	郭映菁，张冰天
英语影视与跨文化交际	西安交通大学出版社	2015	吉乐，李蓓岚
英语听说译与跨文化交际	经济管理出版社	2015	王玲
跨文化交际	西北工业大学出版社	2016	杨惠英
跨文化交际实用英语教程	湖南大学出版社	2016	刘和林
跨文化交际综合教程	商务印书馆	2016	李本现
跨文化交际导论（第二版）	对外经济贸易大学出版社	2017	窦卫霖
跨文化交际与地球村民	高等教育出版社	2017	高永晨
跨文化交际（第八版）	北京大学出版社	2017	拉里·萨莫瓦尔
新视界大学英语系列教材文化与跨文化交际：大学英语视听说	中国人民大学出版社有限公司	2017	杨君如
跨文化交际（第4版）	重庆大学出版社	2018	王蓉，张爱琳
新媒体时代跨文化交际视听说教程	西安电子科技大学出版社	2018	陈争峰
跨文化交际教程	浙江大学出版社	2019	余卫华，谌莉

根据以上统计，我们可以看到2015年是跨文化交际教材出版的一个重要时间节点。如上文所说，这一年颁布的《大学英语教学指南》（2015）成为跨文化交际教材猛增的一个催化剂。2015年以前，多数教材是为英语专业学生设计的，而针对非英语专业学生设计的教材并不多。外研社和高教社大力推动了当前正在进行的大学英语改革。这些出版社邀请高等教育学会的专家为全国大学英语教师召开高水平的大学英语教改会议，将新时期大学英语教学的重点和发展方向传递给全国的骨干教师。外研社出版的《跨文化沟通》（2014）和高教社出版的《跨文化交际与地球村民》（2017）借鉴了英语专业教材的内容设置，在内容的选取上更注重可读性，课堂活动和课业设置更符合非英语专业同学的水平。其中一大亮点即是将符合时代特色的跨文化阅读资料设计进教材中，比如"马云将阿里巴巴带到美国"，突出了时代特色。

其次，辅助课程的设置。当代大学生身处多元文化共存的文化语境中，跨文化的文化语境为他们提出了更高的要求，即他们不仅要了解跨文化的基本理论，而且还要更多了解自己国家和其他国家的文化，才能更好地适应和迎接时代提出的挑战。也就是说，仅仅一本《跨文化交际》的教材是不能满足学生们的培养需求的。基于此，我们建议在核心课程的基础上，应该设立其他的辅助课程，从而以课程群的形式来完成大学生跨文化交际能力的培养。但是，不断压缩的课时为我们开设辅助课程增加了难度。随着当前慕课和微课等借助新媒体而兴起的教学手段的不断普及和完善，我们建议应该在核心课程《跨文化交际》的基础上，增设《中国文化概论》《英美文化概况》《中英文化对比》等文化课程，以完善学生们的知识结构。这些课程可以以微课的形式让学生在线下完成，从而以线上线下相结合的方式帮助学生掌握语言、文化、交际等跨文化交际方面的相关知识及概念，意识到并学会尊重中英两种文化之间的差异，在跨文化的语境中，掌握交际的基本技巧，以避免冲突，达到有效沟通和交流的目的。

3 跨文化交际能力的培养模式与评价方式

根据跨文化交际课程群建设的实际情况完成教学设计、完善教学模式和考核方式。首先，利用现代移动设备手段鼓励学生"泛在式"学习。通过对一些学习平台的建设，将核心课程和辅助课程的资料提前发到该平台，真正实现线上线下相结合的教学模式。运用跨文化交际基本理论进行案例分析，培养学生对文化差异的敏感度，通过运用所学理论对跨文化交际常见问题的分析，培养学生实际跨文化交往中的语言能力、非语言能力、变通能力、心理调适能力和异文化环境中行为处事的能力。通过课堂活动和仿真场景的设置，使学生具备开阔的文化眼光，学会认识自我，包容他人。通过课程教学，使学生能与英语国家人员进行有效交流，具备一定的国际视野。

其次，在考核方式上，采取形成性评价和终结性评价相结合的方式来评价学生的跨文化知识、情感和能力，形成性评价和终结性评价各占50%。在形成性评价中，应增加采分点，从而更为客观地评价学生的跨文化交际能力。同时，在布置作业上也更加灵活。比如，利用学校中的留学生和外教资源，让学生录制采访视频或完成其他跨文化交流的任务，真正做到学以致用。

最后，各高校中不同专业的学生都各有自己的特色，因此每个学校中的跨文化交际教研组都应该在当前各种版本教材的基础上积极开发适合不同专业和自己学校的校本教材，这样在培养学生的跨文化交际能力上就更有针对性，教学效果也会更好。

4 结语

当代大学生跨文化交际能力和"地球村民"意识的培养需要各方面的共同努力。在大学英语课程改革中,跨文化交际课程的建设成为培养合格大学生的一个关键环节。在文化全球化背景下,人才培养模式需要不断调整以跟上时代发展的步伐。我们应该紧紧抓住当前大学英语教学改革的宝贵机会,把跨文化交际教学推向一个新阶段。

参考文献

[1] 毕继万. 第二语言教学的主要任务是培养学生的跨文化交际能力[J]. 中国外语,2005(1):66-70.

[2] 陈白颖. 跨文化视域下的英语课程群模式探索[J]. 江苏第二师范学院学报,2015(2):120-123.

[3] 崔丽丽. 高等学校通识教育跨文化课程体系建设研究[J]. 沈阳农业大学学报(社会科学版),2013(6):725-729.

[4] 胡文仲. 跨文化交际学概论[M]. 北京:外语教学与研究出版社,1997.

[5] 黄坚承,陈恒汉. 大学英语后续选修课程群建构:以 ESP 为例[J]. 湖北函授大学学报,2018(4):154-156.

[6]刘涵,胡金婵. 跨文化交际能力概念及理论模型文献综述[J]. 学理论,2013(8):169-171.

[7] 刘乃美. 交际策略研究对我国外语教学的启示[J]. 外语界,2005(3):55-60.

[8] 王守仁. 高校外语教师发展的促进方式与途径[J]. 外语教学理论与实践,2017(2):1-4,15.

[9] 文秋芳. 英语口语测试与教学[M]. 上海:上海外语教育出版社,1999.

[10] 张卫东,杨莉. 跨文化交际能力体系的构建——基于外语教育视角和实证研究方法[J]. 外语界,2012(2):8-16.

[11] 庄恩平. 跨文化能力:我国21世纪人才必备的能力——"2006跨文化交际国际学术研讨会"综述[J]. 外语界,2006(5):79-80.

本文原载于《英语教师》2019年第13期。

大学英语跨文化交际能力培养体系研究述论

李 洁

摘 要 随着时代的发展，从交际的角度上讲，整个地球已经变成了一个村落，交际不再受时间和空间的限制，而英语作为世界上使用最广泛的语言，开始越来越为中国人所重视。但是在中外交际的过程中，文化的差异为交际带来了很大的挑战，因此如何培养跨文化交际能力，是当代教育界着重思考的问题。本文对跨文化交际能力进行简要分析，提出大学英语跨文化交际能力的培养体系的构建方式，希望对大学英语跨文化教学以及学生掌握跨文化交际的要领有所帮助。
关键词 大学英语；跨文化交际；培养体系；构建

随着国际贸易和跨文化交流的日益深化，培养新时代的青年的跨文化交际能力成了时代的要求。语言作为文化的主要载体，在进行语言教学时，首先要进行文化教学，唯有如此才能培养出社会所需要的拥有跨文化交际能力的人才，为学生自身的发展以及国家的发展提供帮助。

1 跨文化交际能力的定义

关于跨文化交际能力，并没有很确定的定义，一般认为跨文化交际能力就是指在跨文化的交际过程中所需要的各项能力，包括对不同语言文化背景、语法、读音、俚语的了解。对此有学者认为跨文化交际能力是"在具体语境中合适的和有效的交际行为能力"。从科学的角度来看，不同地域的文化拥有不同的发展历史，在独特的历史背景下，如果不能够明白对方语言中的文化含义，那么在交际的过程中就很容易闹出各种笑话。为了不同文化的人之间的正常交际，跨文化交际的理念诞生。跨文化交际的最终目的是使不同文化的人在交际过程中实现"有效性"以及"合适性"。

2 大学英语跨文化交际能力的培养体系

2.1 确立大学英语跨文化交际能力的培养目标

2.1.1 语言能力

大学英语教学的主要目的是让学生能够利用英语进行交流，而交流的基础则是语言能力。学生不仅需要掌握英文的写作，更应该掌握英文的听说，这才是交流的主要构成部分。在实际的教学过程中，教师不仅需要向学生传授语法知识，教会学生如何去写作，更应该向学生传授语用知识，教会学生如何将所学的知识运用于口语中。对于语言能力的培养当然不仅仅限于这些，想要进行跨文化交流，必须理解不同文化之间的差异，这样才能够避免在交流中出现各种尴尬，使交流能够成功地进行。对于学生交流能力的培养能够让学生处理交际中的各种问题并且成功传达自己想表达的信息，从而完成交际的基本功能。

2.1.2 思维能力

无论在哪个学科之中，培养学生的思维能力都是必不可少的。在英语教学中培养学生的思维能力，能够帮助学生站在对话者的角度思考各种问题，从而能够体会到对话之间的各种情感，由此做出各种合理的应答，思维能力的建立是完善交际的重要手段。

2.1.3 行为能力

所谓的行为能力指的是行为规范理解和行为冲突处理以及解决跨文化交际中出现的各种问题的能力。跨文化交际中的双方具有不同的文化背景，如果在交流的过程中做出令对方不愉快的动作，或者说出触犯对方禁忌的话题，就会导致交际的失败。因此在跨文化交际的过程中，唯有良好的行为能力才能够正确处理跨文化交际中的各种尴尬问题，从而达成良好的跨文化交际。

2.1.4 社会性发展能力

这里所谓的社会性发展能力主要由建立人际关系的能力和文化适应能力组成。无论是相同文化之间的交往还是不同文化之间的交往，建立人际关系都是交往的前提。而由于交流双方所处的文化背景不同，行为方式、语言习惯也会存在差异，只有在交际的过程中暂时改变自己的文化习惯以迎合对方的需求，才能够达成交际的目的。

2.2 提高教师队伍的职业素质

想要培养大学生的跨文化交际能力，提高大学英语教学的效果，教师队伍的职业素质是成功的关键。要想培养学生的跨文化交际能力，首先教师自身要拥有较强的跨文化交际能力，有较高的文化素养。对于有条件的学校，可以将相关的英语教师送往国外进修，使教师具体了解西方国家的文化背景，更加熟悉交流中的规则，从而提高自身的职业素质以及跨文化交际能力。对于一般的学校来说，要想提高教师的跨文化交际能力，不妨采用"请进来和走出去"的原则，请外教或者跨文化交际能力较强的人来对教师进行培训，分享资源和经验，这样也是提高教师队伍职业素质的有效方法。

2.3 优化跨文化交际能力培养的方法和手段

2.3.1 让课程设置满足学生的需求

在高校中，课程的设置直接影响到大学英语教学的效果，也影响到大学生跨文化交际能力的培养。近些年来我国高校对于课程设置进行了普遍的尝试，纷纷设计了各种各样的大学英语课程，例如：英美报刊选读、实用职场英语、美国文化简介等。大学英语课程的多样化能够满足不同学生的不同要求，课程涵盖听、说、读、写等多个方面，能够有效培养学生各方面的能力，为学生的跨文化交际能力奠定基础。多种类的英语课程为学生了解英美文化提供了更好的契机，可以了解不同文化之间的语言和动作的习惯，从而开阔了学生的文化视野，使得学生在进行跨文化交流时能够应付自如，很好地避免各种不礼貌的现象发生。

2.3.2 改革教材内容

教材是教学的核心，英语教学质量的高低、大学生跨文化交际能力培养的好坏，都与教材的内容息息相关。在如今通用的大学生读写译综合教程的基础之上，很多学校都采用了其他的教材，让学生对于英美文化能够有更多的了解，有效满足学生各方面的需求。很多教材都具有较高的趣味性、真实性以及启发性，能够充分培养学生各方面的能力，提高学生的认知水平。而且内容丰富，题材广泛，兼顾文化的不同层次、层面，兼顾输入与输出以及听、说、读、写、译的各种平衡，凸显跨文化交际能力培养的综合性、实用性等特色。教材充满时代气息，富有趣味性，有利于激发学生的求知欲和内驱力，并配有相应的电子文本，以满足不同对象在不同阶段的学习需求。

2.3.3 创新课堂教学方式

要想培养学生跨文化交际的能力，就需要学生了解英语中的各种文化知识，现有的基础英语教学难以满足这种需求，因此在教学过程中要注重对于高级英语的教学，例如对于各种谚语、俚语的解释和运用等，让学生了解这些谚语或者俚语的内涵，这样在交际的过程中才不会用错、闹出各种笑话。而想要让学生了解中西文化之间的差异，不妨将两者放在一起从各个角度进行对比，这样学生才能够有更直观的认识，也能够迅速提高跨文化交际的能力。具体说来，教师可以通过教材中的各种细节来挖掘中西文化背景的差异和特点，将这些细节罗列出来供学生进行参考，提高学生对于文化差异的敏感度，同时帮助学生了解异域风情，了解西方文化中不同的动作、不同的语言含义，从而对西方文化有一个整体的把握。再者，在教学过程中，不妨通过情景模拟来提高学生对于课程的兴趣，也让学生在参加模拟的过程中对于教师所讲授的知识有更充分的见解。例如：在口语课堂上，教师可以让学生表演一段莎士比亚的戏剧，通过戏剧中的台词来体会人物的心情，了解各种俚语的含义，提升对于西方文化的认知。将课本上的理论知识运用于实际之中，使得学生有更深刻的见解，更容易将新的知识内化到自己的知识体系之中。

2.3.4 通过文化知识教学，培养学生的社会性发展能力

在实际的教学过程中，要想提升学生的跨文化交际能力，还需要通过专门的文化知识教学，帮助学生建立起基本的文化知识框架，从而培养学生的社会性发展能力。仅仅依靠教材课文中的片段难以让学生对于西方文化形成全面而系统的认识，也不利于学生跨文化交际能力的建立，因此开设专门的文化知识课程也是非常有必要的。

专门的文化知识教育课程能够让学生系统了解西方国家的历史、文化、习俗、宗教等各个方面的内容，从而深刻了解西方人的价值观以及行为方式、思维方式，通过对于这些的了解，学生才能够更好地理解不同文化中不同动作、语言的内涵，从而在跨文化交际的过程中表现得更为得体，能够很好地处理各种交流中的障碍。

2.3.5 创新改革评估体系，实现跨文化交际能力的多元评价

纵观我国大学英语的教学评估，很多学校的教学评估手段都过于单一，不仅评估教学的结果不准确，而且很容易挫伤学生学习的积极性，不利于新时期下高素质学生的培养。要想培养学生的跨文化交际能力，就必须改革现有的评估体系，实现对于跨文化交际能力的多元评价。要想改革评估体系，不妨从以下几个方面入手。

（1）评估学生的语言能力。除了大学英语口语教学，在大学英语的其他教学项目中，对于学生语言能力的评估几乎没有，很多学生可以写但是不能说。而在实际跨文化交往的过程中，人们的交流更多的是以交谈为主，以书信为辅。因此

必须加强对学生语言能力的评估，促进学生表达能力的提升，激发学生的写作热情，从而切实提高大学生的跨文化交际能力。

（2）考察学生的思维能力。在各种课程的教学之中，对于学生思维能力的培养都是必不可少的，但是在考察中却很少涉及学生的思维能力。思维能力作为一个抽象的概念，往往难以考察也难以去评定，但是想要提高学生的跨文化交际能力，就必须帮助学生树立正确的思维能力，使得学生能够正确地处理各种问题。例如：在跨文化交际中，谈论到同一话题时双方拥有不同的意见，如何去说服对方同意自己的意见，而又不通过激烈的辩论的方式，这对学生思维能力的要求就很高了。

（3）考察和评价学生的行为能力。在跨文化交际之中，不仅语言是交际的一种形式，肢体动作也是一种重要的交际形式，不同的肢体动作在不同的文化中有不同的含义，如何避免自己的行为给对方带来不快，是当代大学生在进行跨文化交际时应该着重思考的问题。通过对于学生行为能力的考察和评价，能够帮助学生快速认识到哪些行为是不恰当的，从而灵活应对各种跨文化交际的环境，对于各种复杂的交流都能够处置得当。

（4）考察学生的社会性发展能力。社会性发展能力是组成跨文化交际能力的重要部分，社会性发展能力的有无将直接关系到跨文化交际的成败，因此在整个大学英语教学过程中，都应该加强对学校社会性发展能力的培养，在课程结束时也要加以相应的考察。考察的目的是让学生在社会性发展能力的培养上投入更多的精力，注重不同文化之间的差异性和多样性，在跨文化交际时能够暂时改变自己的文化属性，从而进行顺畅的跨文化交际。

（5）构建大学英语跨文化交际能力培养的环境。要想培养大学生跨文化交际能力，仅仅通过课堂上的努力是不够的，应该在整个校园内构建大学英语跨文化交际能力培养的环境。具体说来，学校可以充分利用各种资源来帮助学生建立跨文化交际能力。例如：网络、竞赛、宣传等。如今网络已经深入人们工作、生活的方方面面，大学生也不例外，甚至大学生对于网络有着更深的依赖。因此在大学英语教学的过程中，学校不妨构建英语学习的网站或者论坛，实时提供各种双语新闻以及各种影视资源的下载，或者是对学生英语方面的疑问进行解答。如今微信是学生喜闻乐见的交流工具，学校也可以在微信上创建相应的账号，让对英语有兴趣或者是有疑问的学生来关注，对学生提出的各种问题予以回答，甚至可以请外教来与学生进行沟通交流，这样的交流方式既方便又快捷，能够在很大程度上帮助学生培养自己的跨文化交际能力。

3 小结

随着经济全球化的发展，英语作为一门全球化的语言已经越来越为人们所重视。培养学生的跨文化交际能力是社会对于新一代的大学生的需求，跨文化交际能力就是指在跨文化的交际过程中所需要的各项能力，包括对不同语言文化背景、语法、读音、俚语的了解。在这样的环境背景下，大学英语教学首先需要做到确立大学英语跨文化交际能力的培养目标、提高教师队伍的职业素质、让课程设置满足学生的需求、改革教材内容、创新课堂教学方式，通过文化知识教学，培养学生的社会性发展能力、创新改革评估体系，实现跨文化交际能力的多元评价、构建大学英语跨文化交际能力培养的环境，唯有如此才能切实促进大学生跨文化交际能力的培养。

参考文献

[1] Larry A Samovar, Richard E Porter. Communication between Cultures [M]. Beijing: Beijing University Press, 2004.

[2] 贾玉新. 跨文化交际学[M]. 上海:上海外语教育出版社，1997.

[3] 张红玲. 跨文化外语教学[M]. 上海:上海外语教育出版，2007.

[4] 刘学惠. 跨文化交际能力及其培养:一种建构主义的观点[J]. 外语与外语教学，2003（1）.

本文原载于《湖南科技学院学报》2015年第12期。

跨文化语用研究

语料库视角下中国古代经典外译中
主要官衔的原型对等化处理
——以《东周列国志》的英译为例

王林海　　史玉姝　　刘　磊

摘　要　基于原型理论和功能对等理论，在翻译《东周列国志》的实践中提出了原型对等的理念，并将其应用于本书中古代官职名称的英译过程，且根据已完成的翻译尝试建立一套古典官衔翻译语料库，目的是为今后其他经典翻译提供借鉴。

关键词　《东周列国志》；官职名称；原型对等；语料库

中国典籍外译对外国读者了解中国文化意义匪浅。为进一步传播中国历史文化，我们翻译团队开始了《东周列国志》的翻译工作。由明代小说家冯梦龙改编、清朝的蔡元放修订的历史小说《东周列国志》记录了从西周衰落到秦始皇统一中国700多年间诸侯国纵横捭阖，争相问鼎中原的历史。在世界文化交流日益频繁的背景下，将这部作品原汁原味地译成英文无疑会使外国读者更好地了解和欣赏中国历史智慧和文化传承。

《东周列国志》目前还没有译文出版。在翻译这一经典作品的过程中，由于源语文化和译语文化的差异，如何实现官职名称的有效英译成为一个关键问题。笔者对比了中英两国古代官职名称等级，基于原型理论和功能对等理论，在翻译实践中提出了原型对等的理念，并将其应用到古代官职名称的英译过程中，且根据所完成的译文尝试建立古代官职名称语料。在翻译古代典籍过程中，从语料库视角研究古代中国高级官衔的对等翻译，目的是为后续类似翻译提供借鉴。

1 中国古代官职名称和等级

中国古代有着严格的官职等级制度。据考古学家的发现，从商朝开始就已经出现爵制，但是当时的爵制并没有明确的等级划分，只是对诸侯或者官员的一种特定称呼。商代采用的是内服制与外服制的统一，周原为商的外服诸侯（葛志毅2000）。商代内服诸侯为商代君主的贵戚，外服诸侯为商王按军功分封的土地领主。西周建立于公元前1045年，牧野之战商纣王自杀，商朝灭亡，周武王建立周朝，成为春秋时期至尊无上的天子，其他国家的君主只能称公、侯、伯，向周王朝拜进贡。周建立之初，商代的爵称为周所沿用（刘芮方2011）。从西周时开始，周天子为天下共尊之王，各分封诸侯国的领主为诸侯，等级依次为公、侯、伯、子、男。

"随着儒学典籍的一统，周代五等爵之观点已基本成古人之共识"（刘芮方2011：7），但是很多历史学家对于周代到底实行的是五等爵还是三等爵尚有争议，且在周代，爵制仍存在"爵无定称"的现象。这种现象在青铜器铭文中有记载。例如"据《春秋》《左传》《国语》，齐、卫之君时称公，时称侯；秦、郑之君时称伯，时称侯；滕、薛之君时称侯，时称伯，甚至称子；邾、莒之君时称子，时称公"（陈恩林1994：70）。马卫东（2006）在他的文章中总结了6种"爵无定称"的情况，第一是诸侯并非一次受封而爵位世代不变；第二是诸侯居丧称子，逾年称公；第三是诸侯卒称本爵，葬时则加谥称公；第四是诸侯在国内可统称"公"；第五是公、侯等可以作为诸侯的泛称，这是不作爵称讲；第六是《春秋》因特殊原因对诸侯使用贬称。也有说法称"公"是封爵的依据，不过这个爵位仅仅授予封侯中身份特殊的尊者，是带有荣誉性质的封爵（雷海燕2008：37）。

《孟子·万章下》："天子一位，公一位，侯一位，伯一位，子男同一位，凡五等。"五等爵是指孟子所说的以天子为共尊之王，其余诸侯被分为五等，即公、侯、伯、子、男。而三等爵则将诸侯分为三等，即公、侯伯、子男。依据三等爵制，出现了"伯侯互见"，也就是说伯和侯是通称，这种现象是从西周开始的，这种说法很好地解释了为什么在《东周列国志》中，诸侯有时被称为"伯"有时被称为"侯"的现象。

根据《公羊传》中的记载，"公"在周代指的是"三公"，即"天子三公称公，王者之后称公"。在周初的"三公"指的是太宰、太保和太师。后来，"公"开始泛指在周王室中的执政卿士。还有一种是因为军功受封，成为"公"。《史记》中记载周武王在建立周王朝之初，"于是封功臣谋士，而师尚父为首封。封尚父于营丘，曰齐。封弟周公旦于曲阜，曰鲁。封召公奭于燕。封弟叔鲜于管，弟叔度于蔡。馀各以次受封"。

"公"在周代，也可以作为诸侯的通称，是一种尊称。比如在《公羊传》中提到的"鲁称公者，臣子心所欲尊号其君父。公者，五等之爵最尊。王者探臣子之心欲尊其君父，便得称公"。另外，周代的"公"还指"王者之后"，也就是殷商的后代。据《史记》记载，周武王灭商朝后，"封商纣子禄父殷之余民"。这是武王建立西周以来的第一次分封，随后，殷商的后代就一直延续着周王分封的封号和封地，并且位列公爵。后来，周朝一直延续这种分封的制度，先朝遗留下来的贵族都被授予公爵封号。

《古代汉语词典》中对"侯"的解释为"古代五等爵位中的第二等"。在一些学者认为的三等爵制中，侯和伯是同样的等级，都是捍卫周代王权的诸侯，但是等级比公低。根据《孟子》的记载："天子之制，地方千里，公侯皆封百里，伯七十里，子男五十里，凡四等。"公侯在封地面积上是一致的，但是公地位比侯更为尊贵且自主性和独立性比侯大。伯则比侯的封地更少，地位更低。但是根据三等爵制来划分，侯和伯是在同一等级中的。这就是为什么有些诸侯时而称伯时而称侯。

2 英国古代官职名称和等级

在英国，爵制分为两类，贵族和平民。贵族爵制即人们所说的大贵族，受封的人大多数是王室成员。平民爵制是因在战争中表现杰出，有军功的人，演变为后来的小贵族。

英国的爵制始于5世纪。在盎格鲁—撒克逊时代，出现了军事贵族，当时的英王根据军功将土地赐给军士，分封他们爵位。在7世纪时，英国开始正式使用册封文书来分封土地。得到土地的贵族被称为"塞恩"（thegn）。塞恩不断发展成为大贵族，人们开始使用"earldoman"来称呼这些大贵族。到10世纪末，earldoman演变成为今天英语中的earl。"在英国五级爵位中，伯爵出现的最早。英国伯爵称号Earl，是五种爵位称号中唯一的英文词，Earl是由古英语eorl转化而来。英国伯爵与法国伯爵称号count/comte并无继承或连带关系。"（丁晖 2007：92）伯爵是英国爵制中出现最早也是数量最多的爵位。

到11世纪时，法国诺曼人开始入侵并统治英国，出现了新贵族，国王开始实行封建主义土地分封制。"诺曼王朝又在军事征服的基础上，将'古英国'的政治遗产与诺曼底的封建领主租地制加以结合和调整，取缔了原有贵族体制中的塞恩阶层，代之以骑士为贵族底层的领有制。"（阎照祥 2000：34）此时出现了称为"骑士"的英国平民贵族阶层，他们效忠于自己的领主。经过不断发展，骑士成为贵族子孙必须经历的一个阶段，后来骑士逐渐衰落为英国的乡绅之一。16世纪，骑士和男爵都已成为不能参加上议院的乡绅，也就是小贵族。

在13—15世纪，英国的五等爵制基本形成。随着五等爵制的形成，英王爱德华三世在1337年封其子黑王子爱德华为公爵，这是英国最早的公爵。公爵的分封起初只局限于王室的成员，被封的公爵称为"Royal Duke"，后来一般称为"Duke"。其夫人或者女公爵则被称为"Duchess"。

侯爵是英国五等爵制中的第二等，爵位等级介于"公"和"伯"之间。这个词源于德语中的Markgraf，意为行军伯爵。后来演变为英语中的"Marquis"。最初是指"威尔士边疆地区的封建领主，查理大帝在位时演变为具有特别全权的边区长官，相当于藩侯；查理曼帝国分裂后，进而成为独立的大封建领主"（周景洪 2008：78）。直到14世纪，侯爵的地位才被确定下来，成为"公"和"伯"之间的爵位，但其地位和公爵并无太大差别。15世纪，英国的五等爵制完全形成。

3 原型对等

本文提出的原型对等是指将原型理论和功能对等理论相结合，如以源语中的官职名称为原型，在译语中找到与之具有最多相同特征的词语来进行翻译，实现其功能对等最大化。

3.1 原型理论与翻译

原型理论最早可以追溯到2000多年前亚里士多德的范畴论，他认为概念分类来源于客观世界既定的范畴，范畴的归属是由概念的本质属性决定的（王仁强，章宜华 2004）。章宜华（2009）在《语义·认知·释义》一书中说对语言释义影响最大、时间最长的是亚里士多德范畴理论中的充分必要条件，范畴是建立在共同属性基础上的，概念范畴有清晰的边界，一个范畴中的所有成员具有同等的地位。2000多年后的1953年，Wittgenstein对亚里士多德的理论提出质疑并提出了家族原型理论，通过一个例子论证了范畴边界的模糊性、中心与边缘的区别以及隶属度的差异（王仁强 2004）。

对于原型的研究是从颜色范畴开始的。20世纪50至60年代，人类学家发现各种语言中的颜色词是不同的，这成为颜色切分任意性的证据（赵艳芳 2001）。Rosch 在20世纪七八十年代对"家族相似性"做了深入研究，把Wittgenstein挑战古典范畴理论的观点发展成"原型理论"（章宜华 2009）。近几年，原型理论被国内外学者用于翻译中。该理论打破了传统翻译理论非此即彼的二元对立（谭载喜 2011）。国内学者辜正坤（1989）根据原型理论提出了翻译的三个标准：绝对标准、最高标准和特殊标准。他认为，原著是翻译的绝对标准，是对原著没有任何损害的信息传递，译文读者能够产生和原文读者完全相同的感受，这种翻译标准是高不可及的。所以，最高标准的翻译是具有认知优先权并且认知广度最高的翻译。也就是说，在翻译过程中，译者要综合考虑原文在译语文化环境中与之相对应认知度最高，能够使译文读者易于理解并能够较好传达原文等因素，而非一味追求完美传达原文意义而造成译文读者理解上的障碍。

3.2 翻译中的功能对等

美国翻译理论家奈达1964年在著作《翻译科学探索》中提出了翻译对等学说。奈达将对等分为形式对等和动态对等两类。形式对等强调译文贴近原文的成分和结构，典型翻译方法是通过"释译"让读者更好地理解源语文化、习俗等信息。动态对等强调目的语接受者和目的语信息之间的关系应该与源语读者和源语信息之间的关系基本相同。1986年，奈达提出"功能对等"的概念，并解释说"动态对等"可以理解为译文与原文内容上的一致高于形式上的一致，而"功能对等"突出了翻译的交际功能，要求译文与原文不但在信息内容上对等，在形式上也要对等，但是由于社会历史文化中的种种差异导致这一目标的实现并非易事（Nida 1993）。

在原型理论和"功能对等"的指导下，本文译者在理解原文的基础上，结合读者文化背景和社会环境，选取在读者语言环境中认知度高、认识广，在人们的认识过程中占据优先权的词语进行相对的等值翻译。

4 原型对等视域下的《东周列国志》中公、侯、伯的英译

《东周列国志》中官职名称占据了很大篇幅。从周天子到各诸侯国诸侯，从周王的臣子到诸侯国的大臣，这些官职名称有一些虽然名称相同，却有不同的含义。所以在翻译过程中，应该充分考虑其内涵和意义，结合译语文化和历史，在译语中找到认知度最高和最具有认知优势的官职进行对应，遵循原型对等的理念。

4.1 "公"的英译

在英语文化中，Duke是英国王室分封的第一等爵位。在历史上，Duke是由国王封给皇室贵族的封号。皇室以外的人被封为Duke的少有，其中一类是获得过显著军功的大臣。在中国古代，从周代至清朝一直有公爵这一官职的存在，在不同的朝代，"公"的具体职能有一定变化，但基本特征变化不大：由最高统治者授予封号，获得封号的原因包括贵族后裔和获得显著军功以及统治者直接授予封号的被举荐的特别人才。在《东周列国志》中，"公"分为两类，一类是有领土的国主，诸如郑庄公、齐桓公；另一类是在周朝侍奉周天子的大臣，比如尹公、召公。作为诸侯国领主的"公"，拥有自己的国土，有独立的军队和军权，可以出兵和发起战争，在翻译过程中，我们将这类"公"译为Duke，原因是英语中的Duke和东周时期的这类"公"在职能上有很多相似性，Duke在对应此类"公"的英译时，具有较高的认知度和优先权；另一类"公"是在周朝侍奉周天子的大臣，比如尹公、召公，这类"公"在翻译时要考虑其实际名姓、身份和职责，避免同有封地的诸侯国国主混淆。

例1：陈桓公看毕，问子缄曰："此事如何？"

After reading the letter, Duke Huan of State of Chen asked Zi Zhen: "What about it?"

陈桓公是东周时期陈国的国主，是世袭公爵。在翻译过程中，将汉语中的"公"作为原型，需要在译语语言中找到与之功能、意义相同点最多并在译语文化中认知度较高的词语，此处将"公"译为Duke可以使译文完整地传达原文的意义，做到"功能对等"。

例2：却说宋庄公遣人致书称贺，就索取三城，及白璧、黄金、岁输谷数。厉公召祭足商议。厉公曰："当初急于得国，以此恣其需索，不敢违命。今寡人即位方新，就来责偿。若依其言，府库一空矣。况嗣位之始，便失三城，岂不贻笑邻国？"

Duke Zhuang of Song sent an ambassador to congratulate Duke Li of Zheng and asked for three cities, pure jades and golds as well as grains. Duke Li of Zheng called Zhai Zu to discuss about the matter. Duke Li of Zheng said: "I wanted to get the position urgently, so I had to agree with all their requires. Now I just took my position, and they come for them. If I fulfill my promise and give them what they want, the national treasury will be empty. Besides, if I give three cities to them at the beginning of my reign, I must be laughed at by other states."

例2的翻译过程中，考虑到"宋庄公"和"厉公"的身份原型，将"公"译为Duke可以达到形式和意义上的对等，因此"宋庄公"和"厉公"的"公"同样也被译为Duke。

例3：又有周公、召公、毕公、史佚等一班贤臣辅政，真个文修武偃，物阜民安。

With the assistance of Ji Dan, Ji Shi, Ji Gao, Shi Yi and other virtual ministers, the people in Zhou Dynasty all lived a peaceful and abundant life with highly developed culture and morality.

周公、召公、毕公三人是武王的近亲，武王建立西周后，这三人作为武王的臣子，受到封地，但是没有明确的官职，"公"是后人对三人的敬称，因此在翻译过程中使用了三人的姓名，没有将"公"译出，原因是为了避免同有封地的诸侯国国主混淆。

4.2 "侯"的英译

"侯"是周代爵位中的第二等，等级排在"公"之下。其封地比公爵封地小，且大多数封地较为偏远。由于封地面积小，军事实力不强，大多数的侯国同公国结盟从而避免其他大国的军事进攻。例如东周时期的蔡国，是一个侯国，依附于当时势力强大的齐国。齐桓公在称霸中原各国时，蔡国作为一个侯国，依附于齐国。

《红楼梦》中出现过5个不同称谓的侯，在杨宪益的译本中，"侯"译为Marquis。Marquis在英语中最早指威尔士边疆地区的封建领主，其封地较为偏远。其职能和东周时期的侯相似，且在译语中认知度较高，因此在《东周列国志》中，也将"侯"译为Marquis。

例1：话说申侯进表之后，有人在镐京探信，闻知幽王命虢公为将，不日领兵伐申，星夜奔回，报知申侯。

After presenting his memorial to King You, Marquis Shen sent his servant to Capital Hao to hear about the information. Knowing that King You ordered Shi Fu to send troops to Country Shen, the servant went back as soon as possible and told Marquis Shen.

例2：话说伍员屯兵于随国之南鄙，使人致书于随侯，书中大约言："周之子孙在汉川者，被楚吞噬殆尽，今天祐吴国，问罪于楚君，若出楚珍，与吴为好，汉阳之田，尽归于君，寡君与君世为兄弟，同事周室。"

Wu Yuan ambushed his army on the boundary of State of Sui, and sent servant to deliver a letter to Marquis of Sui saying that the descendants of Zhou who are living in Hanchuan are captured by Chu. Now the God blesses the State of Wu, and blames the King of the Chu. If you highness send back treasures to Wu, all the territories on the south of Han River will be yours. My duke will be intimate with you from then on, and we two states can serve King of Zhou together.

例1中的申侯是中国的国主，是西周时周幽王的岳父，可以翻译成Marquis Shen。例2中随国是东周时期一个小诸侯国，附庸于相对强大的楚国。随国的君主爵位是侯，因此最对等的英译是将随侯译为Marquis of Sui。在英语中，Marquis是Duke和Earl之间的一个爵位。在功能上，Marquis虽然没有独立的兵权，但是在基本职能上和周代"侯"是一致的。在功能上，将"侯"译为Marquis能够使译语读者较清楚地理解中国古代官职的等级和爵位。

4.3 "伯"的英译

"伯"在英语中是"Earl"，是英国五等爵位中最早出现的爵位，因此也是英语中数量最多的爵位。在《红楼梦》中，出现了两个不同称谓的伯，一个是临安伯，一个是临昌伯。其中杨宪益将临安伯译为Duke of Lin'an，临昌伯译为Earl of Linchang。同样是伯，杨宪益先生却译为不同的两个词。原因是在中国古代存在一种现象称为"伯（公）侯互见"，即同一个封建领主有时被称为侯，有时被称为伯，甚至有时被称为公。在《东周列国志》中，被称为伯的官职中，一部分是诸侯国的国主，但是由于伯（公）侯互见的情况，一部分公和侯被称为伯，英译时按其实际爵位进行翻译而不能译为Earl。实际在《东周列国志》中没有涉及伯爵，《东周列国志》中，被称为伯的官职都是周王的大臣，相当于是一个行政区域的长官，其实际职能与英语中的Earl并不对称，多数情况更符合Duke的语境。如，郑伯突（公子突）曰"诚如将军之言，没世不敢负德！" 翻译成：Duke Li of Zheng said" If it is true, I will never forget your assistance!"《东周列国志》中出现的"伯"的复杂性决定了其英译要根据其真正的封号和职责来判断。

例1：不一日，到了镐京，周公先驱入城，扫除宫殿，国舅申侯引着卫、晋、秦三国诸侯，同郑世子及一般在朝文武，出郭三十里迎接，下定吉日进城。

Within a day, they arrived at the Capital Hao. Junior Duke Zhou peered to the city to clean the palaces. Marquise Shen leading the dukes of Country Wei, Jin and Qin, together with Crown Prince Jue Tu and a team of ministers welcomed Prince Yi Jiu thirty li (about 15 kilometers) away from the capital city.

例2：平王升殿，众诸侯百官朝贺已毕，平王宣申伯上殿，谓曰："朕以废弃之人，获承宗祧，皆国舅之力也。"

King Ping went to the palace to hold court. After being congratulated by all ministers, King Ping summoned Marquis Shen to the palace and said to him "thanks to your help, I can succeed to the throne as a dethroned prince".

例3：宣王问杜伯："妖女消息，如何久不回话？"

King Xuan asked Du Bo "why don't you tell me about the detection of that wicked girl?"

例1中的国舅申侯和例2中的申伯都被译成Marquis Shen，原因是其指同一个人，申伯即例1中的申侯，其爵位等级是侯，这就是一种"伯侯互见"现象。在例2原文中，由于其有功于东周的建立，所以作者称其为申伯，但是在翻译过程中，为了使读者易于理解，达到对等的目的，依旧将申伯译为Marquis Shen。例3中，杜伯是周王的大夫，"伯"并不是其官职，而是其在家族中兄弟间的排行，古人一般将子女按伯、仲、叔、季的顺序排列。因此将"伯"作为杜伯的名字进行音译，从而使形式和功能均与原文对等，使译语读者能够正确理解译文。

5 古代典籍官职名称语料库的建立

国内关于中国古代官职名称的翻译研究论文目前还较少，主要有几篇关于红楼梦和三国演义中官职名称英译的论文（潘潇祎 2009；曾国秀，朱晓敏 2013；廖坤慧 2015）；大连理工大学关于《史记》英译本中汉代官职术语英译文可读性和充分性分析的硕士论文有2篇（吴晓砾 2014；李娜 2014）；简论中国古籍中官职名称翻译的文章有1篇（吴芳，张龙宽 2008）；关于中国古籍中官职名称英译的错位体现与对策的论文1篇（吴芳 2008）。古代官职名称翻译语料库构建的研究几乎空白，仅有大连理工大学关于历史典籍双语平行语料库的术语对齐研究的博士学位论文1篇（李秀英 2010）。

我们的古代官职名称汉英语料库是根据已经完成的《东周列国志》译文初步建立的。在建库之前，首先对原文中涉及的官职名称进行统计，其中主要包括王、公、侯、伯四个大类别，此外还有大夫、太宰、太师、太保、太史，司马、司空、司市、司徒、司库、司田、司理，左将军、右将军、车左、车右。本文举例研究的是东周时期公、侯、伯三个类别的翻译及其语料库的初步构建（见表1、2、3），这三类官衔在翻译中由于语境、文化背景的不同而有不同的含义，因此对其的翻译过程是在原型对等理念指导下根据具体语境进行的。

表1 "公"汉英翻译语料示范

官职	具体称谓	例子
公 （1857次） Duke	穆公 （228次） Duke Mu	昔宋穆公受位于其兄宣公，穆公将死，思报兄之德，乃舍其子冯，而传位于兄之子与夷。 Duke Mu of Song got the power from his brother Duke Xuan. When he was going to die, he wanted to reward his brother. So he gave the power to his nephew, son of his brother named Yi. 后生男女五人：长男齐子早卒，次戴公申，次文公毁；女二，为宋桓公、许穆公夫人。 They had five children: the elder one was Qizi who died early, the second son named Shen was the Duke of Dai, the third son was Duke of Wen whose name was Hui. Two daughters, one of them was Wife of Duke Huan of Song and the other was Wife of Duke Mu of Xu.
	宋公 （109次） Duke of Song	宋（殇）公爵尊，推为盟主。 They elected Duke Shang of Song as their leader. 次日，宋（庄）公使人召公子突至于密室，谓曰："寡人与雍氏有言，许归吾子。今郑国告立新君，有密书及寡人曰：'必杀之，愿割三城为谢。'寡人不忍，故私告子。" The next day, Duke Zhuang of Song ordered his servant to invite Prince Tu to a secret room telling him "I have promised your grandfather to send you back to Zheng. Now the new Duke of Zheng just took his position, and there came a secrete letter informing me that if I kill you, he would gave me three cities. I don't want to do so. So I invite you here to inform you."
	厉公 （89次） Duke Li	郑厉公突先闻祭足死信，密差心腹到郑国打听消息，忽闻齐侯遣兵送己归国，心中大喜，出城远接，大排宴会。 When Duke Li of Zheng heard the death of Zhai Zu, he sent his favored servant to Zheng to investigate. When he knew that Duke Huan of Qi would sent troops to protect him back to Zheng, he was glad. He got out of the city to welcome the troops and arranged a banquet to treat all soldiers. 蔡季至陈，命以逆佗之首，祭于陈桓公之庙，拥立公子跃为君，是为厉公，此周桓王十四年之事也。 After Cai Ji arrived in Chen, he ordered his servants to memorized the temple of Duke Huan of Chen by Tuo's head. They throned Prince Yue as new Duke of Chen who was Duke Li of Chen.
	周公 （67次） Ji Dan	又有周公、召公、毕公、史佚等一班贤臣辅政，真个文修武偃，物阜民安。 With the assistance of Ji Dan, Ji Shi, Ji Gao, Shi Yi and other virtual ministers, the people in Zhou Dynasty lived a peaceful and abundant life with highly developed culture and morality.

表 2 "侯"汉英翻译语料示范

官职	具体称谓	例子
侯 （1049次） Marquis	齐侯 （211次） Marquis of Qi	再说郑使至齐致命，齐僖公向以败戎之功，感激子忽，欲以次女文姜连姻，虽然子忽坚辞，到底齐侯（齐僖公）心内，还偏向他一分。 Duke Xi of Qi had always been appreciating Crown Prince Hu for his beating the minority and wanted to marry his daughter Wenjiang to Crown Prince. Though Prince Hu refused, <u>Duke Xi of Qi</u> was still supporting him.
		齐侯（齐襄公）十分感激，先设大享，款待鲁侯夫妇。 <u>Duke Xiang of Qi</u> was so appreciating that he arranged a feast to treat the couple of Duke Huan of Lu.
	晋侯 （205次） Duke of Jin	荀息归报晋侯（晋献公），言："虞公已受璧、马，许以假道。" Xun Xi reported to <u>Duke Xian of Jin</u> "Duke Yu has taken the bribes and promised to let us go through his state."
		未几，穆公使公孙枝至灵台山问候晋侯（晋惠公），许以复归。 Later, Duke Mu of Qin ordered Gongsun Zhi to great <u>Duke Hui of Jin</u> at Lingtaishan Mountain and promised to send him back.
	鲁侯 （165次） Duke of Lu	齐侯出榜安民，将许国土地让与鲁侯（鲁隐公）。 Duke Xi of Qi ordered his servant to tape a notice to ease the people. He gave the territory of Xu to <u>Duke Yin of Lu</u>.
		齐侯十分感激，先设大享，款待鲁侯（鲁桓公）夫妇。 Duke Xiang of Qi was very appreciating, so he arranged a feast to treat the couple of <u>Duke Huan of Lu</u>.

表 3 "伯"汉英翻译语料示范

官职	具体称谓	例子
伯 （271次） Earl	郑伯 （160次） Duke of Zheng	<u>郑伯突</u>（公子突）曰"诚如将军之言，没世不敢负德！" <u>Duke Li of Zheng</u> said "If it is true, I will never forget your assistance!"
		又怪郑伯（郑文公）倡议，尊楚王为盟主，不胜其愤，正要与郑国作对。 He resented <u>Duke Wen of Zheng</u>'s idea of respecting King Chu as the leader, and was about to oppose Duke Wen of Zheng.
	杜伯 （18次） Du Bo	宣王问<u>杜伯</u>："妖女消息，如何久不回话？" King Xuan asked <u>Du Bo</u> "why don't you tell me about the detection of that wicked girl?"
	申伯 （4次） Marquis Shen	平王宣申伯上殿。 King Ping summoned <u>Marquis Shen</u> to the palace.

　　由于篇幅限制，以上统计中的具体称谓和例句无法一一列出。《东周列国志》

中，"公"出现了1857次，其中最为常见的是"穆公"，出现了228次。但是根据不同的语境，这228个穆公所指的是一些不同的诸侯。例如"昔宋穆公受位于其兄宣公，穆公将死，思报兄之德，乃舍其子冯，而传位于兄之子与夷"中穆公指宋穆公；"后生男女五人：长男齐子早卒，次戴公申，次文公毁；女二，为宋桓公、许穆公夫人"中的穆公是指许穆公。另外一种情况是表示对于人的敬称，例如在原文中出现67次的"周公"，周公并不是一个具体的官职，而是后人对于姬旦的敬称。"侯"作为官职名称在文本中出现过1049次，晋侯出现次数是205次，但是需要注意的是，晋国在最初分封时是侯国，在晋武公时期升为公国。因此在进行翻译时，晋侯应该根据其地位和爵位进行具体翻译。"伯"在《东周列国志》文中出现了270次，但由于"伯侯互见"以及"伯"有时并不表示官职等复杂现象，所以对其翻译更要根据语境视其具体职位进行翻译。所以，在《红楼梦》中"伯"有时被翻译成Duke，有时译为Earl，而"伯"在《东周列国志》中多数情况下更应该译为Duke或不易译出。

6 结论

原型对等理念突破了传统翻译理论的二元对立和非此即彼的绝对性，对翻译中国古代爵名称有较好的指导意义。在翻译《东周列国志》的过程中，涉及官职名称尤其是公、侯、伯的翻译，作者以汉语官职为原型，选取译语文化中与原语职能相似、具有较高认知度的词语与之匹配，结合中国官职和英国古代官职的职能和特征，使官职名称的英译基本实现了原型对等。除此之外，根据春秋时期的官职名称出现的"伯侯互见"等状况，在翻译中不仅要关注译语中词语的认知度和功能对等，还要根据具体情况进行语境分析，从而更准确地传递信息。

在翻译古代典籍时，本文注意以功能对等原则介绍古代中国高级官衔，并尝试建立一套古典官衔翻译语料库，目的是为后续其他翻译提供借鉴。《东周列国志》中官职名称汉英语料库的建立无疑会为以后的典籍英译提供一些帮助，但是这只是尝试建立官职名称汉英语料库的第一步，我们还应对比研究多部中国典籍英译本中官职名称的英语翻译建立易于检索的平行语料库，这样才能真正为将来的典籍翻译者提供便捷的参考途径。

参考文献

[1] Nida E A. Language, Culture and Translating[M]. Shanghai: Shanghai Foreign Language Education Press, 1993.

[2] 陈恩林. 先秦两汉文献中所见周代诸侯五等爵[J]. 历史研究，1994（6）：59-72.

[3] 丁晖，戴卫平. 英国爵位与英语[J]. 文化景观，2007（8）：92-94.

[4] 葛志毅. 殷周诸侯体制比较[J]. 学习与探索，2000（6）：119-124.

[5] 辜正坤. 翻译标准多元互补论（第一章节论）[J]. 北京社会科学，1989（1）：70-78.

[6] 廖坤慧. 三国文化中官职名称英译规范化研究[J]. 科教文汇（上旬刊），2015.

[7] 雷海燕. 周代封侯爵制辨析[J]. 宝鸡文理学院学报，2008（5）：35-38.

[8] 李娜. 《史记》英译本中汉代以前官职术语译文充分性分析[D]. 大连：大连理工大学硕士学位论文，2014.

[9] 李秀英. 基于历史典籍双语平行语料库的术语对齐研究[D]. 大连：大连理工大学博士论文，2010.

[10] 刘芮方. 周代爵制研究[D]. 长春：东北师范大学博士学位论文，2011.

[11] 马慧娟. 奈达翻译理论研究[M]. 北京：外语教学与研究出版社，2009.

[12] 马卫东. 春秋时代五等爵制的存留及其破坏[J]. 史学集刊，2006（4）：132-137.

[13] 潘潇祎. 《三国演义》罗译本与泰译本中职官名称英译研究[D]. 大连：大连海事大学硕士学位论文，2009.

[14] 谭载喜. 翻译与原型翻译[J]. 中国翻译，2011（4）：14-17.

[15] 唐蕴. 从原型范畴理论看翻译标准问题——以《道德经》中"道"的翻译为例[J]. 黑龙江史志，2009（24）：110-111.

[16] 王仁强，章宜华. 翻译理论与翻译研究[J]. 四川外国语大学学报，2004（6）：105-109.

[17] 吴芳. 中国古籍中官职名称英译的错位体现与对策[J]. 湖南涉外经济学院学报，2008.

[18] 吴芳，张龙宽. 简论中国古代官职名称翻译[J]. 长春师范学院学报（人文社会科学版），2009.

[19] 吴晓砾. 《史记》英译本中汉代官职术语英译文可读性分析[D]. 大连：大连理工大学硕士学位论文，2014.

[20] 阎照祥. 英国贵族史[M]. 北京：人民出版社，2000.

[21] 章宜华. 语义认知释义[M]. 上海：上海外语教育出版社，2009.

[22] 赵艳芳. 认知语言学概论[M]. 上海：上海外语教育出版社，2001.

[23] 曾国秀，朱晓敏. 《红楼梦》霍译与杨译对"六部"官制之翻译考辨[J]. 明清小说研究，2013.

[24] 周景洪. 英国爵位制度一窥[J]. 武汉冶金管理干部学院学报，2008（6）：77-80.

本文原载于《外语电化教学》2015年6期。

先秦语言哲学内涵探微

张馨月

摘 要 一般认为，中国语言哲学由显而微的发展过程源于先秦哲学的语言观。因此，梳理先秦语言哲学流派及其特点是研究中国语言哲学的重要任务之一。然而，对比西方古代哲学的语言观，不难发现，各家先秦语言哲学的具体观点并非中国语言哲学发展过程的决定性因素。语言观背后的本体论视角才是更深层次的发展动因。在探索本体的过程中，中国哲学从先秦时期便以其独特的视角阐释了本体的存在方式，这一阐释决定了语言的哲学地位及语言哲学的真正内涵。因此，只有从本体论视角出发，才能充分揭示先秦语言哲学的本质特征，并基于此理解中国语言哲学发展的总体趋势和内涵特征。

关键词 语言哲学；先秦哲学；中国哲学；西方哲学；本体论

中国语言哲学兴于先秦，时至魏晋，显赫一时的语言话题便已呈日薄西山之势；发展至南北朝，乃至明清时期，语言在哲学中已经杳无踪迹。相比于"小学"的日渐昌盛，语言哲学呈现了由显而微的发展特点。

随着语言哲学逐渐成为西方哲学的焦点，中国语言哲学的发展过程引起广泛关注。鉴于魏晋之后语言已经逐渐淡出哲学视野，先秦哲学便成为解释中国语言哲学发展特点的主要源头。

1 先秦哲学语言观及反思

先秦诸子中，儒、道、墨、名等学派均对语言展开过详细论述。在各家学说中，语言的角色、地位略有不同，众多语言观特色各异，但是对语言地位的界定呈现出相似的观点。

儒家的语言观带有鲜明的伦理学特色：儒家学说对语言的探讨往往和伦理阐

发紧密结合。因此，这种伦理本位语言观更关注语言使用的规范——"言忠信"，语言与德行之间的关系——"君子欲讷于言而敏于行""巧言乱德"等。"信""君子""德政"等伦理概念被视为规范、评价语言的标尺。言语应以"信"为本，失去了"信"，语言就是"巧言"，是"不仁"的标识——"巧言令色，鲜矣仁"，而且会受到君子的鄙夷——"巧言、令色、足恭，左丘明耻之，丘亦耻之"。伦理本位使儒家语言观具备鲜明的"慎言"态度：君子应该"讷于言"，而仁者的标志则是"其言也讱"。最终，语言被赋予工具的角色（唐玉环，罗昕如2009）。

道家的语言观与其本体论特点密切相关。《道德经》开宗明义，"道可道，非常道；名可名，非常名"。在宏大抽象的"道"面前，语言显得苍白乏力，只能"强名之"；然而，由于语言的作用十分勉强，无论如何"名之"，都已经偏离"常名"。所以，随着语言哲学逐渐成为西方哲学的焦点，中国语言哲学的发展过程引起广泛关注。鉴于魏晋之后语言已经逐渐淡出哲学视野，先秦哲学便成为解释中国语言哲学发展特点的主要源头。庄子认为："语之所贵者，意也。意有所随，意之所随者，不可以言传也。"意随心转的灵动凸显了语言的呆板和局限。两者相比，"道"的内涵自然"不可言传"。

"道昭而不道，言辩而不及"，道家学说本体的混沌深邃增加了语言表达的难度，因此，道家虽然重视"道"与"言"的关系，但又持有"去言""不言""不议"的排斥态度（魏义霞2006）。在界定语言地位方面，道家采取了和儒家相似的"工具观"。庄子认为"筌者所以在鱼，得鱼而忘筌；蹄者所以在兔，得兔而忘蹄；言者所以在意，得意而忘言"——相比于"鱼、兔、意"等目的，语言和"筌、蹄"无非是工具而已。语言的工具性成为儒道两家语言观的契合点。

墨家的语言观也主要从"名实"关系出发，反对徒有其名，主张名实相符，即"察其实，分其物，有其名"。墨家观点同样基于伦理谈论语言，因此，语言的工具化特征也同样明显。名家为辩而辩，其"天下无指，物无可以谓物"的语言观更关注语言本身的特点，但是因"罢黜百家"而未能留下太深远的影响。

总之，对后世影响较为深远的各先秦学说普遍视语言为工具。一般认为，这种特点最终使得语言哲学由显而微。然而，反思上述观点，这些原因似乎不足以完整揭示中国语言哲学由盛转衰的全貌。

首先，作为工具的语言与伦理、"道"等诸家学说的核心理念关系密切，这是先秦诸子重视语言的主要原因。然而，这些理念在后世进一步发扬光大，为何语言哲学渐渐淡出哲学的视野？伦理学始终是儒家学说的核心，从"斯文在兹"的孔子，到"为往圣继绝学"的张载，伦理本位的重要性在不断提升；道家学说宏大混沌的本体经玄学的发展更加幽远深邃。如果这些原因曾经使语言哲学在先秦时期兴盛起来，为何同样的原因无法让语言哲学相伴而盛？

其次，工具性的语言观并不仅限于先秦语言哲学，古代西方哲学同样将语言定位于"工具"。苏格拉底便认为："工欲善其事，必须使用适当的工具，人要说话，就要使用适当的语词。"（陈嘉映 2006）柏拉图认为语言是模仿事物、表达感情的工具；亚里士多德认为"口语是内心经验的符号，文字是口语的符号"。既然起初语言在中、西哲学中同样被界定为工具，为何之后语言在西方哲学中由工具提升为目的，而在中国哲学中却逐渐被边缘化？

总之，历时与共时的对比都表明：中国语言哲学发展脉络背后的原因仍未得到充分的阐释。先秦哲学的语言观对后来语言哲学的影响毋庸置疑，但是真正决定中国语言哲学由显而微的关键因素仍有待深入挖掘。

2 本体的存在与语言观

2.1 本体论视角下的语言观

语言哲学是哲学的一部分，因此，应基于中、西方哲学的内在特点把握各自语言哲学的发展脉络。如果说古代西方哲学为语言哲学的兴盛做好了铺垫，那么中国语言哲学的发展脉络也早已写在中国哲学的早期思考之中。

中西哲学的早期探索都带有强烈的本体论特征，这种特征也贯穿于早期语言哲学中。无论儒家的"正名"思想，还是道家的"道不可言"，都带有鲜明的本体论特色。

孔子的理论体系中，言辞只是工具，因此，讨论语言必然要结合更深层面的伦理本体。在名言关系上，孔子主张"名不正则言不顺"，以"名"为"言"之本。在语言的内容上，孔子坚持"言忠信"，以"信"为"言"之本，因此才有了"其言也讱""讷于言"等慎言的态度。以伦理为本体的"言"不仅代表了君子的形象"君子有三变：望之俨然，即之也温，听其言也厉"；甚至可以和"天命""礼"等核心概念并驾齐驱——"不知命，无以为君子也；不知礼，无以立也；不知言，无以知人也"。然而，当"言"与伦理本体分离时，不仅和君子无关，甚至已经失去了人兽之别的作用——"今人而无礼，虽能言，不亦禽兽之心乎！"

道家语言观的本体论特色更为鲜明。老子的"道可道，非常道"即是从本体论视角谈论"道"和"言"的关系；而"言有宗，事有君"的主张更突出了其语言观的本体论色彩。这种思想经庄子进一步发扬光大，"道"直接决定了"言"的正谬。庄子评价惠施"其道舛驳，其言也不中"，惠施对"道"的理解驳杂不纯，这直接导致他的言论容易混淆视听。庄子对慎到的评价也是"其所谓道非道，而所言之韪不免于非"。可见，作为本体的"道"才是评判"言"的最终依据。

西方哲学先后经历了早期的"本体论"、近代的"认识论"和当代的"语言哲学"3个主要阶段。古代西方哲学关心的首要问题是"本体"，因此，这一时期对语言的探讨也均以此为基础。总之，基于"本体论"剖析语言是中西方哲学早期的共同点。然而，相似的本体论视角为何最终演变出了截然不同的语言哲学之路？要回答这一问题，我们必须对中西"本体论"的内涵进行甄别。

2.2 本体的不同内涵

西方哲学的本体论也被译为存在论，西方本体论中的本体和现象在本质上都是独立存在的实体（才清华 2011）。存在的独立性为本体与现象的对立提供了基础。冯友兰（1988）便将"主客对立"作为西方哲学的主要特点。因此，在西方哲学中，本体与现象的存在各自独立，互不依托。

相对而言，中国哲学的本体论呈现"本体—现象"合一的特点。道家思想以"道"为本体，认为"道生万物"，因此持有"道生一，一生二，二生三，三生万物"的观点。老子经常用"一"来代替"道"，就是为了凸显"道"的无偶性，从而强调其本体地位。作为本体，"道"是万有的存在基础。

"天得一以清，地得一以宁，神得一以灵，谷得一以盈，万物得一以生。"可见，万有的存在与发展皆源于"得道"。那么，"失道"会如何呢？"天无以清将恐裂，地无以宁将恐废，神无以灵将恐歇，谷无以盈将恐竭，万物无以生将恐灭"。万有"得道"则生，"失道"则止。失去了"道"，天、地、神、谷、万物便面临"裂""废""歇""竭"和"灭"的结果。这说明：第一，"道"要存在于万有之中以发挥作用；第二，万有不能离开"道"而存在。换言之，在道家学说中，本体和现象存在的独立性被削弱。因此，道家本体论的特点是"本体—现象"融为一体，两者合一才有万有的存在；一旦两者分开，万有也不复存在，而"道"也失去了发挥作用的基础。

儒家的伦理学阐述也体现出了"本体—现象"合一的本体论特点。孔子认为"恭而无礼则劳，慎而无礼则葸，勇而无礼则乱，直而无礼则绞"。也就是说，在儒家体系中，"恭""慎""勇""直"均以"礼"为本，失去了"礼"，则分别成为"劳""葸""乱""绞"等失德之行。正反之间，关键在于本体——"礼"

的存现。

另外，本体往往要化为不同的形式存在于各种现象之中。这种本体存在形式集中体现于"仁"：在不同的情况下，"仁"可以是"爱人""先难而后获""其言也讷"，或者是"恭宽信敏惠"。换言之， 虽然贵为人之"本"，但对于每个人来说，"仁"的存在形式都有所不同。综上所述，一方面，儒家学说中的本体可以决定现象的本质与存在；另一方面，本体要依存现象而存在，并因客体的不同而改变其存在形式。这种特点和道家殊途同归。

如果用"本"来指代"本体"，"末"指代"现象"，那么西方哲学的本体观可以简单概括为"本末独行"，而中国哲学则是"本末共舞"。这种概括或许很难将两种哲学的细节一一囊括，但是可以清楚展示两种本体存在形式的差异。

2.3 本体观对语言观的影响

西方哲学的本体观赋予万物平等的存在性，因此，西方哲学是在众多独立存在中甄别本末。在一定程度上，这种独立的存在性给予所有事物成为本体的可能性，语言也是其中一员。从这个角度来说，"本体论"时期的西方哲学本体的候选者主要集中在外部世界的存在中，发展至"认识论"时期，选择的焦点由外部存在转换至人的存在，近代的"语言哲学"阶段则标识着对语言存在的尊重。也就是说，语言可以逐渐由"末"为"本"，在西方哲学中占据重要位置的一个必要条件就是西方本体论对存在的看法。"本末独行"的本体论视角在逻辑上必然导致不同类型的本体轮番登场：相对独立的存在特点使不同事物具备了相互替换的可能性。因此，无论哪一种事物被视为本体，都不会扼杀其他事物成为本体的可能性。正是在这种情况下，虽然早期的西方哲学并未将语言视为核心话题，但并未妨碍语言哲学后来成为西方哲学的重心。

相比之下，中国哲学中，万物的存在因本末之别而有所不同——"末"因"本"存。因此，本末一旦确立，属于"末"的事物便很难再具备和"本"竞争本体的基础。"末"因"本"存意味着以"本"定"末"，这也就削弱了"末"的独立性。当事物失去了存在的独立性时，也失去了竞争本体的可能性。儒家的"仁""礼"和道家的"道"在学说中的本体地位一经确立便牢不可动；而语言和其他事物一样，很早就已经被界定为"末"，注定难以成为哲学的中心。最后，作为"末"的事物只有一个哲学任务——被超越。如何超越外在把握本质始终是中国哲学的一大命题，也就此构成了中国哲学向内超越的独特意境。无论是朱熹的格物致知，王弼的"得意忘言"，王阳明的身心之学，还是禅宗的直指本性，都是围绕着"超越"这一主题。或许具体目标不尽相同，但是方法路径基本一致：以"本"为目标，以"末"为媒介。作为媒介之一，语言的哲学价值在于为把握本体提供了途径。因此，如何超越语言的限制、摒弃语言之"末"的种种误导才是中国语言哲学的重要使命。中、西语言哲学的发展脉络取决于各自本体论的不同特点。早期西方哲学虽然也视语言为工具， 但语言的独立存在性得到承认，从而为语言哲学的兴盛提供了前提。中国语言哲学虽然在先秦时期鼎盛一时，但是，语言失去了存在的独立性，语言的哲学价值始终被定义为寻求本体的途径，无法摆脱被超越的命运，因此，语言哲学未能再上层楼也是自然的结果。

3 中国语言哲学的内涵

既然中、西语言哲学源自不同的本体观，其各自内涵自然有所差别。中国语言哲学的核心话题是"语言与本体的关系"，如何通过语言把握本体是语言哲学的首要任务。西方语言哲学的中心问题有二：语言和世界的关系，语言的意义（陈嘉映 2006）。在何种意义上认识存在是西方语言哲学的主要课题。

根据研究内容的区别，万德勒将语言哲学划分为3类：philosophy of linguistics，linguistic philosophy和philosophy of language（陈嘉映 2006）。中国语言哲学的主流并不将语言的本质、语言与世界的关系等话题作为首要问题，因此，不应属于第三类；但公孙龙子的语言哲学观应该属于这一类。第一类语言哲学关心的意义、词法、句法等语言学现象的哲学思考，这应该是"小学"的主要研究范围。中国语言哲学自先秦至魏晋始终基于语言思考本体，更类似亚里士多德基于语言思考存在的研究范式。因此，通常所说的中国语言哲学应该属于第二类语言哲学，即linguistic philosophy。

从这个角度来说，笼统地说中国语言哲学由显而微是不准确的。中国的linguistic philosophy确实是由显而微，公孙龙子的哲学观也随着"罢黜百家"而不复旧观；但是小学，即philosophy of linguistics，自先秦之后发展日益昌盛，至清末已经非常发达。因此，中国语言哲学的发展脉络不应一以概之，而应基于语言哲学的内涵特征，分门别类地梳理其发展特点，以求更为全面地展示中国语言哲学的研究成果。

4 结论

在经历语言转向之后，诸如体验哲学等新兴动态对以主客对立为特点的西方哲学传统提出了挑战，基于传统哲学思路的认知科学等学科也受到哲学变革的冲击。以认知科学为例，基于体验哲学而壮大的第二代认知科学颠覆了第一代认知学家的观点，将语言视为人类认知的一部分，因此两者呈现相互依存的关系：语言以认知为本，认知依存于语言之中。这种思路对心体二元对立的西方传统哲学思想是一种背叛，但是却暗合中国语言哲学的研究传统。因此，基于本体论把握语言哲学的发展脉络，完整揭示中国语言哲学的内涵，挖掘其研究成果，可以有力推动当代中西哲学、语言学乃至认知科学的发展。

参考文献

[1] 陈嘉映. 语言哲学[M]. 北京：北京大学出版社，2006.

[2] 才清华. 名号与称谓——王弼对言说问题之探讨[J]. 复旦学报，2011（5）：60-71.

[3] 冯友兰. 三松堂全集·第二卷[M]. 郑州：河南人民出版社，1988.

[4] 唐玉环，罗昕如. 先秦语言哲学语言价值观及其影响[J]. 求索，2009（3）：113-114.

[5] 魏义霞. 中西语言哲学的不同特征——兼论先秦语言哲学的盛行[J]. 北京大学学报，2006（9）：48-53.

本文原载于《中华文化论坛》2015年第7期。

河北省语言文化遗产保护与发展策略

耿延宏　　朱　玲

摘　要　语言是人类独有的能力，是一个民族的重要特征。中国有82种语言，1/4正在消亡。语言消亡凸显了语言文化遗产保护问题的紧迫性。从非物质文化遗产的角度分析河北少数民族语言和方言的保护状况及存在的问题，进而提出保护和开发语言文化遗产的策略。

关键词　语言；文化遗产；保护策略

河北省历史悠久，文化底蕴深厚，拥有众多形态多样、内涵丰富的非物质文化遗产。这些"非遗"是燕赵文化的精华和中华文明的瑰宝。当前，在经济全球化的影响下，河北省"非遗"的生存遇到了前所未有的危机，有的已经消失或面临消失的危险。保护"非遗"已经成为时代赋予我们的历史使命，也成为国际性的重要课题。2003年联合国教科文组织通过的《保护非物质文化遗产公约》，在"非遗"涵盖的五方面项目中，首先提到的就是"口头传说和表述，包括作为非物质文化遗产媒介的语言"，将传承"非遗"的主要载体——语言，纳入"非遗"的范畴。

语言是人类独有的能力，是文化的载体及一个民族的重要特征。语言文化遗产是特定社群历史文化、生活文化的一部分，体现着特定社群的世界观、价值观、思维方式等特色精神文化。保护语言文化遗产，尤其是方言、民族语言或濒危语言，既是保护语言作为非物质文化遗产的文化载体一面，更是保护其作为文化遗产本身的一面。本文从非物质文化遗产的角度分析河北方言和少数民族语言的保护现状及存在的问题，进而提出保护和开发语言文化遗产的策略。

1 语言文化遗产保护状况

1.1 开展普查工作，建立名录，形成体系

从2005年6月开始，河北省文化厅在全省开展"非遗"普查工作。凡具有历史、文化和科学价值的"非遗"均在普查范围内，包括：口头传统；传统艺术；民俗活动、礼仪、节庆；有关自然界、宇宙和社会民间传统知识和实践；传统手工艺技艺；与上述文化表现形式相关的文化空间。具体包括16类，第一类就是民族语言。普查工作在充分利用已有研究成果的基础上，编印《普查手册》及《普查登记表》，免费发放到各县（市），旨在彻底摸清各地"非遗"资源的种类、特点、分布和生存状况等，采用文字、图画、录音、录像、数字化媒介等方式，对"非遗"进行全面的记录，历时4年，普查项目10010项。这次普查发掘了更多的民间文学、传统戏剧、曲艺等方面的代表作，为语言文化遗产的保护提供了宝贵材料。

1.2 启动数据库工程

2008年以来，河北省启动了"非遗"档案资料数据库建设工程。该数据库录入全省民间文学、传统美术等十大类"非遗"项目的所有数据信息资料，系统全面地记录、保存每个项目的来源、内容、特征、价值、传承人等，建立起集全省"非遗"记录保存、研究咨询、传播普及、检索服务和开发利用等诸多功能为一体的档案资料数据库。几年来，收集、整理了227个省级、39个国家级非物质文化遗产项目及其他百余个项目、百余个传承人等大量珍贵资料，包括文字300卷，图片3万余张，音频、视频480小时，图书560本（套），实物1000多件等。这些资料以数据信息的形式被存入数据库中，为进行语言文化遗产保护的研究、发展、利用、弘扬和传承搭建起一个安全的永久性平台。

1.3 以间接途径实施语言保护

在中国"非遗"四级名录中，有民间文学、民间音乐、民间舞蹈、传统戏剧、曲艺、民俗、民间美术、杂技与竞技、传统手工技艺、岁时节令等项目类别。目前，在"非遗"保护中实施语言文化遗产保护主要是通过与民间文学、传统戏剧、曲艺等代表作的结合来完成的。例如，被列入首批国家级"非遗"名录的河间歌诗，源于《诗经》，是先秦口头文学的经典性代表，传承脉络清楚，学术研究价值很高，通过保护民间文学本身来实现保护先秦口头表述形式。 再如，被列为第二批国家级"非遗"名录的京东大鼓，是一种曲艺形式，在廊坊地区广

泛流传，通过广泛传唱以京东方言演唱的鼓曲，使方言本身获得有效保护。

2 语言文化遗产保护中存在的主要问题

2.1 少数民族语言和地方方言被同化

2010年11月1日河北省第六次全国人口普查结果显示，河北省是个以汉族为主体，并有多个少数民族居住的省份，但少数民族人口仅约占总数人口的4%，地理位置位于华北平原的北部，兼跨内蒙古高原。可见，河北省的语言环境属于典型的北方话，加之河北省环绕首都北京，使河北方言在语音、语调及词汇方面较其他方言区与普通话更接近。所以，河北人学起普通话来比较容易，且足够标准。普通话的推广减弱了少数民族语言和方言的活力，尤其是在分散的方言区和民族语言地域。

2.2 传承体系缺乏规范性和连续性

语言文化遗产保护和传承工作要靠人去做，人的作用显得越来越突出和重要。在河北省四级"非遗"项目代表性传承人名录中，语言和以语言为媒介的"非遗"传承人多数是高龄者，有的年老体弱，有的心有余而力不足，部分项目甚至面临"人亡艺绝"的困境。第一批国家级"非遗"名录项目中的河间歌诗，其传承人年事已高，有难以为继之虞。青龙满族自治县约10万人口，但会讲满语的人极少。文化遗产传承渠道不畅，出现了家庭传承链脆弱、绝技面临失传，人口大规模迁徙、群体传承链断裂，教育趋于同质化、专业人才匮乏的局面，使得一些依靠口传心授方式传承的文化遗产正在不断消失。

2.3 方言作为非物质文化遗产是否应该保护

是否应该保护方言，在社会上一直争论不休。方言作为一种独特的文化遗产，是语言分布区域内民众所采用的交际工具，是传承文化、维系民族认同感的文化资源。一种语言一旦消失，将不可再生，其所承载的文化资源也随之殆尽。这不利于世界文化多样性的发展，从文化遗产保护的角度看，对方言的保护不容置疑。但反对保护方言的声音也很强烈，往往强调语言的一致性，语言一致可以有效地同化异族文化，维护国家的统一，却忽视了语言的文化价值和历史价值。两种不同的观点势必影响语言政策的制定和相关问题的研究，甚至造成某些语言社群放弃方言的选择，使方言处于濒危状态。

3 语言文化遗产保护发展策略

一种语言的活力取决于3个因素，即制度支持、经济力量和人口。多种语言方言是国家宝贵的社会经济文化资源，均应有各自的生存发展空间。为此，应制定相应的保护发展策略。

3.1 制定语言政策，保护语言多样性

语言政策是一个国家通过立法或政府手段制定的关于本国使用某一语言或某些语言的政策，包括国语、官方语言、少数民族语言和区域性语言使用的政策。政府应把制定地方、区域、国际的语言政策作为整个政策规划和资源管理的一部分给予重视。建立濒危语言、少数民族语言和方言保护与发展机构或语言中心来记载及保存语言，广泛征求专家学者、少数民族语言和方言使用者等各方面意见，合理制定《少数民族语言法》《方言法》《双语教育法》等法律规范文件，促进语言的维持、保护和发展工作。向符合条件的各类社会团体、学校、少数民族自治政府提供专项基金用于少数民族语言和方言，尤其是濒危语言的保护和抢救工作。

地方政府还应根据各省市具体情况补充和完善有关法律条文。目前河北省"非遗"四级名录中没有专门独立的语言类项目，虽然通过"非遗"名录中的民间文学、传统戏剧、曲艺等文艺形式可以作为间接表达和传承语言的载体，但语言不等同于口头艺术，势必会导致其失去生命力。河北方言中保存着大量珍贵的历史信息，即便不能列入国家"非遗"名录，至少应从本地保护开始，将其列入河北省省级"非遗"保护名录。

3.2 推动语言文化遗产进入国民教育体系

语言教育同一个国家的语言政策和民族的语言态度紧密相连。少数民族语言及方言是一种资源和财富，故应在教育体制中有所体现。如可以让不同层次、不同社会方式的教育都参与进来，包括幼儿教育、小学教育、中学教育、高等教育、党校的干部教育、扶贫中的扫盲教育以及社会教育等，推进语言文化遗产进校园、进教材、进课堂。开展普通话作为母语的教学，同时开展民族语言和方言作为第二语言的教学，双语和双文化教育有利于挽救处于濒危状态的语言。鼓励所有小学、中学以及高等院校在有条件的情况下以开设外语同样的方式开设少数民族语言和方言的课程，与外语一样给予同等的学分。向少数民族语言和方言课

程教学中获得相应流利程度的学生颁发与外语教学相等的水平证书，高等学校将少数民族语言和方言水平证书作为外语水平证书同等证明予以承认。

3.3 培养对语言文化多样性价值的认同

一门语言是一个文化类型的表述。所以，失去语言就等于失去文化，保护文化就必须保护语言。中国是一个多民族、多元文化、多语言、多方言的国家。保护少数民族文化和方言地域文化的关键在于保护少数民族语言和方言，以维护中国多元一体文化格局。对于少数民族居住比较集中的地域，开展双语和双文化教育相对容易一些，而对于像河北省少数民族人数较少且方言使用者倾向于说普通话的地域，可以通过提高民族语言和方言使用者在整个社会经济生活中的地位及社会声望，以提高其母语和方言的保护程度。河北方言见证了河北人民在数千年的历史长河里的锐意进取，承载着丰富的历史价值和燕赵文化，方言使用者应充分认识自己的历史、传统和文化，增强文化自觉性。同时，在多元文化世界里，提高方言使用者的政治和经济利益，使他们对优秀传统文化发自内心地去热爱和追求。

3.4 整合保护与开发，传承语言文化遗产

保护语言文化遗产并不是终极目标，而是为了对文化遗产进行有价值的利用。一些地方已经对濒危语言、少数民族语言、方言进行了大量的田野调查，收集整理，记录建档，或建立了有声数据库和濒危语言保护网站，建成了专题博物馆、民俗博物馆和传习所等，对语言文化遗产加以保护，但忽视了语言的工具性和功能性。语言是一种交流工具和交际手段，其意义在于交流和交际。如果我们把满语和方言的资料全部保存下来，而现实社会中却没有人会说，那就意味着这种语言消失了。语言消失了，语言的文化性和社会性也不复存在了，保护的意义也随之而消失。

语言的特殊性决定了语言文化遗产开发的重要性。河北省已经成立了省级"非遗"保护中心，建议在此基础上设立一个单独的语言文化保护机构，梳理全省各地方言和民族语言；建立语言文化生态保护区，举办品牌文化活动；在高校开设语言文化遗产保护专业，依照学习型社会的思路逐步构建起民族语言和方言的终身教育体系；在必要的地方发展民族语言和方言的培训产业，通过政策鼓励大众参加培训；保护语言传承的家庭和社会地域链，使语言文化遗产作为活态文化加以传承和发展。在保护中开发，在开发中保护，实现双赢，推动河北省由文

化资源大省向文化强省跨越。

参考文献

[1] 黄涛. 语言文化遗产的特性、价值与保护策略[J]. 中国人民大学学报，2008（4）.

[2] 河北省文化厅. 关于开展全省非物质文化遗产普查工作的通知[EB/OL]. （2007-06-11）[2012-03-10]. http://www.hebfwzwhyc.cn/ Show.asp?id=418&info=1

[3] 吕竑海. 数据库为"非遗"保护传承打开新通道[N]. 河北工人报，2011-12-10.

本文原载于《河北学刊》2012年第6期。

全球化时代公民外语素养教育体系的构建

——基于对355名公民的调查

耿延宏

摘　要　通过问卷调查和访谈的方式，了解河北公民外语素养的现状，提出构建"一导向二实施三延续"的公民外语终生教育体系设想。

关键词　外语教育；公民素养；终身学习

1 研究背景

我国的外语教育由精英外语教育已经走入大众化外语教育，现在逐渐开始了"有限的外语生活"。中国公民在掌握母语的前提下，应粗通或掌握一门外语。教育部语言文字信息管理司司长李宇明提出，"双言双语"（即普通话和方言、母语和外语）的社会生活是我们目前发展的大趋势；"中文和外语是中华民族的两只翅膀，两者共同提高才能促成民族腾飞，任何一只翅膀折断了，都会让民族掉下来"（安琳、王蓓蕾 2010：18）。可见，提升国家的外语能力，已成为国家经济社会发展之大计。

提升外语能力，就必须提高公民的外语素养。公民外语素养水平的高低直接关系到国家的发展进程和社会的文明程度。世界上许多国家都对公民提出了外语要求。欧盟要求其成员国的公民应当掌握三种语言：母语和外语，第三种语言既可以是本国另一种语言，也可以是第二外语。美国在1993年制定了《外语学习标准：为21世纪做准备》，要求"所有的学生能习得并保持使用英语和至少一门外语的能力"，目的是在全球化时代美国学生能够"在多元化的国内外成功地进行交流"。2006年美国"国家安全语言计划"提出对从幼儿园到12年级（K-12）的学生进行早期外语教育，并鼓励大学生和研究生学习关键语言，从而将外语学习提高到国家战略的高度。

发达国家纷纷意识到了外语的重要性，制定国家外语规划。我国从目前的教育体制上看，城市小学生在小学或小学教育阶段之前就开始学习外语，农村学校最晚在中学义务教育阶段也开设了外语课程。外语是中国高考的三大主干课程之一，外语专业的研究生还要学习第二外语。所以，外语是我国当前国民教育体系中的一门重要学科，是中国现代公民必备的基本素养。本研究利用实证的方法，以国民教育和非国民教育为切入点，依照学习型社会的思路，从政策导向、课程设置、实践锻炼、教育培训等方面来构建政府、学校、培训机构和社区学院一体的公民外语素养教育终身学习系统。

2 研究方法

2.1 研究对象及样本分布

本次研究对象主要为河北某大学非英语专业的355名本科生、研究生和其他人员，发放问卷共386份，最后做出回应的问卷共374份，其中有19份为无效试卷，实际回收有效问卷355份，有效问卷回收率为91.97%。

考虑到调查对象对调查结果有直接影响的因素，如性别、家庭所在地、家庭经济状况、学习外语的起始时间等，研究者对回收的有效问卷情况进行了简要分析。从性别分布来看，受试者中男性占59.72%，女性占40.28%，说明样本的性别比例趋于合理。从家庭所在地来看，来自城市的受试者有148人，占总样本的41.69%；来自农村的有207人，占58.31%。一个家庭的经济状况决定了孩子能否受到良好的基础教育，本调查中92.11%的受试者家庭经济状况不错，只有7.89%的家庭入不敷出。外语是我国九年义务教育的一门重要课程，几乎所有的学生（98.87%）在小学和初中阶段就开始了外语学习，从调查样本看，接受义务教育长大的一代人均受到了较早的外语教育。

2.2 **数据分析与结果**

本次公民外语素养调查分为政府政策、社会环境、学校教育、培训机构和个人需求5个维度。采用问卷、访谈等主要手段，以单选题、多选题、排序题、Likert五级量表形式题设计题目，旨在了解我国公民外语素养的现状，从而构建提高公民外语素养的教育体系。

2.2.1 政府政策

国家政策是提高公民外语素养的保障。在统计问卷调查中，56.34%的受访者认为国家政策对外语学习环境非常有影响，34.93%认为一般，只有7.61%和1.13%

的受访者认为不太有影响和没影响。可见，国家政策是外语教育的指挥棒，对外语教育进行计划指导、协调和控制，涉及多方面的价值要素和利益调整，是提高公民外语学习积极性的关键。就目前的调查来看，63.66%的公民喜欢学外语；93.24%的人认为在扎实掌握母语的前提下，一般公民应该掌握或粗通一门外语。如何掌握或粗通一门外语，取决于国家制定的教育政策，既要符合和体现教育规律，又要保护受教育者在教育方面的权利和利益。

2.2.2 社会环境

社会环境是公民外语素养水平高低的决定性因素。98.87%的公民认为在全球化背景下，在中国外语学习很重要。全球化促使各国加强外语教育，63.1%的人认为外语是中国现代公民必备的基本素养，因为外语已经融入我们的日常生活，从几个月大的婴儿到七八十岁的老人都知道bye-bye是什么意思，DNA、PK、$PM_{2.5}$等词汇我们经常听到，在地铁、商店、宾馆、路牌、外国电影、旅游景点等地方随处可见外语。对于"您认为是否有必要培养公民外语学习的终生持续性？"这一问题，83.94%的受访者表示有必要，11.83%和4.23%的受访者认为不太必要和没必要。数据表明，当今社会环境决定了外语学习的必要性和提高公民外语素养的迫切性与可持续发展性。

2.2.3 学校教育

全球化时代更需要外语教育。我国目前的外语教育主要是学校教育。在355名调查对象中，有83.66%的人现在主要是通过学校上课学习外语，同时有60.85%的人还借助报刊、书籍、电影、网络等手段进行自主学习。据新华社消息，中国约有3亿多大、中、小学生在学英语，约占全国总人数的四分之一（张治国2012:234）。所以，在中国只要在上学，就要学外语，可以说，在学校里外语的分量超过任何其他课程，没有什么课程要延续学习这么长时间。学校教育是提高公民外语素养水平的最大平台。在调查对现行的学校（包括大、中、小学）外语教育体制满意度状况时，63.66%的受试者表示满意，只有9.58%的人选择不满意。

2.2.4 培训机构

全球化掀起了外语热，外语热刺激了外语培训机构的快速发展。73.8%的调查对象认为如果有时间、有精力，非常愿意参加外语培训，但通过调查，我们发现尽管社会上针对各种考试和不同需求的外语培训学校和培训班如雨后春笋，但仅有26.76%的调查者参加过外语培训，主要是参加各种考研和出国留学应试学习班。实际上，84.23%的人认为如果参加外语培训，最想提高外语口语交流能力。因为即使学了很多年的外语，79.72%的人仍然认为如果有外国人向他们求助，没有能力为外国人提供良好的外语服务。因此，我国目前的外语培训机构并没有为大多数公民服务，不具有普及性，只是给少数有针对性需求的人提供了进一步学习外语的机会。

2.2.5 个人需求

Brindley把需求分为主观需求和客观需求。主观需求强调学习者语言学习的态度、期望和自信等认知和情感需求，而客观需求主要包括学习者的个人信息，如教育背景、目前的外语水平、打算从事的职业等。按照Brindley的需求分析理论，在问卷中调查了受试者学习英语的目的和外语交流水平。

从学习外语的目的来看，57.46%的人认为外语是当今社会非常有用的交流工具，43.38%的人为了毕业后找到一份好工作而学习外语，20.56%的人是对外语学习感兴趣，18.59%的人是为了获得等级证书，11.27%的人认为讲一口流利的外语是教育程度和修养的象征，还有一部分人学习外语是为了了解国外文化和为了让世界了解中国。从外语交流水平看，50.99%的人认为自己的交流水平非常一般，同外国人交流时能够表达自己的想法但不流利，而且只有借助于翻译工具才能读懂外语文章，31.83%的人认为个人的外语交流能力较差，需要提高。

无论从学习外语的目的、兴趣还是个人发展来看，大多数公民还是喜欢学外语，尤其在全球化背景下，88.17%的人认为会一门外语在工作和生活中占有优势，而且70.14%的调查对象认为在今后的生活、工作中还会使用到外语。从需求分析上看，大多数公民个人对外语的需求度很高。

2.2.6 五个维度的重要性

公民外语素养能力与政府政策、社会环境、学校教育、培训机构和个人需求五个维度密切相关，每个维度的重要性数据反映出其在体系中的地位。

表1 五个维度的重要性统计表

	所选人数	有效比例%	排序
政府政策	92	25.91	2
社会环境	130	36.62	1
学校教育	56	15.77	4
培训机构	3	0.85	5
个人需求	74	20.85	3

表1显示，社会环境是动机，是激励人们提高外语素养的主要原因。没有环境外语学习就没有意义，这是外语学习的首要前提。全球化把来自不同国家说不同语言的人聚集在一起，人们需要更多的沟通和交流。社会环境的改变让更多的人

意识到提高外语能力的重要性。国家教育政策制定的科学性、合理性、可行性、可接受性是普及外语教育的关键。个人需求是外语学习的内在动力。令人遗憾的是，我国的培训机构并没有得到大多数公民的认可，只是在为少数人服务。实际上，学校只是一个执行政策的部门。培训机构是提高公民外语素养的一个重要场所，而我国在这方面亟待改进。

3 公民外语教育体系的构建

提高公民外语素养要靠全民教育。在全球化的今天，不懂外语将不同程度地影响到公民个人的工作发展和生活质量，还会严重地影响到国家的国际活动和在国际事务中的地位。为了提高公民的外语素养，国家政界、工厂企业、教育部门、媒体机构应该向公民宣传外语学习和国际研究的重要性；学校课程中必须包含国际内容的知识，以便加强我国各个阶段的学生对外语和外国文化的学习；增加外语教育方面的学术团体和机构，扩大培训范围，把公民外语素养教育提高到国家安全的高度来对待，构建"一导向二实施三延续"的公民外语终生教育体系，见图1。

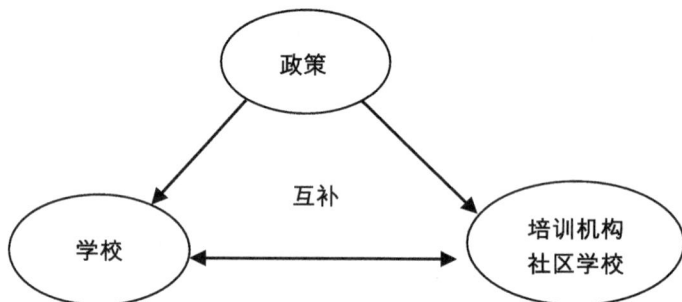

图1 外语素养教育体系的构建

3.1 以国家政策为导向

首先，制定基于政府语言战略的国家外语教育政策，实行政府推动、机构配合、全民参与、提升素质。国家制定适应我国国情的中长期外语教育规划，学校和其他教育机构根据规划确定外语教学目标和课程设置，设计出灵活多样的外语必修和选修课程并强化实施计划，加大对外语培训机构的扶植，以确保学校和其他教育机构成为传播外语和保证外语使用质量的主要机构。同时，教育厅、教育局等相关政府部门也要重视外语，为外语教育和培训项目提供行动框架并作出承诺，包括外语课程多元化、教学方式、语言实践、外语教师发展以及系统的文化教育责任，强调语言技能的价值和持续性。外语学习是长期、有序的学习过程，应形成一个系统性的长远计划，要从幼儿园开始，让外语学习贯穿于人生的全过程。政府还要平衡政策和各种教育目标的发展，为公民提供终生学习外语的机会和一个清晰有序的终身学习模式。

其次，建立一个权威性的国家外语中心，以提升国家和公民的外语能力为主要目标，了解各行业的外语需求，普查国家的外语人才状况，监控义务教育下公民的外语水平和外语使用情况，制定出一个涵盖小学、中学、大学外语教学的"一条龙"式的《国家英语课程标准和教学要求》的文件，指导学校外语教育，避免造成国家和个人在人力、财力和物力上的浪费，整合学校外语教育，扩充社会外语教育，实现全国外语教育管理一体化。

再次，研究制定适应不同区域、适应不同人群、适应不同职业性质的外语教育政策。我国地域广、人口多，地区差别、城乡差别也不能忽略。大中城市、旅游城市对公民外语素养的要求较高，强调外语学习的普及性和实用性。研究型人才注重外语的全面发展，尤其是外语学术水平；技能型人才侧重培养日常生活的听说技能；而一般公民只要能与外国人进行适当的外语交流，提供外语服务，满足生活和工作需要即可。

3.2 以学校为实施主体

学校是有目的、有计划、有组织、有意识地向学生传授社会规范、价值标准和知识技能的教育机构，是实施公民外语素养教育的重要场所。按照国家制定的外语教育政策，各级学校应明确不同教育阶段的外语人才培养目标，衔接小学、中学、大学外语教学目标、教学内容、教学方式和教学要求，探索创新型人才培养模式。在小学、中学基础外语教育阶段以强化学生的语言基本技能为主，了解外国文化，培养初步的外语交际能力。在大学阶段，以夯实学生的外语综合实用能力和自主学习能力为主，拓展综合文化素质，以适应全球化社会发展和国际交流需要。

学校课程中还必须包括国际内容的知识，加强各个阶段学生对外语和外国文化的学习。只有明确定位，整体衔接，避免重复和脱节现象，才能提高外语人才培养的质量。

3.3 以培训机构和社区学校为补充和延续

欧盟把外语沟通能力定义为欧盟终身学习的八项关键素养之一。语言的学习不能脱离生活，我国以汉语为主要生活语言，目前只有外语学习，缺少外语生活，更需要为学生提供学校以外的外语生活的环境。所以，培养和提高公民的外语素养必须联合非国民教育体系机构，将国民教育体系与非国民教育体系结合，构建起外语的终身教育体系。通过国家政策导向，鼓励公民参加外语培训，设置合理的外语培训课程，来用教学软件和远程教育等方式增加外语学习渠道，规范和发展外语培训产业，通过培训来保持和提高公民的外语能力，形成外语学习的终生持续性。

培训机构和社区学校是公民练习外语的好地方。培训机构往往拥有很多外语资源，它可以作为学校外语教学和个人学习计划的补充和延续，也可以与地方政府的教育框架结合起来，为当地的工商企事业单位提供外语教学服务、外语技术支持、语言营等项目，对公民宣扬外语学习的重要性、让公民接触目标语的人和文化，还可以邀请重要人物来演讲，提高公民的外语学习兴趣，使外语学习不只局限于学校教育阶段和特定职业与工作环境，而是贯穿人的一生。社区学校以社区为单位，根据社区居民需要，营造一个有效的外语环境，组织居民进行外语学习和实践，推进学习活动的进展，达到持续提高公民外语能力，同时让公民有意义地度过闲暇时间的目的。

4 结语

本次调查研究了解了我国公民外语素养的现状，为公民外语素养的提高提供了实证支持。公民外语素养教育的实施要依靠国家政策，依托于学校教育和社会教育的组合，使公民外语素养培育课程专门化，课程设计注重阶段性和系统性，扩大公民社会生活领域，丰富外语实践活动。全球化社会的形成，对外语服务的要求越来越多样，必须尽快建立一个政府指导、社会参与、多种教育机构整合的外语服务体系。同时，还要构建公民外语素养评价维度和指标体系，明确公民外语素养教育终身学习的发展方向。

参考文献

[1] 安琳，王蓓蕾. 着眼国家战略、立足外语教学现实[J]. 外国语，2010（1）：18-23.
[2] 张治国. 中美语言教育政策比较研究[M]. 北京：北京大学出版社，2012.

本文原载于《河北师范大学学报(教育科学版)》2013年第8期。

日本相扑文化与日本人的依赖意识

——以外国人朝青龙为例

申秀逸

摘 要 相扑作为日本的传统国技，具有其浓厚的文化内涵。横纲是相扑界的最高荣誉。然而来自蒙古的横纲朝青龙的所作所为与日本民众所期待的横纲相去甚远，令日本国民大失所望，其人气也极度下跌。通过日本读卖新闻和朝日新闻的天声人语栏目对横纲朝青龙的有关报道，对朝青龙相扑不受欢迎的原因以及日本相扑文化的真谛进行了分析，指出相扑文化的核心内涵和amae意识（依赖意识）有着密切联系。

关键词 相扑；朝青龙；心技体；依赖；amae

相扑作为日本的传统国技，具有其浓厚的文化内涵，也必定有它特殊的文化。日本人心中的相扑运动，是一种以"心技体"为宗旨的运动。相扑选手分为序口、序二段、三段目、幕下、十两、前头、小结、关胁、大关、横纲等级别。横纲是相扑选手的最高等级，并且自古以来都是由日本选手来继承。近年来，外国选手也加入了相扑选手之列，并且取得了骄人的成绩。外国相扑手的崛起也打破了相扑运动的神秘"光环"，这一点让许多日本人多少感到一丝遗憾、一丝寂寞，也令日本相扑界的保守人士懊恼不已。但是继续使相扑运动及精神发扬光大，仍是众所期盼的趋向。

作为社会地位举足轻重的日本第68代横纲——来自蒙古的朝青龙，近年接连闹出逃漏税、装病、在赛场上有失风度等丑闻，使得其本身以及相扑运动也随之人气大跌。本文通过日本读卖新闻和朝日新闻的天声人语栏目对外国人横纲朝青龙的有关报道，试分析日本相扑文化与日本人心理构造的关联。

1 相扑的"心技体"

相扑是一种以身心都得到锻炼为目标的竞技。不仅注重技术与体能，更注重相扑选手心智的训练。"心技体"的全面发展才是相扑的最高境界。"心"的要素包括很多内容。

木村庄之助是第28代相扑裁判。主持了多场相扑比赛的他，在接受杂志采访时说过："战时如同一只野兽，战前战后就应做一名神圣的力士。如果相扑选手在日常生活中缺乏优雅的话，那么相扑的形象就会有些逊色。"①

双叶山是二战前的一名顶级横纲，由他创下的69场的连胜纪录，至今无人能及。当他首度遭遇失败时，赛场馆内先是鸦雀无声，过了一会儿，观众才清醒过来，怒吼和呐喊声，使得现场一片混乱。此后的第二天、第三天，双叶山连续失利。可能是首次失利，使得他这个当之无愧的"不败代名词"的紧绷神经也终于断开了。据说，赛后双叶山拍电报给自己的资助者说："我还没有做到木鸡呀"。木鸡这个词出自中国，故事中把最厉害的斗鸡比喻为木鸡。选手应该保持木鸡纹丝不动的状态以应对比赛。此时的双叶山借木鸡，表明自己还没有达到忘我的境界。②相扑讲究的是心、技、体，三者合一。双叶山在赛场内外都保持着如此的执着，可称为一个虔诚的求道者，令人敬仰。

江沪时代，蕉村门下的俳句诗人高井几董写过这样一句诗，"やはらかに人分け行くや勝角力"。意思是：比赛过后，彬彬有礼地从人群中过，是谓真力士。毫无疑问，相扑台上剑拔弩张的胜负决斗是相扑最高妙之处。但是，巍然屹立，看不出经过胜负决斗表情的力士之姿也有着和煦春风般的魅力。决出胜负之后，就是举行手刀仪式领取奖金。从33代立行司木村庄之助先生的《力士的世界》（文春新书）一书中我们可以知道，将这一做法推广开来的是昭和初期的大关名寄岩。据说，他对好友力士曾这么讲："（用手刀）书写出心这个字。表达感谢的心意。"③

由此可见，场上场下的相扑选手应是两种迥异的形象。场上骁勇善战如猛兽，达到忘我的境界；场下温文尔雅彬彬有礼如圣贤。在赛场内外都要保持着如此的执着，即便获胜之时也要怀着一颗谦恭感恩的心。这样的相扑选手才具有魅力。

然而，据日本媒体报道，朝青龙获得胜利后总是喜笑颜开，样子十分张扬，给人留下获胜之后得意扬扬、犹如瓜分战利品般的印象。

"心技体"合一的横纲才是出色的横纲。然而在心智方面朝青龙好像欠缺很大，这不仅是其本身内在的修养问题，还与他没有理解日本人特殊的心理结构有关。这种特殊的心理结构就是人与人之间的依赖心理，即amae心理意识。

2 相扑文化与 amae 意识

日本社会的人际关系中存在着一种允许彼此融为一体，互为依赖的感觉（我们中国人也很重视这种人与人之间的依赖意识），土居健郎称其为"amae"，并指出这种依赖的心理在日本人的日常生活中显得格外重要。

土居先生曾用这种依赖的心理解释说明了"人を食う態度（目中无人）""相手を呑んでかかる（盛气凌人）""相手をなめている（瞧不起人）"等熟语的用法。这些熟语一般用来形容待人接物时的态度，看上去与依赖心理似乎并无关系。然而土居先生指出："食う""呑む""舐める"这几个动词，对象本来都是食物，而这里却用来表示人际关系，即"视人为物"，表示一种无依靠的困境。那些要"食人""吞人""舐人"的人表面上气势汹汹，不可一世，实际上内心空虚。他们摆出那副超脱架势，不过是为了掩饰自己单枪匹马孤军奋战的窘境而已。比如："不把观众放在眼里"的人往往是害怕大家嘲笑自己，故以守为攻，做出一副孤傲的态度，还有所谓"男人藐视女人""女人藐视男人"，这些熟语都说明彼此之间失去信赖，相互依存的关系完全破裂。从这个意义上讲，依赖的心理是调节人际关系不可缺少的润滑剂。④

因此，日本人在日常的生活中，为了维系相互之间的依存、依赖关系，尽可能不去做一些目中无人、盛气凌人、瞧不起人的事。

据天声人语栏目报道，在2007年的巡回赛事中，朝青龙仿佛是要显示实力似的，不顾规则，不停地摆出搏斗架势，弄伤了实力低于其本人、与其切磋技艺的年轻选手。似乎是这种危险的行为遭人嫌弃了的缘故吧，朝青龙在去别处切磋技艺时吃了对方的闭门羹。天声人语栏目评论说："对手拒绝横纲来切磋技艺的情况是鲜有耳闻的。"⑤

然而，朝青龙并没有吸取吃闭门羹的教训，他的张扬举止又在2008年春季的最后一场比赛中暴露得淋漓尽致。本已取胜的朝青龙，又予已趴在地上的对手白鹏一击，被激怒的白鹏站起身用肩部冲撞回击，在赛台上形成了怒目相对的局面。

正如天声人语栏目评论道："将失败者再一次压在地上，只能表现出自己的幼稚而已。对于白鹏来说也存在着问题，缺乏控制暴怒情绪的冷静。如今，虽说蒙古大草原的劲风支撑着大相扑界，但相扑爱好者的心情却得不到安宁。"主持大相扑节目已有半个世纪的前播音员杉山邦博，在他的近著《土俵的真实》中阐述道："大相扑的魅力在于'重视低调的美'，胜也好败也好，只有冷静对待比赛才会精彩。"⑥

赛后，应体现出横纲的绅士风度的时候，朝青龙又给已败的白鹏一击，以获取胜利。他的行为使人觉得，他没有领悟到相扑文化中的依赖意识和感恩的思想。相扑对他而言是一种只要赢就行的竞技而已。而败者白鹏也没有做出横纲的姿态来，被朝青龙一击，立刻怒目而视，摆出一副打架的架势。由此可以看出，两位横纲在赛场上完全把对方看成了敌人，而不是竞争的对手。殊不知，赛场上的敌人其实就是自己，如何把握自己的心态，使自己成为木鸡的状态才是战时的绝佳状态。两位横纲均来自蒙古，或许在蒙古摆出这种气势汹汹的架势是很正常的，而在日本却截然相反。

日本人心中崇尚"低调的美"，这种"低调的美"是一种不张扬的美，是一种谦恭的、以尊重对方的形式来体现的美。因为，无论胜负，都是由双方努力的结果，不是靠一个人的力量得到的。正像日本柔道冠军山下泰裕曾指出的那样："每一项运动都是一门哲学。战斗的时候要拼命地做。很重要的一点是，要想通过柔道磨炼自己，就得有对手。在柔道看来，攻击的对手不是敌人，因为有了对方，因为和对方能够交手，才能够提高自己，磨炼自己，尊重对方，看似矛盾，两个都很重要。但是在比赛的时候，全身心拼命去比，比赛结束之后，无论胜负，平静下来，向对方行礼表示感谢。用这样的方式就能控制自己的感情。"⑦

这种尊重对方、感谢对方的精神不仅是柔道，也体现在相扑运动中。最能体现出这种amae意识的行为就是在决出胜负之后举行的领取奖金的手刀仪式上，优胜的力士在相扑台上领取奖金时，用手掌侧劈出一个心字，来表达感谢之意（将这一做法推广开来的是昭和初期的大关名寄岩）。

相扑运动崇尚的是这种"低调的美"，进一步说就是一种感恩的意识。它是在日本人所崇尚的人与人之间的依存、依赖意识下才能体现出来的。正是由于这种感恩的意识才能控制自己的感情，达到平静的状态，使得每项运动都能在精神上得到升华。

如果不知道日本国技的宗旨以及日本人所崇尚的是什么的话，即便是在技术、体能上达到了横纲的要求，也不能被称作真正的横纲。

从朝青龙的张狂举动可以看出，朝青龙根本就没有理解日本人的心理——人与人之间的依赖关系。因此，在他的言行中，看不到半点谦恭感恩之心，看不到半点温文尔雅、冷静之态。正是由于他唯我独尊，不能严于律己、宽以待人，才遭到同仁的鄙视，甚至遭到去其他师门切磋技艺时吃闭门羹的下场。这也足以表明了朝青龙与观众甚至与相扑界的同仁之间正在失去信赖关系。

可见，一个出色的相扑运动员，当他获胜时，他应该感谢败给他的对手，应该感谢他的支持者。这样才能建立起相互的信赖关系，否则就会成为"一人相扑"（意：孤家寡人）。

国家不同，文化传统也存在着差异。来自蒙古的力士可能不能够从深层次上领悟相扑及其精神，也许对相扑只停留于对"技、体"的认识上。这就要靠其师父乃至相扑协会对其进行教导。作为外国人的朝青龙，其令人发指的行为也与其师父及相扑协会的监督管教不力有关。

3 相扑运动的责任意识与 amae 意识

2007年8月，朝青龙曾经以受伤为由提出夏季巡业（推广相扑国技，开拓新的相扑迷的巡回演出）休场，并回到蒙古休养。而在那里，日本记者发现，这位身材硕大的巨型男儿竟然活蹦乱跳地参加慈善足球赛。

因此，日本相扑协会决定对朝青龙进行史无前例的处罚，连他的师父高沙也因监督不周而遭到4个月减薪30%的处分。[8]

朝青龙虽然位居相扑界的最顶端，但他没有肩负起横纲的责任，目中无人、我行我素的行径，让相扑协会伤透了脑筋，此次处分之重，超过所有现役力士，可见相扑协会对朝青龙伤害道德的脱轨行为已经忍无可忍。

读卖新闻就朝青龙装病回国的事件，在编辑手帐栏目刊登了横纲北之富士的一个轶事：

横纲玉之海在秋田市得了阑尾炎，在巡回演出的途中返回东京是1971年（昭和46年）8月。横纲北之富士率领的别的班结束了北海道的巡回演出。听到了这个消息后，北之富士担任替角出发去东北，但因为匆忙而忘了带绳子，而当地只有不知火型的玉之海用的绳子。本来是雲竜型的人以不知火型的样子进入了比赛场，留下了这段逸闻。现在是相扑解说者的北之富士胜昭先生在自己的自传中回想说："没有横纲的巡回演出就是没有主角的戏剧，所以自己担任了那个角色。"言谈中流露出了横纲所肩负的重任。[9]

就朝青龙装病回国的事件，天声人语栏目评论说："优胜21回，作为一人横纲的国技馆台柱朝青龙来说，他肯定有着'因为有了我才有了相扑界'的想法吧。他不能搞错了。即使赢了几十次，几百次，也没有任何一个人能比相扑更伟大。"⑩

从这篇报道可以看出，现实中的朝青龙与日本人心中的相扑相距甚远。说是身体有问题而提出停止夏季巡回演出却在祖国——蒙古踢足球的横纲朝青龙，受到了日本相扑协会对他9月以及11月的2场比赛的停赛处分。对于抛弃重任的横纲来说那是理所当然的报应吧。朝青龙的师父与相扑协会在培养力士的责任问题上也有不可推卸的责任。

横纲不只是一种荣誉，也肩负了沉重的使命。而对于满载荣誉衣锦还乡的朝青龙来说，横纲只是一种荣誉而已。

横纲的责任是什么呢？

据说当年大关二所教练觉得大鹏是个可塑之材，便对他进行了有别于其他选手的品行教育。并告诫他说，坐上头把交椅是件非常辛苦的事情，你要有足够的心理准备。著名横纲就如同是一棵矗立的大树，下层大力士不断地潜心练习，以期推倒这棵大树，由自己来取代位置。在相扑的鼎盛时期，这棵树的树形一定要正。⑪

由此可以看出，横纲应是一位大力士们效仿并以此为目标的品行端正的楷模，为了不玷污横纲的名誉应时时严于律己，宽以待人。朝青龙能否成为一棵真正的大树，关系到相扑的精神与命运。这也是日本人所担心的。

天声人语栏目曾经列举了相扑运动员双叶山父子的例子。"双叶山儿时曾因朋友的吹箭而右眼失明。他的父亲虽然知道是谁吹的箭却直到死都闭口未言。为此，作家（舟桥圣一）这样写道，'比起仇人，对于怨恨者本人而言又有多少好处呢？因为这是基于识大体之上的深沉爱'（《独目横纲双叶山》）。双叶山隐瞒着双眼的不利因素，不断挑战无敌相扑。在（相扑）这个世界里，说起师父来，俨然如生父。这位父亲也是一位品德高尚的著名力士。"

天声人语栏目论道："迄今为止，在使事情复杂化的责任问题上，缺乏同力士妥善沟通的师父与协会都有一份吧。虽然有双叶山父子这样的楷模，但是也有像高砂朝青龙这样的不肖之父子照样存在。"⑫

由此可见，对朝青龙的所作所为，其师父高砂有着不可推卸的责任。相互负有责任，也是维持相互依赖关系的前提，师父与相扑协会没有履行对相扑管教的责任，也就削弱了相扑选手与师父及协会的依赖关系。朝青龙之所以今天如此猖狂，与其师父、相扑协会的过分"宠爱"有着直接的关系。正可谓是"教不严，师之惰"。然而，"师"是否具有"师"的资格，也是个现实问题。

4 结语

综上所述，可以得知：相扑运动也是一门哲学，相扑的真谛不只是需要强健的体魄和娴熟的技巧，最重要、最首要的是内在的"心"性的修炼。要想做一个好的相扑选手或者相扑高手，首先是锻炼心性，做一个懂礼貌的、谦逊的、有责任心的、怀有感恩之心的、尊敬他人从而受人尊敬的人。即具有人格魅力的人。出身蒙古的朝青龙在技术与体能上已无可厚非，他所缺乏的就是这种人格的魅力。这除了与他自身的修养不够有关之外，还主要与他缺乏对相扑文化、对日本人的心理构造中的依赖意识的认识有关。因此，学习一国的国技，首先要了解该国的文化，才能充分地认识它并掌握其真谛。

注释

① http://www.asahi.com/朝日新闻天声人语，2007.06.02
② http://www.asahi.com/朝日新闻天声人语，2007.08.04
③ http://www.asahi.com/朝日新闻天声人语，2007.12.12
④ 土居健郎：《日本人的心理结构》，日本：弘文堂，1971：19.
⑤ http://www.asahi.com/朝日新闻天声人语，2007.12.12.
⑥ http://www.asahi.com/朝日新闻天声人语，2008.05.27.
⑦ http://space.tv.cctv.com/video/VIDE1234708526351404/日本柔道冠军山下泰裕的传奇柔道 生涯.
⑧ http://hochi.yomiuri.co.jp/feature/sports/20070808-427537/news/20070801-OHT1T00056.htm/スポーツ報知.
⑨ http://www.yomiuri.co.jp/editorial/ 读卖新闻编辑手帐，2007.08.03.
⑩ http://www.asahi.com/朝日新闻天声人语，2007.08.03.
⑪ http://www.asahi.com/朝日新闻天声人语，2007.08.04.
⑫ http://www.asahi.com/朝日新闻天声人语，2007.08.29.

日本企业终身雇佣制与年功序列制的历史渊源

申秀逸

摘 要 现代日本企业的集团意识有其深厚的历史渊源。日本现代企业集团的前身是近世的藩主家臣团，也称"家"，藩主与家臣的关系具有雇佣与被雇佣的性质。现代终身雇佣制起源于藩主家的主从制，年功序列制起源于家臣（武士）的继承制。

关键词 "家"；集团主义；年功序列制；终身雇佣制

战后日本表面上主张在和平民主主义下实现个人主义的伦理，但是以企业为"家"的集团主义的观念以及重视社会世俗伦理的基本伦理观念依然存在，并且通过"年功序列制"（论资排辈制）以及终身雇佣制作为生活的保障，使企业发挥出集团的能量。正因为如此，日本才成功地取得了社会经济的发展，这已成了人们的一个普遍共识。本文所指的集团主义主要指企业的集团主义，企业集团的前身是近世的藩，即藩主家臣团，也称"家"（日语为"イエ"）。本文从近世的"家"的特性来追溯当今日本企业集团意识的历史渊源。

1 江户时代藩主家的主从制与现代终身雇佣制

在江户时代，德川幕府的政治体制确立后，人们在严格的士农工商等级制度下过着安分守己的生活。武士阶级内部也存在着严格的等级秩序，每个武士都必须过着与其等级相应的生活。

德川幕府时期，"家"指的是藩，它是由作为统治阶级的武士组成的具有严格的等级秩序的军事集团，也是一个经营体。维持这个严格的等级秩序的支柱就是主从制。

主从制要求武士忠于藩主，对于藩主的"御恩"（指分封领地给家臣），家臣必须以"奉公"（在军事和行政上的效忠）的形式来报答。对这种制度，家臣也容易接受。因为，武士只有和他的主人结成主从关系后，才能立足于这个"家"中，他才是名副其实的武士，否则他们只不过是个无业游民罢了。没有主人的武士被称为浪人。

中日两国都有主从关系，但存在着本质的不同。中国的官僚通过科举产生，并非世袭，而江户时代的日本官僚则是由武士垄断世袭的。藤井让治（1992：243）曾经说："明清也是如此，因为做了官从而与皇帝或国王之间产生了从属关系，一旦辞去官职，这种从属关系就会自动消失；而在幕藩体制下的江户时代，在成为封建官吏之前武士与藩主之间就已是主从关系了，虽然成为封建官吏这只不过是家臣对藩主的另一种效忠的形式，即便是离开那个职位，武士与藩主的关系也没有改变。"

这里特别要提到的是，随着时代的变迁，武士忠诚的对象从单纯的藩主本人逐渐扩大到以藩主作为家长的藩，即"家"。在武士的头脑中也就逐渐地形成了"家"意识。

各藩内部结成了牢固的主从关系，武士的主人是藩主，而不是藩主的主人——将军。武士过度重视这种主从关系威胁到德川幕府的统治，为了幕藩秩序的稳定，德川幕府也必须适度削弱各藩与武士间的主从关系。17世纪中叶以后，暂且不谈幕府提倡儒教是否是在明确意识到了这点的基础上实施的，弱化主从关系的"治国平天下"的儒教思想对幕藩体制大有裨益。提倡儒教，使武士从一介武人成了藩主的辅佐，并取得了国家统治者"官吏"的地位。伴随着这种转变，"忠"的对象也从各藩和武士间相对狭隘的主从关系，扩大到了忠于国家。即作为家臣的武士，不仅要对藩主尽忠，还须对藩主的"家"，即藩、国家尽忠。这也和当今企业要求职员应以公司利益为重的本质是一样的。

藩主与家臣的关系，即主从关系，也是雇佣与被雇佣的关系。17世纪中叶以后，由于武士忠于的对象扩大到了以藩主为家长的"家"，所以说"家"与武士之间也就形成了雇佣与被雇佣的关系，而且这种雇佣关系一般的情况下都是终身的。所以武士一生往往效忠一位藩主的美德也才能实现。终身的效忠换来的是终身的保障。终身的保障使得忠诚更加牢固。这也就是"御恩"（施恩）和"奉公"的关系，二者是相辅相成的。

一提到终身雇佣，往往会议论其消极的一面，认为职员一旦就职就会在一个公司里安闲地工作到退休。这种说法明显欠妥。不要忘了终身雇佣制中具备了人们最期望的雇佣稳定这一特性。正是雇佣的不稳定，才使得出生率逐年下降，加快了少子高龄化社会的进展步伐。虽然日本政府采取了提高对幼儿补助等鼓励生孩子的措施，却未在如何实施更加合理的雇佣政策这种根本问题上下大力采取有效措施。

我认为有必要从恢复对企业的忠诚心这一点来重新看终身雇佣制。与其说日本经济的长期低迷是"失去的十年"的话，莫不如说是以对企业忠诚为根基的日本传统企业模式"解体的十年"。如今企业经营一恶化，就以"优化组合，调整结构"为借口，毫不客气地进行人员大裁减，在这种情况下，人们就会抱着不知哪天或许就该轮到我了的疑念，惶惶不可终日。在这种状况下人与人的关系日益淡漠、疏远，员工对企业的忠诚日渐消极，这正是日本经济萧条不振的潜在而又明显的原因。

2 武士社会中监禁藩主与责任意识

对藩主实行的"监禁"行为（日语叫"押込"おしこめ）是指废立藩主的行为。在藩主家，当藩主听不进家臣对其恶行及暴政的屡屡谏言时，那么在家老（家臣之长）及重臣的指挥下由家臣团对藩主实行监禁，逼迫藩主限期改过；当认为藩主难以改过自新时，就逼其隐退，拥立其子做新的藩主。

据笠谷和比古对"监禁"的研究，这种行为绝不是特殊的个别现象，而是一种普遍的社会现象。当初，这种行为在和武士道所主张的忠义观念的兼顾性上曾经引起争论。争论的焦点是，即便是暴君，能否允许召集家臣把藩主监禁在藩牢中，并强制令其隐退的行为。这是德川时代武士道思想上最为棘手的难题，但是，进入18世纪，即元禄享保时期，这种行为被认为是武家社会中的正当行为。人们甚至开始认为这是家老们的义务，并不是谋反与叛逆。人们认为，对藩主谏言是家老的职责所在，监禁藩主被认为是在藩主不采纳谏言的时候所采取的带有强制力的谏言，它是家老在职权上的正当行为（笠谷 2002：57）。

由此得知，近世的中后期，特别是在上级武士中，忠诚的对象是"家"而不是藩主个人的倾向更为显著。受儒学思想的影响，治者的意识，"家"的主人翁意识强烈。他们认为藩主也只是"家"的掌管者，虽然不强调才智，但当藩主不能自律时，即藩主是个暴君而没有能力掌管"家"时，家臣就会进行规劝，规劝不听，家臣们就会站在"家"的立场上，把藩主禁闭起来，直至藩主改正或另立新藩主。

总之，在"家"中，一方面要求家臣对藩主绝对服从。另一方面，为了"家"的存续，也对藩主的行为规范进行了要求。为了"家"这个经营体，藩主和家臣之间也存在着力量的抗衡。

现代公司的经理，也只不过是公司这个"家"的经营管理人，当公司丑闻公诸于世时，他们多半会在外界的压力下引咎辞职。当企业丑闻未被世人所知时，也有公司内部发动"监禁"来平息丑闻的情形。

例如昭和60年（1985）的"松坂屋事件"。松坂屋是庆长十六年（1611）由伊藤家创建的老字号百货店，明治以后都由伊藤家的户主担任社长。昭和60年4月，围绕接受厂家贿赂的问题引起了内部纠纷。这时掌握公司实权的铃木正雄氏在临时董事会上，在获得多数董事支持的基础上，解除了创业家出身的伊藤洋太郎的社长职务，断然决定由自己担任社长。

就此件事，拥护前社长派的社员们由于愤慨而说的以下的话引人注目："这好比是把藩主监禁（押込）在藩牢里，家老随心所欲地控制国家（明治维新以前把藩称为国）。"（周刊朝日 昭和60年4月26日）

在松坂屋的"内讧"事件中，虽然不知道两派谁是谁非，但是它和德川时代"监禁主君"的惯例却是如出一辙。只不过当今的"监禁"事件，归根到底是一种权力斗争，当然没有德川时代的"监禁"中所包含的家臣们规劝藩主改过自新，使其争取恢复藩主地位的责任意识。

3 等级与能力主义

元和元年（1615）德川幕府发布了武家诸法令，其中的第十三条规定"国主可撰政务之器用事"（《德川禁令考》前集1）。历来的研究认为，致力于强化幕藩制的幕府，贬黜、转封各个藩主时，第十三条是具有法律依据的条文，各个阶层的人严格遵守江户法令也是由这个条文的彻底性决定的。

然而，宽永十二年（1635）修改的武家诸法令删除了这个条文。这是因为，居上位者对下位者主张以才智（日语叫器用、器量）为标准时，是将其作为否定世袭的理论发挥统治机能的。居下位者对上位者主张此原理时，就成了废立主君的理论。

随着幕藩制社会的安定，幕府逐渐开始否定居下位者的理论也是时代的趋向。元和令十三条的删除，表明幕府的施政方针由重视才智向重视家世转换，是幕府向往的秩序观的划时代的转变（福田1999：50-63）。

在德川幕府时期，统治阶级由重视才智转向更强调家世，也就是由强调能力而转向强调身份等级，是为了防止居下位者把才智的理论作为衡量上位者的废立主君的理论而实行的。

19世纪的日本和现代的日本情况非常相似。经过了元禄时代的繁荣之后，泡沫经济崩溃，当时的社会陷入了深刻的经济困境，各藩的财政也日趋贫乏。因此，为了适应新的社会环境，当务之急就是要把能力主义纳入体制中。但是这种做法是和原有的以身份等级为基础的体制相抵触的，因此给幕藩秩序带来了巨大的冲击。

在此之前，人事、职务任用的标准是世袭的身份秩序。家老和重臣家出身的任高级职位，中坚的平士（最标准的武士）担任中坚职位，"徒士"和"足轻"这些下级武士身份的（主要指没有骑马资格的武士、步兵），只能从事组织末端的下级职务。并且在他们一生中，所进行的职位的移动或晋升，也只不过是在与其身份相应的范围内进行而已。

由于能力主义与身份主义是对立的，很多藩都发生了"内讧"。然而第八代将军吉宗所实行的幕府的享保改革却成功地解决了这一难题。吉宗的改革，打破了身份秩序的界限，下级身份的人也可以根据他的能力、业绩及工作经验晋升职位。其中，能力、业绩显著者还可以就任高级职位，甚至还可以升到长官一级。这个制度就是"足高制"（笠谷 2002：83）。

在德川幕府初期，统治阶级转向更强调家世，是为了防止身居下位者把有才智的理论作为衡量藩主的标准而实行的。而到中后期，为了摆脱财政困境而大力提拔有能力的武士，这说明，在德川幕府时期，并不是只强调等级和家世，同时也很注重武士的能力。

中根千枝认为，在注重能力差别方面，日本比其他国家显得低调得多。在传统的日本人的想法中，"不论是谁只要做准能行"这种"能力平等观"根深蒂固。如同日本人经常说某某人肯干，某某人懒惰一样，日本人只看每个人的努力程度的差异。正因为注重能力相同，就越发偏重论资排辈。然而，正是这种能力平等主义孕育了大批刻苦勤奋型的人。它最大的长处是使得每个人无论是有能力的还是没能力的都拥有自信，并坚持不懈地努力。而纵式的组织链条又给那些不断努力的人提供了晋升的阶梯（中根 1967：77-79）。

我不否定中根千枝的能力相同观的理论，但是，在德川幕府时期的幕藩制下，为了避免能力主义变成以下犯上的理论依据，幕府虽不否认能力，但是强调以家世即等级为前提的能力。这就容易给人们造成了能力平等的错觉。实际上"足高制"的实行，就证明了个人能力的不相同。并且，在继承领地时，武士个人的能力还是被列为考察的内容。

4 武士的继承制与现代的"年功序列制"

笔者通过调查彦根藩（侍中由绪帳 1994—2002）的武士继承的实际情况得知，在保障继承方面，即便有亲生儿子，也未必时刻都能确保完全继承。和幕府一样，藩主针对家臣的亲子继承，以预定继承人的奉公能力、有无奉公经历及被继承人的任职态度作为保障继承的一个基准。

在彦根藩，以继承人幼小无奉公能力为由实施幼小减俸制。为此，完全继承的一个基本要素是嫡出的身体健康的成年人，且预定有奉公能力。即便嫡出，但是当不满足这两个条件时，就有削减俸禄或废黜嫡子的危险性。首先，如果被继承人的任职时间长并顺利完成工作，而且是衰老隐退，其子的完全继承在某种程度上是受保障的。其次，针对武士的自觉行动（因病不能效忠时，返还俸禄），藩方也有周到的考虑——即保障其儿子的继承。再次，父亲有无派往江户的经历、任职态度的好坏、任职期间的长短，也是能否保障其儿子继承的标准。但是，针对家臣的行为不端，藩方实施强制隐退或削减家臣儿子的俸禄；对因病不能任职及生前没勋功的家臣，藩方不保障其子的完全继承。此外，如果是养子，并非都不能全部继承。为了保全家臣的家，藩方积极承认临终认养的养子存在。养父顺利任职直到衰老或养父有任职于江户的经历，这时养子若有奉公经验和奉公能力，可以保障完全继承。这意味着藩方重视家臣的奉公能力和奉公经历。为此，对幼小或临终认养的养子实施削减俸禄的政策。值得注意的是，到了中期以后加强了对异姓养子的继承保障。这是因为中期以后不再实行养子减俸制。对异姓养子削减俸禄——养子减俸制大多在江户前期实行。中期以后，除了临终认养的养子，针对养子继承的保障标准与亲儿子继承大致相同。这显示出在家臣继承上，藩将重点放在继承人的资质上，而非继承人的血统。令人感兴趣的是，家臣因病不能尽职时，作为一名武士如若自觉返还俸禄的，此时藩方反而会尽力保障他们的继承。

藩方为了统治家臣，为了藩政的运营、藩的统治，常常要求家臣是贤明而有才能的。现代企业的经理为了公司的安定和发展，往往寻求优秀的人才。此外，江户时代的武士，与现代公司的职员一样，往往被要求必须有能力、有经验、工作态度好、责任感强。即无论是藩还是家臣，为了藩和家臣自家的存续和发展，在重视血统的同时，也重视继承人的才智。

在欧美型的社会组织中，某个特定的部门出现人事问题时，从外部招聘适合该部门的人才绝对不是稀奇的事，也可以说是一种普遍的现象。但是在日本社会组织中，一般是采取组织内部的人通过晋级安排到适当岗位的做法。

内部晋级的考核标准是，每个人的职务经历和能力的程度及业绩。根据这样的原理及竞争机制来晋升到高一级岗位的晋升体系才是真正意义上的年功序列制。它非但不是反能力主义的，反而正是能力主义原理的体现。

那么为什么年功序列制变得好像是反能力主义的代名词了呢？这大概是年功序列制在泡沫经济时期变得走了样的缘故。因为这个制度只有在为发迹而竞争的情况下，才能发挥出那种能力主义的性格。

在泡沫经济时期，由于公司利润丰厚，所以用不着忙忙碌碌工作就能领到可观的工资。为了避免通过竞争而带来的人与人的不和，作为权宜之计设立了很多职位，只要是进了公司工作一定的年限，就能自动地晋升到某个职位。这使人们不知不觉地陷入了反能力主义的误区之中，以为"年功序列制"就是根据工龄自动晋升，如同自动扶梯一样。日本社会的这种"年功序列制"的晋级体制，绝不是忽视能力主义的，而是以上班年数、业务的精通熟练程度和业绩评价为基本条件的晋级制度。

5 余论：终身雇佣制的功能与年功序列制的实质

日本江户时代的"藩主家"实际上是现代企业的前身。"家"对现代企业的影响是根深蒂固的。在现代企业中终身雇佣制和年功序列制发挥着重要功能。

（1）终身雇佣制的作用。

身份的世袭使得武士更忠于以藩主为首的"家"。战后的终身雇佣制也是令日本人忠于企业的一个重要因素。终身雇佣的功能体现在：

一是具有雇佣的稳定性，从而使员工对企业的忠诚度更高。藩主与武士之间是一种基于"御恩"和"奉公"的关系之上的主从关系，之后上升到"家"与武士之间的关系。"御恩"的表现形式就是领地的确保（日语叫"安堵"）。所以家臣为了此恩才会拼命地为领主和"家"效命。由此可见，藩主和"家"是在施恩的情况下要求家臣为"家"效忠的，这从家臣的继承中就可窥知，所以，"家"和家臣之间是一种相互的关系，并不是单方的束缚关系。现代的企业过于强调了员工应奉公的意识，而企业应对员工的施恩意识却显得欠缺。这种"御恩"和"奉公"关系的不平衡状态，使员工的集体意识不可能达到像企业期待的那样的境界。只有企业在尊重员工的人格、充分保障员工的生活的基础上，员工积极的奉公意识才能充分地发挥出来，也才能发挥企业的集团力量。

二是终身雇佣制具有保障成员权利的功能，即只要员工没有特别大的过错或不正当行为时，企业一方不能任意解雇。正是这种雇佣条件，起到了提高员工人格的自立性的作用。在"家"中，藩主与家臣结成了主从关系，在这种关系下，除非有一方有了重大过失，一般的情况下双方都有义务去维持这种关系。可是现在企业在"优化组合，调整结构"的幌子下，可以任意地解雇员工，这不仅直接侵害了员工们的切身利益，而且在客观上否定了他们的"个人存在价值"，挫伤了员工们的奉公热情和对企业的忠诚。这就必然导致企业内部人心涣散，员工与企业这个"家"离心离德，这就使企业丧失了发展的原动力。

三是终身雇佣制能够提高员工的主人翁意识，使员工能够从集体的利益出发，为集体着想。在集团中，集团领袖也只是集团中的一分子，在一切为了集体的利益的目的下，倘若集团领袖做了违背集团利益的事或没有资格再做领袖的话，会从自律的意识出发引咎辞职，或者在股东或员工的逼迫下辞职。第二种情况与"家"中的"监禁"行为相似。可是当今社会中，当企业的丑闻公之于世时，企业的负责人在社会舆论这种他律的压力下，不得不引咎辞职，由企业内部的力量发动内讧来推翻现任领导的却很少。

（2）年功序列制的实质。

在武士继承家产的过程中，被继承人的能力、经历、功绩和继承人的工作经历、能力都要经过严格的考察，然后确定继承人的家产。武士身份是世袭的，家产并不一定全额世袭，要根据被继承人和继承人的个人情况来规定继承人家产是增是减。这种考核制度就是"年功序列制"的前身。还有第八代将军吉宗实行的"足高制"也都证明了世袭制并不排除能力主义。"年功序列制"使得每个人凭借自身的能力各得其所，保持上下之间的协调一致。

所以说日本社会的"年功序列制"绝不是忽视能力主义的，而是一个基于能力主义的制度。它是以上班年数、业务的熟练程度和业绩评价为基本条件的晋级制度。说"年功序列制"是反能力主义的认识是不妥的，或者说是一种误解。

因此，我认为以由"家"制度衍生出来的"年功序列制"是现代日本的企业集团主义的一个重要特色。可是，如今在日本这种传统的"家"制度虽然仍具有一定的影响，但其最具有传统特色的东西已在不断地消失，而且在某种程度上还对其进行了错误理解。当今，"终身雇佣制"的瓦解使得员工淡化了对企业的忠诚。"年功序列制"的瓦解造成了员工只凭个人能力，而忽视集体团结协作的力量。重新唤起现代集团主义的前身的"家"意识，是克服和纠正日本当今诸多企业弊病的出路之一。同时要认识到，在加强集团合力的同时，最重要的是树立自律意识，否则如果只凭他律，员工们的个人伦理道德意识则有可能被扭曲了的狭隘的集团主义吞噬、蒙蔽的危险。

参考文献

[1] 藤井譲治. アジアにおける官僚制と軍隊[M]//アジアのなかの日本史Ⅰアジアと日本. 日本：東京大学出版会，1992.

[2] 福田千鶴. 幕藩制的秩序と御家騒動[M]. 日本：校倉書房，1999.

[3] 笠谷和比古. 武士道と現代[M]. 日本：株式会社産経新聞ニュースサービス，2002.

[4] 侍中由緒帳（第一巻～第五巻）[M]. 日本：彦根城博物館，1994-2002.

[5] 周刊朝日[J]. 昭和60年4月26日号.

[6] 中根千枝. タテ社会の人間関係[M]. 日本：株式会社講談社，1967.

本文原载于《燕山大学学报(哲学社会科学版)》2007年第1期。

训读文体中有标语序的成立及影响

刘洪岩

摘 要 在中古训读文体中存在着大量不同于日语"中心语后置"的句法结构。在这些结构中，NP和VP的中心语都出现在补足语之前。这种句法结构的成立不涉及日语基本语序层面，可定性为表层句法结构层面发生的语序调整。其形成的动因一般是语用上情态和语气的表达需要，因此可称之为一种有标语序。中古训读文体中的有标语序直接影响了和汉混交文中的语序形式，并进一步引发了中古以后日语多样化句法结构和语序形式的形成和发展。

关键词 训读文体；语序；有标；中心语前置

1 引言

语言句法结构的变化一般由内外两种因素所引发。导致这类变化的"内在因素"指的是语言内格关系和论元结构等要素的内部调整，"外在因素"则指的是其他类型特征的语言所带来的影响（Thomason 2001：172）。作为句法结构变化的表征和结果，语序的演变自然也受到语言内外两种因素的影响。关于日语语序的历史演变，"内在因素"一直以来都被视为其主要动因。对此，佐伯（1976：74）指出日语中语序倒置的现象自上代就普遍存在，历史上的语序调整也是在基本语序框架内发生的，基本语序类型并未发生过改变。然而，日语在基本语序不变的前提下，其部分语序何种程度上受到"外在因素"的影响，尚存疑问。关于这一点，汉文语序作为日语演变史上的典型"外在因素"被提及最多。

国语学研究者们最早发现，中古的训读文体与和汉混交文体中存在大量不同于上代日语类型特征的语序。关于这类差异化语序的形成动因，築島（1969：496）分析，"漢文を訓読する際に、長い目的語から（中略）反読してくる繁をさけて使用される"，大坪（1981：895）得出与之相类似的结论，称"後から返って読む煩雑さを避けて、動詞を先に読んだのが習慣化した"。春日（1985：295）也曾解释说，"長大な文になると、遠く反読することをさけて漢文の語順のように（訓読する）"。这类语序被认定为一种"訓点特有語"或称"訓読語法"。可见，这些研究将中古时期具有汉文特征的语序现象视作一种文体层面的问题，并认为其形成的动因仅是为了训读上的便利。然而，这类带有汉文特征的语序用例在后世各类文体语料中都可见到，它的形成动因是否能以"文体"一语蔽之，还有待探讨。

杨金萍和肖平（2004：44）在论及古代汉语对日语训读语法形成的影响中，提及了汉文句法对中古以后日语语序的影响，并以定语后置为例指出"由于受到训读的影响，汉语的定语后置现象被吸纳到日语语法中，从而产生了中心语在前、表示修饰的定语在后的同位关系形式"。该研究将汉文对日语中语序的影响视作一种句法层面的变化，而训读文体只被作为这种影响产生的介质。不过，对于汉文语序在对日语语序影响的过程中到底是什么机制在起作用，还需要做更多基于历时实证的考察。

ジスク（2015：203）在语言接触视阈下考察了汉文对日语语序的影响，将这一现象定性为一种"借用統語"（loan syntax），并将其与形态借用和词汇借用等现象同归于"模倣"（imitation）的体系下。然而，不论形态借用还是词汇借用都是有具体的借用"对象"的，而语序上的影响则是发生在"规则"层面的，是否能以"借用"来概括还有待商榷。跨语言类型特征的规则的成立应当是有条件的。因此，在为日语受到汉文语序影响的现象定性之前，有必要探讨这一影响成立的条件是什么。

综上所述，对于历史上日语语序受到汉文影响这一现象，有如下几个问题需要探讨：第一，古代日语在何种程度上受到了汉文语序的影响，哪些句法结构中产生了来自汉文的语序类型。第二，汉文语序引发日语中新语序形成的动因和机制是什么。第三，日语能够受到汉文语序影响的必要条件是什么。本文将以中古训读文为主要语料对如上设问进行考察，以此来探讨在日语演变历史中汉文语序的地位和范畴。

2 训读文体中的有标语序及其层次性

2.1 有标语序成立的动因

语序可以理解为一种句子构成要素排列的线性规则（田窪 2010：25）。关于日语的语序特征，佐伯（1998：3）和野田（2006：179）都指出，日语的语序虽然规则严密，但同时其又有着很大的自由度。从外在因素的影响结果来看，这种语序上的"严密"和"自由"显得泾渭分明。松本（2006：146）认为，虽然长期受到汉文句法结构的影响，但日语的基本语序并未因此发生变化。换言之，日语中"抽象性的句法结构"不会在语言接触的影响下发生变化，而由外在因素引发的新语序的成立则一般只涉及"表层句法结构"层面。

Heine和Kuteva（2005：11）指出，外在因素所引发的句法结构的变化一般是指"表层结构"层面的变化，这种变化的动因往往来自于"语用上的有标"（pragmatically marked）。即表层结构中语序的变化并不涉及语言类型特征，而是由具体的语用上的表达需要引发的。对此，ウェイリー（大堀訳 2006：105）也认为，与基本语序的成立条件不同，那些较为"灵活"的句法结构往往是语用上有标的结构。佐伯（1983：7）、藤井（1991：59）也都指出，"心理的、感情的強調"是导致语用上的有标语序出现的动因。

从结论上来看，训读文体中存在大量不同于日语基本语序的句法结构。这些句法结构是由于外在因素——即汉文语序的影响形成的，其本质属于"表层句法结构"层面的变化。在这些结构中，所呈现出的语序特征与汉文是一致的，在语用上可视作一种有标语序。

2.2 训读文体中有标语序的层次

田窪（2010：25）指出，日语句法结构是具有层次性的，主要可分为"附加语（adjunct）＋X"和"补足语（complement）＋中心语（head）"这两大层次（图1）。而"表层句法结构"的语序变化在这两个层次上都会发生。

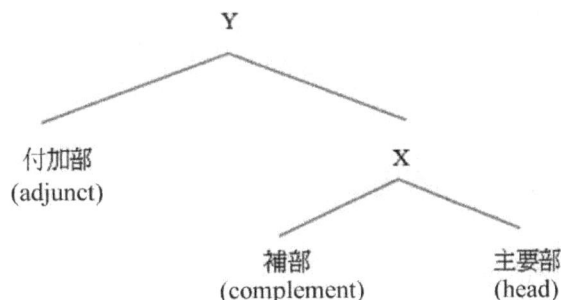

图1 日语的句法结构层次（田窪 2010：25）

藤堂和近藤（1958：277）指出，在中古时期的汉文中，"強い心中の衝動が口をついて表出されるときには、まず話題をのべて次にその説明をするというようなゆとりがない。したがってまず表出の重点である述語を先に言ってしまって、後から主語を補うという倒置した表現が用いられること"。特別是在表达"よびかけ・わかれ・詠嘆"等的会话文中，语序的自由度会更高。在这种影响下，日语训读文体中会发生将"附加语+X"调整为"X+附加语"的语序结构变化，以此来表达强调述部的语用效果。以下语例的语序调整都发生在这一层次。

　　a. 苦哉我失愛子。
　　苦シキ哉、我が愛子を失ひつラク。（金光明・巻10）
　　b. 盛乎法炬傳諸未來。
　　盛ナルカナ［乎］、法炬諸（ヲ）未來（二）伝（ヘ）ム。（法師伝・巻10）
　　c. 希有世尊無邊行。
　　希有なるかナ、世尊の無邊の行いまサク。（金光明・巻10）
　　d. 如來歎曰惜斯何不遇。
　　如來嘆（じて）曰（く）、「惜（しき）カナ、斯レ何（ぞ）不遇（なるや）。」（西域記・巻7）

　　从以上例句来看，汉文原文的形容词是用在"哉""矣""乎"等感叹词的前面来表达感叹之意的。论元部分则以名词性小句的形式接在"形容词+感叹词"结构后。为表达同样的语用效果，训读文完全复制了汉文的语序。在这些例子中，论元成分的后置成为了语用上的标记结构，以此来强调主观的情感。

　　另外，在"补足语+中心语"层次上，日语被认为是典型的"中心语后置型"（head-final）语言（竹沢，Whitman 1998：105）。受到汉文中心语前置语序的影响，在特定的语用条件下，训读文体中一部分"补足语+中心语"结构变成了"中心语+补足语"的语序。下文将在这一层次上详细考察训点文体中NP和VP两种结构中有标语序的成立情况。

3 训读文体中NP结构的中心语前置

3.1 同位结构的中心语前置

　　日语中的同位格具有典型的"中心语后置"的类型特征。在日语中，同位格结构中N2是作为论元的语义中心要素出现的，而N1一般是N2的限定性语义要素，用来强调中心语的属性、特征和本质等。因此，日语同位格结构一般都是"App+N"形式的。与之相比，汉文中同位格结构的语序通常会以话语标记的形式出现。受此影响，训读文体的同位格例子中"N+App"结构的句子并不鲜见。

a. 五百阿羅漢得受記者白佛言"世尊"

五百の阿羅漢の、受記を得たる者、仏（に）白（して）言（さく）、"世尊"
（法華経・第8）

b. 國王大臣諸在家者若作此事便獲大罪決定當生無間地獄。

國王大臣諸の在家の者は若（し）此の事を作（し）て（むには）、便（ち）
大罪を獲、決定して當に無間地獄に生（れ）ム。（地蔵・卷4）

c. 菩薩摩訶薩從地踊出者於佛前一心合掌瞻仰尊顔。

菩薩摩訶薩の、地（より）［從］踊出せる者、佛前に於て一心（に）合掌
（し）て尊顔を瞻仰（したてまつり）て…（法華経・第21）

d. 見彼諸比丘、比丘尼、優婆塞、優婆夷、諸修行得道者。

彼（の）諸の比丘、比丘尼、優婆塞、優婆夷の、諸の修行し得道する者を
見き。（法華経・序品第1）

e. 所有鬼神吸人精氣無慈悲者悉令速去。

所有ル鬼神の人の精氣を吸ひツツ、慈悲無キ者を、悉ク速に去ラ令む。
（金光明・卷6）

f. 若其瓦器曾未用者一度用之。

若（し）其（の）瓦器曾て用せ未る者を、一度ひ之を用（い）る。（寄帰
伝・卷1）

以上例句中出现的"五百阿羅漢""國王大臣""其の瓦器"等均为名词中心
语成分，而"受記を得たる者""在家の者""曾て用せ未る者"等所指语义和中
心语成分相同，但其结构特征类似于修饰中心语的补足语。在通常语序下，日语
是用诸如"受記を得たる五百阿羅漢""在家の國王大臣""曾て用せ未る瓦器"
之类的连体修饰结构来表达中心语的同位格关系的。但在训读文体中，形式名词
"～モノ"常作为一种同位格标识出现，用来描述中心语的属性、特征和本质。
在"N+モノ"结构中，同位格关系变化为"N+App"的中心语前置语序。而这一
语序的变化是与汉文中"～者"同位结构统一的，都是语用标记在语序上的呈
现，以此来凸显名词中心语的话题功能。

在中心语后置的类型特征下，日语中的同位格结构本应为"App+N"语序，
但在汉文同位结构的影响下，训读文体中的同位格要素往往会处在中心语之后。
这种同位格结构在语用上是有标记的，其产生的动因旨在将中心语提前以使之焦

点化为话题成分。

3.2 数量名结构的中心语前置

日语中的数量名结构从上代开始就呈现出了鲜明的文体上的差异。三保（1995：79）在对上代的和化汉文进行调查时发现，上代汉文的数量词和名词中心语的结构基本上是"N+数量词"的"中心语前置"语序，而根据山田（1951：459）和津之地（1964：1）的调查，上代和文中数量名结构则为"数量词+N"的语序。对此，室井（2006：64）将数量词的后置现象称为"数量词的游离"，并指出数量词后置的结构一般出现在受汉文影响的文体中。在训读文体中，经常可以见到如下例所示的数量名结构。

a. 士庶百千萬亦隨王出城。
士庶ノ百千萬なるい亦王に隨（ひ）て城を出（で）ヌ。（金光明・卷10）
b. 餘藥叉百千神通有大力。
餘藥叉の百千なるとが神通もあり大力も有ル…（金光明・卷9）
c. 出柔軟音、教諸菩薩無數億萬。
柔軟の音を出（し）て、諸の菩薩の無數億萬なるを教（え）たまふ。
（法華経・序品）
d. 勝定百千種不思議總持。
勝定の百千種なると、不思議の總持と…（金光明・卷2）

上述例子中，"士庶の百千萬""藥叉の百千"等的中心语都在数量词之前。和"百千萬の士庶""百千の藥叉"这种无标记的结构相比，中心语前置的数量名结构在语用上更强调论元要素的提示作用，并将数量词前景化。春日（1985：107）对此类句式描述称，数量词"体言の下にあって、叙述になる時は形容動詞ナリ形をとる"，其在语义上会"情態言として用いられている"。也就是说，在中心语前置的数量名结构中，数量词并不单纯是相当于名词的句法要素，而是更接近一种情态性的修饰成分，这可视作语用上有标结构的一部分。

受到训读文体中所见中心语前置的数量名结构的影响，在中古的和汉混交文中也可以看到"NuQ+N"和"N+NuQ"两种结构语序并存的倾向。如下两例所示，甚至同一句中可见两种语序并用的情况。

a. 亦、佛舎利三千粒有ケリ。…彼ノ唐ヨリ持渡リ給ヘリケル<u>三千粒ノ佛舎利</u>、招提寺二于今在マス。（今昔物語集・巻11）

b. 而ルニ、<u>廿人ノ伴僧</u>、皆、居並タリト云ヘドモ、其ノ中二止事无キ<u>伴僧四人</u>ゾ此ノ蛇ヲ見ケル。（同上・巻14）

由上述两例来看，语用标记的必要性决定了数量名结构的语序。由于最先出现的"佛舎利"是存在句中所提示的新信息，所以其应看作没有限制条件的论元要素。而该存在句对数量的强调作用导致了"三千粒"成为语用标记的成分。句中的"三千粒ノ佛舎利"是无标记的一般语序，这是由于该例对于已出现过的旧信息在语用上并无特别的功能限制。上述例子中"伴僧四人"强调的是句首提示的数量全体"廿人ノ伴僧"的一部分，因此这里采用数量词后置的结构是一种限制性的有标语序。

3.3 形容词修饰结构的中心语前置

在训读文体中，形容词性定语成分后置的例子也很常见。杨金萍和肖平（2004：44）将汉文训读文体中所见的形容词性定语的后置现象定性为诸多定语后置现象的一种，并将此类结构称为一种"同位关系形式"。上述先行文献中所列定语后置的用例均属表层句法结构调整，可以被理解为一种语用标记语序。在训读文体中，形容词性定语的后置往往会在客观上对中心语性质和属性加以强调。下列例句就是这类定语后置的典型代表。

a. 地平如掌琉璃所成。

<u>地の平（か）なること</u>掌（の）如（くし）て、瑠璃に成（さ）所たり。（法華経・第23）

b. 智慧深廣猶如大海。

<u>智慧深広なること</u>と猶（し）大海の如し。（地蔵・序品）

c. 諷成口實美文德之盛。

諷リ（て）口實に成リ、<u>文德（の）[之] 盛（なること）</u>を美（すれ）ば…（西域記・巻1）

d. 華果茂盛、流泉浴池、施佛及僧。

<u>華果の茂盛なると</u>、流泉と浴池とを、佛（と）及（ひ）僧（と）に施（す）。（法華経・第17）

在上述例句中，形容动词"平かなる""深広なる"等作为连体修饰要素，在无标的条件下本应处在"地""智慧"等中心语之前。但是在有标的情况下，这里的形容词性定语以"～平かなること""～深広なること"的形式出现在中心语的后面，并通过形式名词使整个"N+Adj+Nom"结构小句化。这种情况下，句子的论元要素已由名词中心语转变成了名词化的形容动词了。无标句子的语义结构原本是"[[平かなる]地が]掌の如し""[[深広なる]智慧が]大海の如し"，但随着形容动性定语后置，谓语指向的中心语成分变成了描述名词论元性质的"平かなること"和"深広なること"。这种语序应该属于语用上的有标结构，由此论元成分由名词中心语变为了形容词小句。

此外，这种中心语前置的结构还被广泛类推到了其他词性作补足语的情况。在如下训读文体的例子中，原为名词词性的补足语都被训读成了形容动词连体接续的ナル形式。"量無邊""微妙第一""不可説"等这类名词成分在语义上都兼有对中心语的属性和性质进行评价的共性，因此，它们可以作为形容动词的形态出现在中心语后，组成语用上的有标结构。

a. 如是智者量無邊容可知彼微塵數。

是（の）如キ智者の量無邊なるいは、容し彼の微塵の数をば知ル可クある。（金光明・巻5）

b. 又睹諸佛聖主師子、演説經典微妙第一。

又、諸佛の聖主師子を睹たてまつり、経典の微妙第一なるを演説（し）て…（法華経・序品）

c. 未知一切諸法真如不可説。

一切の諸法の真如の不可説なるを知ラヌ［未］…（金光明・巻5）

d. 常供養諸佛法寶不思議。

常に諸佛と法宝の不思議なるとを供養（し）たてまつる。（金光明・巻9）

从上述例句来看，日语中的连体修饰结构原本是"Mod+N"，但受汉文影响，训读文体中为了强调中心语名词的性质和属性，往往会采用倒置的有标语序。

4 训读文体中 VP 结构的中心语前置

4.1 动宾和动补结构的中心语前置

关于动词中心语的句法结构，竹沢和Whitman（1998：108）、田窪（2010：

25）都提出，类似于"お茶漬けを食べる"这样的结构中，"お茶漬け"是补足成分，"食べる"则是VP结构的中心语。由于日语为中心语后置型的语言，所以不论是动宾结构还是动补结构，一般来说是动词中心语后置的语序。佐伯（1998：9）指出，日语中的Comp+V结构只有在语用上有标的条件下才有可能会发生语序的变化，即补足语和动词的倒置结构多用于表达"よびかけ・わかれ・詠嘆"等和情感表达有关的句式。下列两例就属于这种情况。

a. 善男子且待須史。
善男子、且待チ、須史（シバラク）。（法華経・第12）
b. 於斯制底内見我牟尼尊悦意妙音聲演説斯經典。
於］斯の制底の内にして、見ヨ我レ牟尼尊の悦意の妙音聲をモチテ 斯の經典を演べ説（き）たまふを。（金光明・巻9）

此处的"且待チ""見ヨ"都是带有强烈语气的祈使句动词形态。在这种语用表达下，动词会被提前到补足语和宾语之前以示对语气的强调。如上述例句，此类表达多出自对话句中的祈使表达。除了"よびかけ・わかれ・詠嘆"等感情色彩表达之外，在表达价值判断的情态表达句中，VP结构也往往会发生语序的调整。

a. 必知是人不久得阿耨多羅三藐三菩提。
必（ず）知るいし、是の人は久（しから）不して阿耨多羅三藐三菩提を得といふことを。（金光明・巻2）
b. 定知無我。
定（め）て知（り）ぬ、我無シ。（大般涅槃経・巻14）
c. 亦應云…非假非非假。
亦は云ふ応し、…假にも非（ず）非假にも非（ず）といふ。（義疏・巻1）
d. 當謂於今忽然得聞稀有之法。
當に謂（は）、今於て忽然（に）稀有之法を聞（く）こと得（る）ことを。
（法華経・巻2）

从这些例子来看，汉文中的"必""定""应""當"等情态词是用来表达对动作的价值判断的。对应的训读文体中，这些情态词被训读为副词或助动词的同时，汉文中的语序得以被完整拷贝，动词出现在了宾语从句之前。因此，类似于

"∅知りぬ、我が無し""∅云ふ…假にも非ず非假にも非ずといふ"的结构实质上是以语用上的标记来表达情态的语序。换言之,在训读文体中,动宾和动补结构的有标语序的成立都是以情态和语气的表达为基本前提的。

4.2 引用结构的中心语前置

除情态和语气表达之外,训读文体中的会话文中还常可以见到引用句使用有标语序。与上述动宾结构和动补结构的语序调整相同,引用句采用有标语序"V+Quo"的同时,也需要伴随着动词形态的变化。在"V+Quo"结构中,前置的动词成分作为主题成分出现,并以上代日语中的"ク语法"的形态提示后接的引用句(築島 1969:495;春日 1985:295;大坪 1994:145)。

　　a. 幸願敬奉之倫無輕聖教耳。
　　幸に願(は)く(は)、敬奉(の)之倫、聖教を軽むこと無(か)ら(まく)のみ耳。(寄帰伝・卷1)
　　b. 我今疑弟捨其身。
　　我も今疑(は)クは弟は其の身を捨(てつ)ラむ。(金光明・卷10)
　　c. 良恐…詞近而旨遠。
　　良ニ恐(るら)クハ…詞近クシテ而旨遠シ。(法師伝・卷8)
　　d. 冀其有靈少加軍力。
　　冀ハクハ、其レ靈少し有(り)て、軍の力を加(へ)ヨ。(西域記・卷12)

上述例子中,"願はく""疑はく""恐らく""冀はく"等"ク语法"活用的动词都表示"言说、思考"的语义。另外,这些用于引用句之前的动词本身还具有一定情态语义,表达说话者对所言说、思考内容的"愿望、意志、犹豫"等主观感情色彩。"ク语法"本身具有名词化的功能,因此上述用例中的动词在前置之后分别相当于"願ふことは～""疑ふことは～""恐ること～""冀ふことは～"的句法意义,即作为句子主题要素在会话文中提示的说话者的愿望、意志等主观感情和情态。所以,"ク语法"所提示的动词前置的引用句也可被认为是一种语用上的有标结构。

除会话文外,训读文体中还常可见到如下例的直接引用结构。这些例子不同于上述带有情态和语气的主观表达,而一般是站在第三方立场上客观叙述他人的言语和思维内容的句式。

a. 普告諸大眾…無聲聞弟子。

普（く）諸の大眾に<u>告たまはく</u>、「…聲聞弟子は無し。」とのたまふ。（法華経・第2）

b. 即為授記…我諸弟子應當如是精勤修學。

即為に記を授（け）<u>たまはク</u>、「…我が諸の弟子、當に是（の）如ク精勤して修學す応し」」とのたまふ。（金光明・巻5）

c. 即謂…適時之教也。

<u>即（チ）謂ハク</u>、「…適時（ノ）［之］教なり」と［也］。（法師伝・巻1）

d. 經中説於諸罪中邪見最重。

經中（に）<u>説かく</u>、「諸（の）罪の中に於ては、邪見最とも重し。」（成実論・巻12）

上述例子中的言说动词无一例外以"ク语法"的形态出现，并前置以提示直接引用句中的内容成分。这些例子中并无情态和语气的表达，但其语序仍然和汉文的引用句保持了一致。大坪（1994：151）注意到，训读文体中的直接引用句主要有"イハク～トイフ""イハク～ト""イハク～∅"三种形式，即在句末倾向于以"再読"的方式补读动词。这从一个侧面说明，训读文体中的语序并不完全是由语用因素来决定的，它一定程度上也受制于汉文本身的语序特征。

5 考察——训读文体中有标语序在日语史中的地位

上文分两个句法结构层次调查了训读文体中的语序用例。通过调查可知，训读文体中存在着大量不同于日语基本类型特征的语序例证。这些语序都属于表层句法结构的调整，语用上的标记是其形成的动因。松本（2006：146）在提及语言接触对日语的影响时称，"日本語も長期にわたって中国語の影響下にあった…（中国語に影響された）変化を可能にする何らかの条件が内部にある程度備わっていなければならない"。在语序问题上，这里所说的"何らかの条件"正是日语内发的语用标记的要求。

根据佐伯（1976：125）的调查，上代日语用例中也存在语序倒置的现象。下面例子中语序上"不整合"的动因也都是出自语用上的"表現的価値"的需要。

a. <u>塩焼等五人を</u>、人告謀反。（続日本紀宣命・第18詔）
b. <u>汝等を</u>、皇朝者己己太久高治賜を。（宣続日本紀命・第18詔）

c. 春の野に鳴くや鶯なつけむと我が家の園に梅が花咲く。（万葉集・837）

d. 大和には鳴きてか来らむ霍公鳥汝が鳴くごとになき人思ほゆ。（万葉集・1956）

上面的用例中，"塩焼等五人""汝等"作为宾语被前置到话题位置，是为了在语用上对动作的目的语加以强调。而"鶯""霍公鳥"作为主格论元接在动词之后，是为了将动作的发生前景化，这也可看作是一种语用策略。因此，从上代语序的用例可以看出，因语用需要而产生的句法结构调整是日语固有的属性，它为汉文对日语语序层面的影响提供了可能。

根据大坪（1981：258）的研究，中古和文中句法结构倒置的例子只出现在少数会话文中，叙述文的语序基本符合日语的类型特征。而这部分会话文中的语序倒置现象都是在表达特定情态和语气中出现的。此外，该研究还显示，在和汉混交文等受训读文体影响较大的文体中，语序倒置的现象更为常见。因此，中古以后日语中语序的多样性应当是以训点文体中的句法结构为肇始的（大坪 1981：268）。

a. いとこそ心苦しけれ、（姫君の）御けしきを見るは。（落窪物語・47）

b. またあらじかし、かやうに思ひて、文作る人は。（篁物語）

c. 未ダ不聞ズ、子ノ肉村ヲ喰テ命ヲ存セル事ヲ。（今昔物語集・巻2）

d. まづ御覧せよ、ここらの人の屍を。（宇津保物語・巻2）

e. まことか、中将の朝臣の聞ゆる事もなかりつらんは。（宇津保物語・巻2）

f. 悲イ哉ナ、母ノ心未生レヌ子ヲサヘ悲フ事。（三宝絵詞・下）

g. スナハチ、カレガ書ルトコロノ法華経ノ文字、コレナリ。（百座法談聞書抄）

如上例所示的和汉混交文的用例中，"御けしきを見る""文作る人"作为主格论元都出现在述部之后，在语用上用来表达对述部内容的强调。另外，动词"聞ず""御覧せよ"也都被提到目的格之前，分别用来表达语气强烈的否定和命令。这些和汉混交文中所见的表层句法结构的调整都是语用上有标的语序形式，且可在上文所列训读文体中找到对应的例子。由此可以判断，中古训读文体中出现的倒置语序一般属于语用上的有标形式，在语法意义上它表达一种情态或强调的功能。这类语序"不整合"的现象对中古之后的和汉混交文中的语序的多样化产生了直接的影响。

6 结论

本文以同位、数量名、形容词修饰、动宾、动补、引用等句法结构为调查对象，考察了中古训读文体中的中心语前置的语序构造。这类结构不用于一般的日语语序类型，都是受到汉文固有语序影响而形成的。其形成的动因并非由于日语格组织和论元结构调整的内在推动，而是属于语用上情态和语气的表达所生成的表层句法构造的调整，属于一种有标的语序结构。此外，日语内发的语用标记要求正是其能够受到汉文语序影响的必要条件。

从历史上日语的语序发展来看，训读文体中的有标语序直接引发了和汉混交文中相同语序结构的形成，并影响了此后日语中多样化语序的发展。

注释

文中采用略称的语料出自如下资料："金光明"——春日政治（1985）《西大寺本金光明最勝王経古点の国語学的研究·資料編》（勉誠社）；"地蔵""義疏""西域記"——中田祝夫（1979）《古点本の国語学的研究·訳文篇》（勉誠社）；"成実論"——鈴木一男（1955）《聖語蔵御本成実論巻十三天長五年点文稿》（1956a）《聖語蔵御本成実論巻十一天長五年点文稿》（1956b）《聖語蔵御本成実論巻十八天長五年点について》；"寄帰伝""法華経"——大坪併治（1968）《訓点資料の研究·資料編》（風間書房）；"法師伝"——築島裕（1965）《興福寺本大慈恩寺三蔵法師傳古點の国語学的研究·資料篇》（東京大学出版会）。

参考文献

[1] 大坪併治. 國語史論集[M]. 東京：風間書房，1994.

[2] 大坪併治. 平安時代における訓點語の文法[M]. 東京：風間書房，1981.

[3] 春日政治. 西大寺本金光明最勝王經古點の國語的學研究[M]. 東京：勉誠社，1985.

[4] 佐伯哲夫. 語順と文法[M]. 吹田：関西大学出版，1976.

[5] 佐伯哲夫. 要説日本文の語順[M]. 東京：くろしお出版，1998.

[6] 田窪行則. 日本語の構造： 推論と知識管理[M]. 東京：くろしお出版，2010.

[7] 竹沢幸一，Whitman John. 格と語順と統語構造[M]. 東京：研究社出版，1998.

[8] 築島裕. 平安時代語新論[M]. 東京：東京大学出版会，1969.

[9] 津之地直一. 上代語に於ける数詞・助数詞の攷： 付万葉集の漢数字の訓法[J]. 愛知大学文学論叢，1964（26）：1-26.

[10] 野田尚史. 語の順序・成分の順序・文の順序—順序の自由度と順序の動機—[M]//日本語文法の新地平1：形態・叙述内容編. 東京：くろしお出版，2006.

[11] 藤井洋子. 日本語文における語順の逆転：談話語用論的視点からの分析[J]. 言語研究，1991（99）：58-81.

[12] 藤堂明保，近藤光男. 中国古典の読みかた[M]. 東京： 江南書院，1958.

[13] 松本克己. 世界言語の視座： 歴史言語学と言語類型論[M]. 東京：三省堂，2006.

[14] 三保忠夫. 日本書紀における助数詞について[J]. 鎌倉時代語研究，1995（18）：79-107.

[15] 室井努. 今昔物語集の人数表現について： 数量詞転移の文体差と用法および数量詞遊離構文に関して[J]. 日本語の研究，2006（1）：64-77.

[16] 山田孝雄. 奈良朝文法史[M]. 東京：和光堂，1951.

[17] ウェイリー，リンゼイ，大堀壽夫ほか 訳. 言語類型論入門： 言語の普遍性と多様性[M]. 東京：岩波書店，2006.

[18] 杨金萍，肖平. 论古代汉语在日语训读语法形成过程中的影响——以"是""有"和定语后置为例[J]. 日语学习与研究，2004（1）：40-45.

[19] ジスク，マシュー. 漢字・漢文を媒介とした言語借用形式の分類と借用要因[M]//日本語語彙へのアプローチ. 東京：おうふう，2015.

[20] Heine B, Kuteva T. Language contact and grammatical change[M]. Cambridge: Cambridge University Press, 2005.

[21] Thomason, S. Language Contact[M]. Edinburgh: Edinburgh University Press, 2001.

本文原载于《日语教育与日本学》2019年第1期。

汉文训读在东亚语言接触中的地位

刘洪岩

摘　要　汉文训读是古代东亚存在的一种文本注释现象。它不仅流行于我国各民族文献解读中，还在朝鲜、越南、日本等周边国家被广泛认同和使用。东亚各语言的母语者以本国文字在汉籍文献的字里行间对汉文读音和语法加以注释，以此做本土化的解读。这一过程在当今"泛语言接触"的视阈下可以被视作一种远距离、跨时空、文本型的语言接触现象。经过这一低强度、高频次的语言接触的过程，东亚各语言在历史中不断吸收汉语的类型特征，其语言面貌发生了一定程度的演变。汉文训读在东亚语言接触史上占有重要地位。通过这一语言接触的历史实例分析，语言接触现象的理论内涵可望得到进一步拓宽。

关键词　汉文训读；语言接触；东亚语言；语言类型

1 引言

　　"汉文训读"是一种东亚普遍存在的文献注解（Text Glossing）现象，是世界上文献点标（Manuscripts Punctuation）的一个类别。它通常是指古代汉字文化圈中的各国知识阶层在阅读汉文时，用朱笔、墨笔或其他工具在字行间记录下汉字音、字义或语序等注释的阅读方式。带有这类注释记号的文献被广泛运用到各类语言研究中，一般被称为"训点资料"（Kunten Manuscripts）。从流传至今的训点资料来看，存世训点符号（Kunten Mark）形式主要有朝鲜的"悬吐"（Chŏm t'o）和口诀点（Kugyŏl Mark）、日本常见的"乎己止点"（Wokoto Ten）以及越南的"字喃"（Chữ Nôm）等，另外在回鹘等我国古代少数民族的有关文献中，也可见到以"小字"标注汉文音训的记载（金文京 2012：20）。在这些训点资料中，古代汉语和周边其他语言信息彼此印证，在历史语言研究中受到了广泛重视。迄今的研究中，有观点认为东亚各语言在汉文训读过程中受到汉语的影响，从而引发了构词和句法上的变化。这一变化的本质可认定为一种语言接触（language contact）导致的语言演变。

作为语言本体研究的前提，关于"汉文训读"这一现象的本质属性，还有进一步讨论的空间。即在传统的语言接触研究视阈下，语言接触导致的语言演变（language contact induced language change）一般特指发生在"面对面"的语言接触环境中，不同语言间的在口语层面上的相互影响和交融（Heine & Kuteva 2005）。因此，在用语言接触的指标和机制来探究汉文训读对东亚诸语言的影响之前，我们需要解答如下一系列问题：汉文训读作为一种书面形式上的语言交互活动，是否可以被定性为一种语言接触？其在语言接触的研究范畴内，到底处于什么样的地位？与传统意义上的语言接触相比，它又具备什么样的特点？在东亚的语言接触中，汉文训读曾能对东亚各语言产生过何种层面的影响？本文将主要针对上述诸问题进行分析和讨论。

2 "泛语言接触"的观点

在明确语言接触和汉文训读的关系之前，我们有必要先对语言接触的内涵进行讨论。语言接触这一概念虽然被广泛运用在各种语言研究的分野中，但关于它的内涵和外延，迄今未见统一的说法。关于这一点，有学者评论，语言接触这个概念自诞生以来就一直作为一个一般化的理论存在，用作描述各种语言本体的周边性的现象，但却没有见到一个统一的定义和描述（宫下尚子 2007）。事实上，关于语言接触的概念，我们常以下述几例作为引述的范本。

Weinreich（1953）在社会语言学视角下将语言接触定义为：两种或两种以上语言在同一社会集团中使用和发生接触。而Thomason（2001）更加关注语言接触的时空问题，将语言接触定义为一种以上的语言在同一地点同时被使用所引发的语言现象。与此相比，Fishman（1968）着眼于语言接触的结果，将其理解为一种语言直接或间接给另一种语言带来影响，诱发言语（Parole）层面的变化，并称这种变化会成为发话者的固有属性，从而进一步影响语言的历史发展。

上述几种概念虽然视角各异，但它们都是基于多语言并用（multilingualism）的现象得出的描述性概念。但是，仅基于上述定义，我们还无法判定在东亚广泛发生的汉文训读是否可以被定性为一种语言接触现象。Thomason（2001）认为，语言接触的概念中对"语言并用"一词的解释最为关键。具体来说，就是对于语言接触实际发生的"同一地点、同一时间、同一社会集团"这些指标应当怎样去理解。在近年的语言接触研究中，我们发现，除了直接的、口头的接触作为主要媒介外，通过电影、文学作品、互联网等媒介进行的跨语言的一般交流活动也在被逐渐认可为一种语言接触活动，这类"泛语言接触"的观点渐成主流（Winford 2003）。根据这一观点，语言接触的媒介应该是多样的，只要存在两种以上语言的共存环境，语言接触都是可能发生的。在汉文训读这一历史上的跨语言的文字交流活动中，以古代汉语为中心的多种语言之间的跨时空、跨地域的接触是实际存在的。因此，汉文训读不仅可被视作一种语言接触现象，其对于拓宽语言接触的理论内涵也具有重要意义。

3 汉文训读的语言接触属性

东亚普遍存在的汉文训读实质上可看作是一种"注解"现象，为了学习中国的汉籍和佛典，东亚各国的知识阶层在以汉字书写的文献的字行之间添加上记号，以对汉文进行本土化的解读。这一过程可以理解为一种逐字的直译，在这种不同语言类型的语言交互中，受到汉文的影响，东亚各国书面语言都不同程度发生了构词和句法等层面上的变化。因此，从结果上看，汉文训读和其他语言接触一样，都会对语言本体造成不同程度的影响。基于此，我们倾向于将汉文训读定性为一种语言接触现象，这主要是基于以下三点来考虑的。

第一，书面文字也可以视作语言接触的一种媒介。传统观点认为，语言接触一般应是同一时间、同一地点下发生的语言交互现象，即特指那些不通过特定媒介的"面对面"的音声语言的直接接触。但这一观点的反例是，通过古代宗教经典等文献的流布，语言间也可以进行一定规模的接触，甚至会对目标语言（Target Language）的演变产生推动作用。比如，在中世纪欧洲，通过对基督教圣典的注解进行本土解读，西欧各地书面语词汇都不同程度受到了拉丁文影响；此外，由于大量佛教典籍的传入，中世纪泰语的书面语言表达受到了古巴利语（Old Pāli）的影响；再则，由于受到宗教典籍诵读的影响，近代土耳其语和马来语的演变过程中都能看到古阿拉伯语的影响。上述现象，就结果而论都应该被认为是一种广义上的语言接触现象（Thomason 2001）。同样，通过汉文训读，在东亚的汉字文化圈里也发生了类似的语言接触。儒学典籍和汉文佛典作为古代汉语的载体流传整个东亚，东亚各民族在奉读、注释、传播这些汉文著作的同时，本民族语言的历史演变必然会受到汉语的影响。而这一情况下，语言接触的媒介已不是单一维度上的音声语言，而是一种书面文字的形式。

第二，翻译行为也可看作语言接触的重要方式。目前对汉文训读是否属于一种翻译方式还存在一定争论，但由于它是在保留原汉文的基础上将源语言（source language）逐字转化为东亚其他语言后进行解读的过程，所以我们还是把它认定为一种特殊的翻译形式。关于翻译本身的语言学意义，Baker（2001）曾指出，翻译作为一种社会语言活动，可看作是间接的语言接触。Hickey（2010）把翻译看成是语言接触的一种，并强调它会给目标语言带来变化。在一般情况下，我们将汉文训读看作是东亚范围内的一种普遍的翻译行为，因此，汉文训读也理应符合语言接触的一般特征。

再次，文献的本土化注释是调查语言接触的重要依据。在这一点上，汉文训读并非孤立的现象。文献的本土化注释在中世纪欧洲是广泛存在的语言现象。源语言的词汇和句法的借用（borrowing）研究也往往是以注释文本为例证的（Whitman 2011）。在这一层面上，汉文训读现象具有普世性，它是世界上诸多以文本为基础的语言接触的重要组成部分。

4 汉文训读的语言接触类型

4.1 语言接触的一般类型

从接触的媒介来看，语言接触可以分为直接接触和间接接触，前者是指语言的使用者进行面对面的音声语言接触，这一过程并不需要特殊的接触媒介；后者是指通过文字等多种物理媒介进行的语言接触。空间上来看，直接接触是一种近邻接触（proximal contact），而间接接触是一种远距离接触（distant contact）。前者一般指同一空间发生的声音语言接触，如语言接触研究中经常被提及的Tok Pisin语和Krio语等皮钦语的形成都属于这一范畴（Thomason和Kaufman 1991）。而上述巴利语和泰语、古阿拉伯语和土耳其语及马来语的语言接触都属于远距离接触的例子。另外，直接接触一般意义上都是声音语言上的接触，而间接接触则是文字层面上的接触。前者多是在没有文字的情况下发生的，如澳门口语的借词系统的形成、Bislama语中英语和法语的语音系统的形成等都是在没有文字系统的条件下所发生的语言接触。而后者都是通过书籍文献传播等文字资料为媒介发生的，如各类古代典籍对其他民族语言的影响就属于此例。另外，从影响方向上来看，在直接接触情况下，并没有典型意义上的源语言和目标语言的区分，语言接触带来的影响是作用于双方的。而在间接接触下，往往是文化上占有优势的一方会对文化落后一方造成影响，反之则不成立，这和历史上书籍、文献传播的流动方向是一致的。

从接触的时间范畴看，语言接触主要可以分为长期接触和短期接触。这两者的区别并不在于其绝对的时间长度，而主要是取决于语言接触是否具有较长期间的连续性。长期接触是指在一个较长的历史期间内所发生的连续的语言接触，如Michif语和Chinook Jargon语等皮钦语的形成都是基于这种类型的语言接触，它们都是在多民族间形成的简单贸易用语的基础上不断混合和发展而成的。而语言接触只发生在一个特定交流时期，而很快又停止的情况一般属于短期接触，如近代的洋泾浜（Chinese Pidgin）就属此例，相对短期的多语言并用都是这类短期语言接触发生的舞台。另外，从语言接触所带来的结果上看，长期和短期接触的考量标准还在于语言接触所造成语言演变的接触强度（intensity of contact）。长期接触往往造就了语言的层级，使两种自然语言逐渐形成所谓上层语言（Superstratum）和基层语言（Stratum）之间的关系，它是一种较为缓和的语言接触过程。比如，近代英语就是在和罗曼语族不断接触的基础上逐渐形成而来的。与此相对，短期语言接触往往与战争、殖民、贸易等相对短期的历史背景有关，是一种在一定时期内相对激烈的语言接触。诸如Navajo语、Montana Salish语等印第安群落语言现代特征都是在与英语近百年的语言接触中形成的。而类似于Krio语这样的克里奥尔语形成时间则更短，一般是在奴隶制度等极端条件下经数十年时间形成的。

从接触语言之间的语言类型系统关系来看，语言接触又可分为同族系语言接触和不同族系语言接触。前者由于语言接触双方都同属类似的语言类型，所以从语音到形态，相互影响程度较高，比如相邻的地理关系所造成的语言联盟间的语言接触就属于这一类型；后者由于接触双方的语言类型差异较大，所以影响主要体现在借词和小句语序变化层面。

4.2 作为语言接触的汉文训读的类型

汉文训读可视作一种间接型的语言接触。具体来说，汉文训读是一种由书面文本为媒介发生的语言接触形式，不同于移民、贸易、战争、语言教育等近距离语言接触，它是依托于远距离文献、典籍传播的语言接触形式。中古的汉籍和佛典流入东亚各国，各国文人对这些文献开始进行本土化的解读，此后带有本土化注释的文献进一步广泛传播，从而影响了各民族书面语表达的形式。在近代以前，东亚各国的书面语大多与口语特点不一致，相当程度上是由于"汉文训读体"的影响，换言之，汉文训读作为一种语言接触，它给目标语言带来的影响主要是集中在书面语层面的。汉文训读这类语言接触一般是以文化交流为最终目的的，语言接触的方向也是与文化传播方向一致的。古代汉文的书面语以文化典籍为载体开始和东亚各国语言进行接触，并不断产生影响。而反方向的语言接触，要到近代以后汉籍影响的势微之后才开始出现。

汉文训读对东亚各国影响的历史过程不一，但一般历经了从中世纪到近代的漫长的历史过程。比如从公元6世纪开始，汉籍文献就大量流入日本，有历史文献记载的汉文输入过程贯穿古代史始终。一般认为，日语中来自汉语的影响始见于奈良时代，最终在近代形成了被广泛应用的成熟的汉文训读文体。从语言接触的频率和强度来看，依据现存的语料，汉文训读的影响一般体现在东亚的知识阶层所使用的书面语中。如古代朝鲜、日本、越南等国知识阶层的书信、笔记、日记等都是由汉文撰写的。汉字、汉文作为一般知识素养，在古代东亚的士族阶层被广泛学习和使用。而且，东亚各民族的知识阶层所采用的汉文都在不同程度上显示出了体现其民族语言类型的"变文"特征，这显然是由于"训读文体"的影响。但就一般庶民的情况而言，本国语言一直是其口语语言主体，受到汉文影响的程度难以确认。从这样的影响范畴来看，汉文训读在东亚是以一种低强度的姿态出现的，绵延持续千年。

汉文训读给东亚各国语言造成深入语言类型特征的根本颠覆并不是容易实现的。因为汉字文化圈内的诸语言与汉语之间多不属于近似的语言类型。以日本、韩国和中亚各语言为例，汉文带来的影响多集中在借词、小句语序以及构词层面。通过返点（Kaeri Ten）等形式的运用，汉文训读给这些语言带来了新的语序，再以这些语序为基础，催生了这些语言中新的功能词类的诞生。根据Keesing（1991）的理论，在语言类型差异较大的语言之间，语言接触导致的语言演变一般是基于特定语言认知的"对应法则"（formulas of equivalence）的。这类"对应法则"是在逐字的对译情况下产生的。但是，在语言类型差别较大的语言接触下，源语言的输入不会对目标语言本身的基本类型特征产生根本上的影响。

5 结论

由上文的讨论可知，在当今语言接触研究视角下，语言接触可以通过多种媒介进行。因此，汉文训读这一在文献交流背景下发生的书面文字的语言交互过程也属于语言接触的一种。汉文训读这一语言接触现象是具有普遍性的。在世界历史中，由外国典籍的本土化解读而引发的语言接触事例并不鲜见，汉文训读对东亚各国语言的影响也可理解为其中一例。

以语言接触的一般类型来看，东亚历史上所发生的汉文训读现象应属于间接型、长期型、不同族系间的语言接触现象。因此，汉文训读对东亚各国语言带来的影响多集中于书面语层面，属于远距离文化传播形成的单方向的影响。

这一影响的过程亘贯上千年历史，周边语言中的语音、词汇和语法都因此发生了不同程度的变化。

参考文献

[1] Baker M, Malmkjaer K. Routledge Encyclopedia of Translation Studies[M]. London: Routledge, 2001.

[2] Fishman J. Readings in the Sociology of Language[M]. The Hague: Mouton & Co, 1968.

[3] Heine B, Kuteva T. Language Contact and Grammatical Change[M]. Cambridge: Cambridge University Press, 2005.

[4] Hickey R. The Handbook of Language Contact [M]. Malden, MA: Wiley-Blackwell, 2010.

[5] Keesing R. Substrates, Calquing and Grammaticalization in Melanesian Pidgin[C]. Approaches to Grammaticalization, John Benjamins, 1991: 315-342.

[6] Thomason S G. Language Contact [M]. Edinburgh: Edinburgh University Press, 2001.

[7] Thomason S G. Kaufman, T. Language Contact, Creolization, and Genetic Linguistics [M]. Berkeley: University of California Press, 1991.

[8] Weinreich U. Languages in Contact: Findings and Problems[M]. Mouton & Co, The Hague, 1953.

[9] Whitman J. The Ubiquity of the Gloss[J]. Scripta, 2011(2): 95-121.

[10] Winford D. An Introduction to Contact Linguistics[M]. Massachussets: Blackwell Publishing, 2003.

[11] 宮下尚子. 言語接触と中国朝鮮語の成立[M]. 福岡：九州大学出版会，2007.

[12] 金文京. 东亚汉文训读起源与佛经汉译之关系——兼谈其相关语言观及世界观[J]. 日语学习与研究，2012（2）：19-25.

本文原载于《文化学刊》2018年第5期。

训点语法形成过程中的构式拷贝机制

刘洪岩

摘　要　训点语法的形成一般被认为是"语法的借用"和"接触引发的语法化"的过程。除此之外，"构式拷贝"也应看作是训点语法形成的重要机制。在此机制推动下，中古日语以固有的语言材料构建起与汉文中构式或功能词概念意义对等的结构。在训点语料中，存在于构式拷贝中的各语法要素通过重新分析得以实现"无标化"或"功能沾染"。经过反复的语用推论，新的训点语法才在构式条件下得以生成。由此可见，构式拷贝是语法复制的一项重要机制，在中古日语语法演变中具有不可忽视的作用。

关键词　训点语法；构式拷贝；无标化；功能沾染

1 引言

训点语法的形成是日语史上重要的变化之一，直接影响了中古以后日语语法体系的面貌。训点语法形成的机制，一直以来都是日语演变史研究上的焦点课题。在"国语学"研究中，山田孝雄（1935）和大坪併治（1981）等学者以"训读"本身作为研究对象，通过汉字意义与日语固有词素之间的关联性，解释了训点语法形成的机理。近年来，这一课题在语言接触引发语言演变的视阈下又取得了新的发展。陈君慧（2005）和Zisk（2013）等学者的研究表明，训点语法的生成机制是多元的，即在中古时期形成的训点语法形式中，一部分属于从古汉语中直接借用而来的，还有一部分是通过复制古汉语中的语法化过程在日语内部生成的。这两类变化的原理分别被概括为"语法的借用（grammatical borrowing）"和"接触引发的语法化（contact-induced grammaticalization）"，它们是同属Heine和Kuteva（2005）提出的"语法复制（grammatical replication）"的下位机制。然而值得注意的是，不论是"语法的借用"还是"接触引发的语法化"都只局限于解释语法标识的形成机理，而对标识之外的语法成分未做过多关注。

事实上，仅从语法标识出发难以解释有关训点语法形成的所有问题。在训点语料中，常可见到无法用上述两种机制来解释的例子。语法复制的发生，一般会以特定句法环境中的语法构式作为基础。"构式"是语言接触过程中承载语法功能和语法意义的结合体。吴福祥（2014）基于构式和语言接触的关系提出了"构式拷贝"（constructional copying）的概念，并将其定性为语法复制的一个重要机制，即"一个语言的使用者仿照另一个语言的模式，用自己语言的材料构建出与模式语对等的（形态句法）结构式"。受到汉语语法的影响，日语中训点语法的形成也往往是以构式为单位的。训点添加者用日语中固有的语言"素材"对汉语构式的语法功能和意义进行复制和重新组织，从而生成新的语法形式。从这一语言事实来看，在"语法的借用"和"接触引发的语法化"之外，训点语法的形成还有赖于"构式拷贝"这一重要机制。本文将主要通过中古日语训点语例的调查，对训点语法形成过程中构式拷贝的动因、机制特征进行考察。

2 训点文中构式拷贝的动因

2.1 训点文对汉文中构式的拷贝

训点语法中构式的形成一般是来源于对汉文中构式的拷贝。日语作为语法复制的受语（recipient language），构式的产生不是"任意性"的，而是依据象似性（iconicity）的原则，以自身固有的"材料"对汉语中的构式形式进行复制而来的。由于构式是一种语法功能和语法意义的复合体，因此不能将构式拷贝中的结构和意义的要素割裂来看。汉文的训读基于汉日语言要素间的"概念意义"相通，日语对汉语的构式拷贝也应是基于构式的概念意义的关联性。因为中古日语的类型特征和语法规则都与汉文不同，所以在训点文中拷贝而来的语法构式会以一种迂曲式（periphrastic）的临时性的语法形式来表现。这类临时性的语法形式通过高频率的使用，在语用推论（conventional inferencing）机制的作用下形成新的规约化（conventionalization）的构式。下面通过"为……所"构式的拷贝例子，管窥训点语法中新构式形成的动因。

例1：
a. 如来大师出过一切，為諸有情之所恭敬。
如来大师、一切を出過して、諸の有情の之恭敬する所と<u>為（な）りタマヘ</u>

リ。（金光明・巻10）

 b. 五濁悪世為光所照。

五濁ノときト悪世トイ、光ノ所ヲ照ス為フル。（金光明・巻3）

 c. 常為諸佛之所稱歎。

常に諸佛に稱歎せ之所（るる）ことを為タリキ。（法華経・巻1）

 例2：

 a. 尤善老莊為蜀人所慕。

尤（モ）老荘に善し、蜀人の為に慕ハ所る。（法師伝・巻1）

 b. 花草為輪所碾皆悉摧壊。

花草輪の為に所碾ラレて、皆悉摧ケ壊れて…（地藏経・巻8

 例3：

 a. 為一切眾生歡喜而愛敬。

一切眾生の為に歡喜（し）て而愛敬（せら）れむ。（法華経・巻6）

 b. 學該內外，德為時尊。

學內外ヲ該（ソナ）へ、德時ノ為二尊（ば）ル。（法師伝・巻4）

  从上述例子来看，训点语法中表示受动句中施事标识的"ために"并不是一蹴而就地形成的，而是在对汉文中"为……所"构式的拷贝过程中逐渐固定下来的。例1"为……所"的训读中，"为"和"所"并没有被理解为不可分割的构式，而是分别被看作判断词和形式名词或轻动词和受动助动词的松散组合。这种情况在中古初期训点文中较为常见，但由于这种训读和汉文中"为……所"构式的概念意义相差甚远，因此"ために～（る）る・らる"作为一种典型的训点文的受动构式得以发展并固定下来。由例2可见，训点文中的"ために～V-pass"发展成了与汉文中"为……所"的语法意义和语法功能相对等的构式。在这一构式中，"ために"作为受动句的施事标识并不完全符合中古日语的语法规则，更接近于一种迂曲式的形式。但经过语用推论和高频的使用，如例（3）所示，"ために～V-pass"作为一种训点文构式已经可以脱离"为……所"训读而单独存在了。

  此外，在对汉文构式的拷贝过程中，日语中固有的功能词常会被拿来用作新构式的组成部分。如在构式"ならびに～V-neg"的形成过程中，由于中古日语中不存在与汉文构式"并非（不/无）"概念意义相对等的功能词，因此直接采用了现成的汉文连词"并"的训读"ならび"来作为构式中功能词的一部分。

例4：

a. 馬ないたくうちてな行きそ日ならべて見ても我が行く志賀にあらなくに。
（万葉集・263）

b. これを連ねて歩きけると思ひて、「いま、ただ今立ち並びたまひなむ」と言ふ、我もこの戸より出でて来。（源氏物語・空蟬）

例5：

a. 僧徒三千餘人並皆習學少乘法教。

僧徒三千餘人、並に皆少乘法教（を）習學す。（西域記・卷1）

b. 佛身及袈裟並赤黃色。

仏の身及袈裟並に赤の黃なる色なり。（法師伝・卷2）

例6：

a. 嘗訖洗手漱口并洗嘗器。

嘗メ訖りナバ、手を洗ひ口を漱ケ、並に嘗器を洗（ひ）て…（寄帰伝・卷1）

b. 請大宗文皇帝作經序并題經表。

大宗文皇帝に経の序（を）作（りたまへ）ト、並に経（に）表題（したまへと）請（ひ）タ（てま）ツ（り）シ。（三蔵法師表啓初期点）

例7：

a. 以俱空故。所立能立並不成就。

俱に空なるを以て故（に）、所立と能立と並に成就（せ）不といふ。
（大乗掌珍論天暦点・卷5）

b. 舊云月支等者並非也。

旧（き）人の月支等ト云（ふ）は者、並に非なり也。　（金剛般若経賛述仁和点・卷3）

c. 爾等並無可收採。

爾等（ラ）並に収メ採ル可キこと無シ。　（遊仙窟康永点）

上述例4到例6是一个接触引发的语法化过程。在上代和中古的和文中，"ならび"只作为实义动词使用，在训点中受到汉语连词"并"的影响后，语法化成为例5中连接名词成分的连词和例6中连接小句的接续词。而例7中的"ならび"在语法意义和语法功能上显然不在这一语法化路径之内。因此，构式"ならびに～V-neg"是单纯拷贝汉文中的构式"并非（不/无）"而形成的。在这一过程中，与

"并"对应的日语副词只是借用了现成存在的同训功能词"ならび"。这在客观上保证了构式整体在语法功能和语法意义上的相似性。由此例还可看出,训点文中构式拷贝的对象往往并非单一构式,也可能是"并非""并不""并无"这类汉文中互为类推的构式聚合。

2.2 训点文对汉文中功能词的拷贝

如前节所述,训点语法中构式的来源并不是单一的,有可能直接来自汉文中的构式,也有可能来自一组构式聚合。此外,训点文中形成的新构式还有可能来源于汉文中的功能词要素。训点语法的形成主要是在中古时期,而这一时期的训点资料主要以汉译佛典为主。在以汉译佛典为代表的中古汉语中,多音节功能词正处于发展之中,语法构式不断词汇化,生成类似于连语的功能词。在对这类功能词进行训读时,由于类型特征和语法规则的差异,日语中还会以词素训读的方式将其表达为一种构式,以达成概念意义层面的关联性。下例中对于否定让步条件的功能词"自非",日语以较为迂曲式的构式进行了训读。

例8:

a.無有法自性生…

法として性自より生するは有(る)こと無し…(大東急記念文庫本百論天安点·卷3)

b. 天道禍自怨起。

天道は禍怨自ヨリ起ル。(史記延久点·孝文本紀)

例9:

a.自非久植勝緣,何以顯揚斯旨。

勝緣ヲ植(ウ)フルク(し)ク非ズ自(よ)りハ、何ヲ以(て)力斯ノ旨ヲ顯揚セム。(法師伝·卷7)

b.自非面言,方能解悟。

面(マ)ナアタリ言ふに非ず自よりは、方に能く解悟せむや。(寄帰伝·卷1)

例10:

a.汝檀越二非ズヨリハ、誰ノ人力此ヲ哀ム。(今昔物語·卷2)

b.仏法の声にあらずより、外の余の声を聞かむとおぼしめさず。(栄花物語·鶴の林)

　　如例8中的添读所示，"自"作为功能词一般被训读为格助词"より"。尽管这一训读与例9并无语法功能和语法意义上的交集，但仍被用作"自非"构式拷贝的一部分。作为让步状语的否定提示，"ずより"的构式严格来说并不符合日语的语法规则，因此人们常在拷贝的基础上增加系助词，使其以"ずよりは"的形式出现在让步小句的末尾。这一用法在训点语料中重现概率较高，可以认为是容易发生语用推论的构式例子。因此，在例10的中古和汉混交文中，这一构式已经固定下来，成为一种规约化的用法。

　　这种规约化用法，不仅体现为构式可以脱离训读形式而独立存在，还体现为构式拷贝的对象是源语（source language）中全部的语法功能和语法意义。如下例中的"譬如（喻如）"，在汉文中已经词汇化，具备功能词用法，由于训点文中没有适合的功能词可以对应其全部的语法意义，训点者便以言说动词加比况助动词的构式来表达它的语法功能。

　　例11：
　　a.世間を何に譬へむ朝開き漕ぎ去にし船の跡なき<u>ごとし</u>。（万葉集・351）
　　b.ゑにかけるをうなをみて、いたづらに心をうごかすが<u>ごとし</u>。（古今和歌集）

　　例12：
　　a.生死可惡喻如於狗。
　　生死は惡（む）可（き）こと<u>喻</u>へば於狗の<u>如し</u>。（法華経・卷六）
　　b.譬如香在器中…
　　<u>譬</u>（へ）ば香い器の中に在（る）ときに…<u>如し</u>。（大智度論天安点・卷二）

　　例13：
　　a.譬如王來，不應獨來，必有侍從。
　　<u>譬</u>（へ）ば王來（る）ときには、獨り來（る）から應ず、必ず侍從有（る）が<u>如ごとし</u>。（大智度論天安点・卷二）
　　b.譬如虛空界不生亦不滅，諸佛法如是。
　　<u>譬</u>（へ）ば虛空界の生（し）モセ不ず、亦は滅（モ）せ不が如く、諸佛の法モ是（の）<u>如シ</u>。（大方広仏華厳経初期点・卷二三）

　　例14：
　　a.如前所說十淫坊罪等一酒坊所獲罪業。

如（へ）ば前の所説の十の淫坊の罪のゴトキは、一の酒坊の所獲の罪業に等し。（地蔵経・巻四）

b.能随意超越，如人力超躑不過丈數，之無廣遠之難。

能く意に隨（ひ）て超越すること、如（へ）ば人の力あるは超躑すること丈數より過（ぎ）不、（ゆる）ときに之を廣遠の之難無しといふが（ごとく）。（大智度論天安点・巻八一）

如例11所示，"ごとし"在上代日语中并不存在与副词项共起的用法。在训点文中开始出现"譬如（喻如）"的构式拷贝形式，即以返读构式"たとへば～ごとし"来表示功能词的语法意义。其中，既包含例12的比况、比喻义，也包含例13的列举义。与功能词的语法复制不同，在从功能词到构式的拷贝过程中，受语中的一个构式可以包括源语的全部扩张语义。另外，通过例14可以看出，训点文中的语法构式一旦成为规约化的表达形式，就可以脱离训读而独立存在，成为日语化的构式表达形式。

3 训点文构式内部的重新分析

3.1 构式拷贝中训点语法的无标化

重新分析是语法历时演变的一项重要机制。Harris & Campbell（1995）将其定性为可以改变句法深层结构却不涉及表层表达的内在调节机制。在语言接触中，源语中的语法成分进入受语，最初生成的表达形式往往不被受语的类型特征和语法规则所兼容。此时，重新分析机制会启动，以使作用在语法成分上的源语和受语间的"类型差"达到有机平衡。在构式拷贝条件下，汉文中的构式被拷贝到日语中之后，由于语言类型和语法规则的差异，构式中各个语法成分的意义和功能会发生与日语语法环境不兼容的现象。这种情况下，构式中各语法要素之间的组合关系（syntagmatic relation）的界线会变得模糊，最终导致重新分析的发生，从而进一步通过构式的规约化，形成新的语法。

汉文中的构式在进入训点文之后，因日语语法规则的限制，这些构式中的一些成分在语法功能和意义上都是冗余的，无助于新信息的表达。在构式当中，这些冗余成分会通过重新分析达成无标化（demarking）。这种无标化最常见的表现方式是下列例子中的构式词汇化。

例15：

a.於十方世界有無量百千萬億諸菩薩眾各從本土。

十方世界に於有<u>ラユル</u>、無量百千萬億の諸の菩薩眾い、各本土從<u>ヨリ</u>…

（金光明・卷10）

b.令瞻部洲有睡眠者皆悉覺悟。

瞻部洲に<u>有（ら）ユル</u>睡眠せる者を皆悉く覺悟セ令シむ。 （金光明・卷9）

例16：

a.我之所有眾善業，願得速成無上尊。

我が之<u>所有ル</u>の眾の善業をもて、願フ、速（か）に無上尊と成ルこと得む。 （金光明・卷2）

b.通達一切外道所有經論，修寂滅行。

一切外道に<u>所有る</u>の經論を通達（し）て、寂滅行を修シ。 （大般涅槃経初期点・卷14）

例17：

a.當先抖擻去中所有。

當に先づ抖ゲ擻フて、中に<u>有ラ所ル</u>ものを去ケよ。 （威儀経・卷10）

b.防護當來所有罪障。

當来に<u>有（ら）所る</u>罪障を防護せむ。 （地蔵・卷7）

例18：

a.若於此経所有句義忘失之處，我皆令彼憶念不忘。

若此の経に<u>所有ル</u>何義の於に、忘失せる〔之〕處アラば、我レ皆彼に憶念して忘レず［不］（あら）令メむ。 （金光明・卷6）

b.所有鬼神吸人精氣無慈悲者悉令速去。

<u>所有ル</u>鬼神の人の精氣を吸ひツツ、慈悲無キ者を、悉ク速に去ラ令む。

（金光明・卷6）

　　由例15可知，日语中的构式"あらゆる"是出现在提示"有"小句中的名词化成分中。在拷贝汉文构式"所有N"时，例16一类的训点文中常以"あらゆるのN"的构式来表达其意义和功能。而作为连体成分，"あゆるのN"的用法是冗余的。通过重新分析，"あらゆる"直接词汇化成了17中的连体词。而且，在例18词义为"全部"的情况下，"あらゆる"的连体词属性不变，从一个有标的构式成分，演变成为无标的功能词。

上述例子中，在构式拷贝发生之后，构式中的语法成分进入到形态层面，发生词汇化，成为新的功能词。这种情况下，构式作为一个整体，其语法功能和语法意义大于其组成分子之和，因此，词汇化产生的功能词具备一种超出词素之和的、有协同性（synergistic）的语法功能。此外，通过下面的例子可以观察到另一种无标化的过程，即功能词用法最初只在固定的构式当中存在，而通过重新分析，这种用法可以突破构式，形成独立的功能词。

例19：

a.唯佛身口業具足。

唯し佛のみ身口業具足（し）たまひたり。（大智度論天安点・卷2）

b.不與外人談話，唯共伴語。

外の人與と談ひ話（カタラ）ハ不れ、唯し共伴とのみ語（ら）へ。（蘇悉地羯羅経延喜点・卷12）

例20：

a.唯願世尊施我一願。

唯し願フ、世尊我に一の願を施（し）たまへ。（金光明・卷1）

b.唯願留聽。

唯シ願（はく）ハ、聽（キキ）ヲ留メヨ。（法師伝・卷8）

例21：

a.唯王悲愍放其前過。

唯し王悲愍（し）て其の前の過ヲ放セ。（西域記・卷1）

b.彼言唯矯避過。

彼が言は唯し矯（カタマ）しく過を避ラムトなり。（成唯識論寛仁点・卷1）

如例19所示，"ただし"作为副词，基本意义是表示"限定"。对应汉文中"唯愿、唯盼、唯求"等一系列动词聚合的构式，训点文一般以例20中"ただし～V（くは）"构式对其进行拷贝。经过重新分析，"ただし"在这个构式里作为一个表达愿望的副词，逐渐吸取了"願くは"这类实义动词的内容提示属性。因此，经过重新分析，例21中的"ただし"已经具备了整个构式的"愿望内容提示"的协同性功能，而不必需要其他标识的辅助，成为无标化的功能词。

从上述两例来看，在训点文中，功能词并非脱离构式的重新分析就不能实现无标化。然而构式拷贝所导致的源语和受语间的语言"类型差"是重新分析的重要动机。在构式条件下，构式中的表达形式为了达到一定程度上的"类型平衡"，更容易发生语法成分的无标化。因此，在这一层面上构式拷贝可以被视为训点语法形成的一种"催化剂"，它为重新分析导致的无标化提供了土壤和条件。

3.2 构式拷贝中训点语法的功能"沾染"

在构式拷贝生成的训点语法中，有一类功能词的形成动机并不是前述的"无标化"，而是由语法功能的"沾染"（contagion）促成的。"沾染"的概念是朱庆之（1992）在构词研究中首先提出的。它是指相邻的语言要素频繁连用，并在词库（lexicon）中不断强化，在类化的作用下相邻要素的一方受到另一方影响，产生新的意义和功能。在语法的构式研究中，Sinclair（2004）将这种现象称为"语法要素的意义共有（shared meaning）"，前田满（2013）分析称沾染现象的本质是"伴随构式的模块化出现的，一种语法要素向另一种语法要素渗透的现象"。通过下列两个训点语法的例子可以清楚观察到语法功能沾染现象的重新分析过程。

例22：

a.亦以未斷使故。

亦使を断（せ）未ぬを以ての故（に）なり。（成实論・卷10）

b.現不聞法是罪體故。

現に法を聞（か）不いは、是（れ）罪の体なるが故に（なり）。（法華玄赞・卷3）

例23：

a.卒入難解故名為深入。

卒に入（り）て解クこと難（き）が故に、名（づけ）て深入と為ふ。（法華玄赞・卷3）

b.為是眾生故而起大悲心。

是の眾生の為の故に而も大悲心を起（し）たまひき… （法華経・卷8）

c.但凡夫以邪念故。於實無眾生中說言實有。破此邪念不破眾生。

但凡夫は邪念を以（ち）ての故に実に眾生無キが中に於（きて）説（き）て実有と言（ふ）。此の邪念を破る眾生は被せ不。（成实論・卷16）

例24：

a.是故最初名為歡喜。

是の故に最初のを名（づけ）て［為］歓喜といふ。（金光明・巻6）

b.蕩滌衆罪，是故慈雲欲巻舒之…

衆罪を蕩滌ス、是ノ故ニ慈雲巻（か）ムト欲レドモ之ヲ舒（べ）テ…（法師伝・巻8）

例25：

a.我見汝疲極中道欲退還，故以方便力權化作此城。

我レは汝ラガ疲極して中道より（して）退還（し）ナムと欲するを見る、故こ（のゆゑ）に方便の力を以て權に此レの城を化作せり。（法華経・巻11）

b.一切凡夫不見如是悪人過患，故受三覺名為受漏。

一切の凡夫は是（の）如き悪人の過患を見不ず、故コノ（ゆゑ）に三覺を受（くる）をもて名（づけ）て受漏と為す。（大般涅槃経末期点・巻23）

例26：

a.身為苦性。故應滅之。欲滅此身當斷其業。

身をば苦の性と為す。故に之（を）滅（す）応し。此の身（を）滅（せむと）欲（ば）［当］其の業を断（ず）べし。（成実論・巻16）

b.故自教後宮造此。

故ニ自（ラ）後宮ニ教（ヲシ）へ此ヲ造（ラ）シム。（法師伝・巻7）

在中古以前的日语中，接续词并非独立存在的语法范畴，在训点文中，接续词的表达一般需要指示代词的构式来实现。从例22来看，作为形式名词的"ゆえ"天然具有对其他题元成分的依赖性，一般只以"Npがゆえに""Npのゆえに"等形式出现。例23中接续助词的用法沿袭了这一形式特征，即"ゆえ"一定要和名词性题元形成构式，如"Npがゆえに""ための（が）ゆえに""以てのゆえに"等。"ゆえに"的接续词用法始于对"是故"构式的拷贝。例24中的"これのゆえに"和例25的"このゆえに"是典型的由指示代词（指示连体词）和形式名词组合而成的构式。经过重新分析，指示代词的文脉指示功能渗透到了表示因果的形式名词"ゆえ"中，"故"的训读演变为例26中的"ゆえに"，且可以作为接续词独立使用。"ゆえ"在上述构式拷贝过程中发生了重新分析，这导致其发生了同构式内指示词语法功能的沾染。

功能沾染的基本驱动力是组合关系上的临近性（contiguity）。在这个必要条件下，处在同一构式组合关系中的功能词，通过重新分析、反复连用，在类化机制的作用下其自身的语法功能和意义会被相邻要素同化。这也是一个规约化的过程。下面是一个规约化程度较高的例子。

例27：

a.君がため手力疲れ織れる衣ぞ春さらばいかなる色に摺りてばよけむ。（万葉集・1281）

b.限りなき君がためにと折る花は時しもわかぬものにぞありける。（古今和歌集）

例28：

a.為皇太子設五千僧齋。

皇太子ノ為に五千僧ノ斎ヲ設ケ…（法師伝・巻8）

b.為眾生演説諸法。

衆生の為に諸法を演説（したま）ひき。（法華経・巻2）

例29：

a.為聽法故即於佛前儵然而生。

法を聴（かむ）が為の故に、即（ち）佛前にして於儵然にして而生せり。（地蔵経・巻1）

b.為是眾生故而起大悲心。

是の衆生の為の故に而も大悲心を起（し）たまひき…（法華経・巻8）

例30：

a.かくあやしき身のために、あたら身をいたづらになさんやは。（徒然草）

b.季春が命を助けむために、国司に送るところのもの、一万両の金をさきとして、多くの財なり。（十訓）

在上代和中古的和文中，"ため"的用法仅限于例27所示表示"目的"的形式名词。在训点文中，例28中的"ため"也同样仅仅表示动作的"目的"。而例（30）所示中古以后普遍存在的表示"原因"的用法就是来源于训点文中的构式拷贝。在中古汉文中，"为……故"是最常见的因果关系构式。这一构式在训点文中被拷贝为例29的"Npの（が）ためのゆえに"等形式。在这一构式中，同时存在两个形式名词对应同一个名词性题元，语法意义本身产生了冗余。因此，经过重新分析，形式名词"ため"沾染了"ゆえ"的功能和意义，从而形成了新的表达因果关联的小句标识。

语法功能的沾染在训点语法形成的实例中并不少见。从上文分析来看，对这一重新分析机制的考察是有条件的，即考察单位不应局限于连语（collocation），而应考虑到组合关系的范围和界线，以构式拷贝为必要条件进行考察。

4 结语和余论

本文从语言接触的视角对训点语法的形成过程进行了调查。通过语料调查发现，部分训点语法的形成机制无法用"语法的借用"和"接触引发的语法化"进行解释。这些训点语法的形成实际上都与"构式拷贝"机制密切相关。训点文中新的语法形式的生成都是依赖于特定构式环境的，而这些构式都是以概念意义相通为原则从汉文中拷贝而来的。

为了表达与汉文中构式或功能词相同的语法意义和语法功能，训点文中会以日语固有的语言"材料"表达拷贝来的构式。在这些构式中，源语和受语的语言类型和语法规则的差异会驱动构式内部发生重新分析。在重新分析的推动下，构式中的语法成分会经过无标化或功能沾染的过程，最终形成新的训点语法形式。

由于语料和篇幅所限，本文只对训点语法生成的构式拷贝机制作了概说，各部分还有待补充语料进行详细剖析。特别是，本文中的例证仅限于中古日语的共时考察，今后还应在对上代和中世不同文体的语料进行调查的基础上做历时的观察。另外，下面三个问题点作为余论，有进一步探讨的空间：第一，在构式拷贝过程中，类似于"并非""并不""并无"这类构式聚合对于受语中构式的形成是否有影响，对于训点语法的形成有何影响？第二，"或有""乃至""犹如"等构式的训点形式中，构式组成要素的演变过程和构式本身语法意义的演变过程趋于一致，应当如何看待这类"构式引申"所产生的训点语法？第三，从构式拷贝到训点语法的形成，这一过程中重新分析的机制模型应当如何建立，具体例子的重新分析过程应当如何推导？上述问题的解决可对本文的论说做出体系化的补充，笔者将于今后另作探讨。

参考文献

[1] 前田满. 構文化と脱従属化[J]. 名古屋：愛知学院大学人間文化研究所紀要，2013（28）：17-36.

[2] 大坪併治. 平安時代における訓点語の文法[M]. 東京：風間書房，1981.

[3] 吴福祥. 结构重组与构式拷贝——语法结构复制的两种机制[J]. 北京：中国语

文，2014（2）：99-109.

[4] 山田孝雄. 漢文の訓読によりて伝へられたる語法[M]. 東京：宝文館，1935.

[5] 朱庆之. 佛典与中古汉语词汇研究[M]. 台北：文津出版社，1992.

[6] Harris A, Campbell L. Historical Syntax in Cross-Linguistic Perspective[M]. Cambridge: Cambridge University Press, 1995.

[7] Heine B, Kuteva T. Language Contact and Grammatical Change [M]. Cambridge: Cambridge University Press, 2005.

[8] Sinclair J. Trust the Text : Language, Corpus and Discourse[M]. London:Routledge , 2004.

[9] Zisk M. 言語借用における漢文訓読と定訓の位置づけ[C]. 日本歴史言語学会第三回大会予稿，2013：1-8.

本文原载于《日语语言文学（第一辑）》，世界图书出版公司，2018年12月第一版。